U0107962

数字赋能

机械企业与工业互联网

孙伯淮　王　健　张孟青　杨　军　任开迅　**主编**

张爱群　李　玲　朱津平　张纪九　庞长根　聂福全　**副主编**

电子工业出版社·

Publishing House of Electronics Industry

北京·BEIJING

内 容 简 介

本书以机械企业全业务链导入工业互联网应用和数字化转型为主线，分基础篇、应用篇、平台篇三个部分，共 19 章。其中，基础篇共 6 章，简要介绍我国机械工业、产业革命、"两化融合"和工业互联网发展；应用篇共 11 章，重点分析工业互联网的核心功能、架构和关键技术；从业务要素、平台要素及平台作用入手，层层递进，辅以案例，详细介绍了应用落地；平台篇共 2 章，介绍部分典型的行业和公共工业互联网服务平台。为便于读者深入理解，尽量避免"前沿科技介绍"，重在应用方法。

本书适合广大机械企业管理者、工程技术和信息化专业技术人员，以及工业互联网实践者阅读；对商务人士、高等院校和技术院校师生、政府工业部门工作人员亦有一定的参考价值。

图书在版编目（CIP）数据

数字赋能：机械企业与工业互联网 / 孙伯淮等主编. —北京：电子工业出版社，2022.12
ISBN 978-7-121-44697-9

Ⅰ. ①数… Ⅱ. ①孙… Ⅲ. ①互联网络－应用－工业发展－研究 Ⅳ. ①F403-39

中国版本图书馆 CIP 数据核字（2022）第 239957 号

责任编辑：秦　聪　　文字编辑：关永娟
印　　刷：北京天宇星印刷厂
装　　订：北京天宇星印刷厂
出版发行：电子工业出版社
　　　　　北京市海淀区万寿路 173 信箱　邮编 100036
开　　本：787×1 092　1/16　印张：22　字数：528 千字
版　　次：2022 年 12 月第 1 版
印　　次：2023 年 2 月第 2 次印刷
定　　价：108.00 元

凡所购买电子工业出版社图书有缺损问题，请向购买书店调换。若书店售缺，请与本社发行部联系，联系及邮购电话：（010）88254888，88258888。

质量投诉请发邮件至 zlts@phei.com.cn，盗版侵权举报请发邮件至 dbqq@phei.com.cn。

本书咨询联系方式：（010）88254568，qincong@phei.com.cn。

编委会

序 一

党中央、国务院高度重视工业互联网的发展，习近平总书记对发展工业互联网作出了系列重要指示批示。5G 与工业互联网的融合将加速数字中国、智慧社会建设，加速中国新型工业化进程，为中国经济发展注入新动能，"要深入实施工业互联网创新发展战略，系统推进工业互联网基础设施和数据资源管理体系建设，发挥数据的基础资源作用和创新引擎作用，加快形成以创新为主要引领和支撑的数字经济"。

当前，新一轮科技革命和产业变革与我国制造业转型升级、实现高质量发展，正在形成历史性交汇，智能制造是我们追求的目标，数字化、网络化、智能化是实现智能制造的路径。这是一场意义重大且深远的变革，是实现中国特色新型工业化过程中千载难逢的重大机遇。

20 世纪，人类最伟大的发明就是互联网。互联网改变了每一个人的生产生活方式，其应用极大地促进了社会生产力的发展和人类文明的进步。进入 21 世纪以来，随着信息通信技术的发展，万物互联的物联网进入人们的视野，工业互联网成为新一代信息通信技术与制造业融合发展的原动力，成为物联网中最活跃的领域。

工业互联网不是互联网在制造业中的简单应用，而是以网络为基础、平台为中枢、数据为要素、安全为保障，通过人—机器—数据的无缝连接和互动，构建起覆盖全产业链、全价值链的全新制造和服务体系，使制造环节更加准时、更加高效、更加可靠、更加安全，并重塑企业形态、供应链和产业链，促进发展方式、发展模式深刻变革，加速我国的工业化进程，实现制造业高质量发展。

《数字赋能：机械企业与工业互联网》一书总结了近年来机械行业企业应用互联网的探索和实践，用一个个生动的案例展示了工业互联网的成效，用一个个具体的场景彰显了工业互联网对机械行业企业的赋能作用。

难能可贵的是，参与本书编写的人员主要来自机械行业工业互联网应用示范和平台企业，全书以独特的视角突出了工业互联网与实际工作经验和业务需求的结合，符合在工业互联网发展国家战略中发挥行业头部企业应用示范引领和双跨工业互联网应用平台作用、带动全行业整体均衡发展的要求，对于缩小企业数字化鸿沟具有实用价值。希望这本书的出版，对机械企业如何与工业互联网的融合落到实处、赋能企业，"双跨"工业互联网平台的发展如何满足产业需求，能够有所借鉴；为政府及行业引导和推动工业互联网融合发展、促进企业数字化转型，提供参考。

是为序。

2022 年 12 月

序 二

新一代信息技术发展推动了新一轮产业革命，尤其在制造业方面，正在朝数字化、智能化、网络化方向发展，物联网、云计算、大数据等应用技术已成为推动制造业转型的重要动力，对产业的发展影响巨大。我国在全球新一轮产业变革的竞争中抓住机遇，国务院及有关部委先后颁布了《工业互联网专项工作组 2020 年工作计划》《工业互联网创新发展行动计划（2021—2023 年）》等一系列政策，有力促进了工业互联网产业的发展，在产业应用领域取得了显著成效。作为传统制造业中的机械企业，要借助新科技发展优势，突破原有模式，形成一个更为有效的发展变革新模式，工业互联网与产业融合发展促进企业数字化转型则是实现这一目标的有效途径。

由于我国工业互联网发展路径的特殊性，"双跨"工业互联网平台发展很快，与产业应用和业务衔接不充分；工业领军企业平台建设很快，行业企业整体融合发展程度不高。机械工业领域及企业类别多、产品复杂、供应链长、发展水平参差不齐，工业互联网应用处于不同层次，差异悬殊。行业优势企业有良好的信息化基础，有强有力的资金、人员、技术保障，聚集业务、网络、平台、安全等专业资源，推动了本企业与工业互联网融合发展。而在量大面广的中小企业中，往往因为缺乏资金、技术、人才，特别是对有针对性的应用和如何通过服务平台以低成本驱动解决信息化基础薄弱等问题，缺乏思路，发展严重滞后，需要来自各方面的引导和支持。

科学技术的生命力来自产业实践，产业的可持续发展来自科学技术的不断创新，两者互为依存。科技创新成果的产业化，需要来自供给侧与需求侧共同发力，机械工业与互联网融合发展和数字化转型也是如此。《数字赋能：机械企业与工业互联网》一书围绕企业全业务链，从研发、制造、管理、服务到文化建设等方面，导入工业互联网的应用，帮助机械企业了解与工业互联网融合的价值，从而高效、低成本运用工业互联网平台资源。该书的编写视角新颖，从需求端出发，推动了"机械企业+互联网"技术供给服务与实际应用的结合，提供了企业与工业互联网融合发展的新思路。

本书在一定程度上展现了机械企业与工业互联网应用的完整体系。书中简要介绍了工业互联网的发展及相关产业政策；系统梳理了工业互联网的体系架构、要素和应用案例。创新之处在于从企业的实际运用出发，分析业务要素、平台要素及平台作用，紧贴当下的生产经营环境，摘取机械企业的典型应用场景，分析了工业互联网的核心功能，对重点架构、关键技术做了解剖，介绍了"双跨"平台的作用。为推广工业互联网融合发展，特别是中小企业落地实施，提供了可参照的案例。

本书的编写者主要来自机械行业"两化融合"和互联网应用领军企业、提供技术服务的优秀平台企业，以及行业企业管理工作者。内容具有实践性和示范性，文字通俗易懂，体现了实用性。相信能对机械企业与工业互联网融合发展起到积极的促进作用，也能为更多的企业提供学习和借鉴。

2022 年 12 月

前　言

机械工业是为国民经济和国防建设提供技术装备的基础产业,是国民经济发展的重要支柱和主导产业,担负着为国民经济建设各领域提供机械装备与服务的任务。我国机械工业经济总量占国内装备制造业的 2/3 以上,占全国工业的 1/5 以上。机械企业与工业互联网的融合发展促进数字化转型,对国民经济建设和产业发展举足轻重。为落实国务院有关部委《关于深化制造业与互联网融合发展的指导意见》《关于引导企业创新管理提质增效的指导意见》《关于开展对标世界一流管理提升行动的通知》等文件精神,结合《机械工业"十四五"企业管理规划建议》,加快"两化融合"进程,构建企业数字化运行平台,推动资源共享和产业链协同,促进新一代信息技术与机械工业制造体系建设融合,我们编写了《数字赋能:机械企业与工业互联网》一书。

机械企业与互联网的融合发展促进数字化转型,要清晰业务需求。2012 年,GE 公司提出工业互联网概念。美国启动工业互联网发展战略,建立在企业开展了一定的工作基础之上。一些发达国家走的也是从设备的智能化到垂直行业的平台化,再到跨行业和领域的发展之路。我国把工业互联网定位为第四次工业革命的重要基石,采取了跨越式发展的模式,从工业互联网的核心平台建设开始,直接建立"双跨"平台,从云存储进入产业融合阶段。制定战略和战术,由企业执行,聚集资源,选择行业优势企业,在发展"双跨"平台方面取得长足的发展。作为行业工业互联网和平台如何解决核心业务需求、达到降本增效,确保核心数据安全等核心问题尚有缺失,如何"上平台"和"用平台"的困惑,直接影响实际受益的广大机械企业,在一定程度上存在从工业互联网技术到整个产业(企业)的应用障碍。

机械企业与互联网融合发展促进数字化转型是一个系统工程。涉及企业研发创新体系、组织结构调整、产品结构优化、生产流程再造、供应链重构等生产、经营、组织、管理活动的全要素。要拓展工业互联网技术在制造价值链上的应用,就要建设和发挥适应机械企业需求的工业互联网应用平台,推进制造业企业与互联网企业跨界合作、融合发展,建立协同制造、个性化定制、服务型制造等网络化生产的新模式,实现资源共享;在企业组织、管理、文化、业务、产品等环节进行数字化升级和深度应用,构建高效高质快速响应市场的制造与服务模式。进一步催生新技术、新产品、新业态、新模式,提升企业竞争力。

机械企业与互联网融合发展、促进数字化转型是一个持久的过程。以传统制造业为主体的机械企业,细分行业类别多,以离散制造型企业居多,产品种类多,产品结构和工艺流程复杂,配套供应链长。因此,推进行业企业的数字化转型要与机械行业企业的特点和现状相适应。

本书以机械企业全业务链导入工业互联网应用和数字化转型为主线,以行业优势企业工业互联网应用实践为示范,引入跨行业应用平台。通过"行业应用研究""企业实践案例""需求调研分析"等方法,对机械企业需要什么、工业互联网是什么、发展现状、如何实施做了介绍。重点是应用基础和应用导入，坚持突出普及性、专业性和实用性相结合，围绕企业生产经营服务活动的全过程，力求通过应用一线熟悉的语言，系统地介绍给机械企业，让更多的机械企业看得懂、找得到、用得上，助力广大机械企业跨越从工业互联网技术到整个产业（企业）的应用鸿沟。

全书分基础篇、应用篇、平台篇三个部分，共 19 章。其中，基础篇共 6 章，简要介绍我国机械工业、产业革命、"两化融合"和工业互联网发展；应用篇共 11 章，重点分析工业互联网的核心功能、架构和关键技术；从业务要素、平台要素及平台作用入手，层层递进，辅以案例，详细介绍了应用落地；平台篇共 2 章，介绍部分典型的行业和公共工业互联网服务平台。为便于读者深入理解，尽量避免"前沿科技介绍"，重在应用方法。本书编写人员主要来自机械行业的优秀企业和为行业提供服务的平台企业，这些企业是国家"两化融合"、工业互联网、大数据产业、制造业与互联网融合发展试点示范单位，因此内容更具有实用性。

本书适合广大机械企业管理者、工程技术和信息化专业技术人员，以及工业互联网实践者阅读；对商务人士、高等院校和技术院校师生、政府工业部门工作人员亦有一定的参考价值。

本书编委会

2022 年 12 月

目　　录

第一部分：基础篇

第一章 机械工业发展概述

第一节 工业革命带来的产业发展

一、工业革命的创新和产业演进

技术创新和产业演进是工业发展过程中的两条主线。历次工业革命都源于制造技术的突破，伴随着新的人力资本投入、企业战略方向和投资结构调整，新的产业形态出现。新的制造系统思想、组织模式和资本配置方案，进一步促进了传统产业变革，同时，新的产业形态开始为下一次重大技术突破和产业变革积累量变。历次重大技术创新和产业演进如图 1-1 所示。

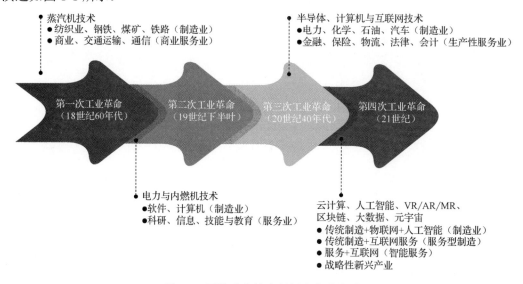

图 1-1　历次重大技术创新和产业演进

（1）第一次工业革命始于 18 世纪 60 年代，主要源于蒸汽机技术的突破。蒸汽机的发明和应用为纺织业、钢铁、煤矿、铁路等制造业带来了动力源的革命性进步，也带来了商业、交通运输、通信的兴起。以蒸汽机的使用为标志，实现了生产过程机械化，开启了以机器代替手工劳动的时代，从农耕文明向工业文明过渡，技术创新也带来了社会变革。原发性国家是英国，在法国、比利时、荷兰等国进行扩散，早期影响主要在英吉利海峡两岸。第一次工业革命诞生了工业资产阶级与工业无产阶级。

（2）第二次工业革命始于 19 世纪下半叶，主要源于电力与内燃机技术的突破。电力的广泛运用促进了电力、钢铁、铁路、化工、汽车等重工业进一步发展，出现了生产流水线，也诞生了石油化学工业、家用电器等新产业，石油成为新能源，促进了交通的迅速发展，世界各国交流更为频繁，逐渐形成一个全球化的国际政治、经济体系。此次工业革命原发性国家是德国和美国，在欧洲主要国家相继扩散，早期影响主要产生于大西洋两岸。

（3）第三次工业革命始于 20 世纪 40 年代，主要源于半导体、计算机与互联网技术的突破。电力、化学、石油、汽车等制造业得到迅猛发展，金融、保险、物流、法律、会计等生产性服务业开始兴起，实现了生产制造、工程建设的自动化，全球信息和资源交流变得更为迅速。此次工业革命以美国为中心，早期影响主要在大西洋与太平洋两岸，随后大多数国家和地区被卷入其中，新的世界政治经济格局进一步确立。

（4）第四次工业革命始于 21 世纪，主要源于互联网、云计算、大数据、人工智能等新一代信息技术与应用取得了突破性创新成就，并被广泛赋能应用于传统制造业。智能制造、智慧城市、智能交通、新基建、数字农业等成为发展热点。实体经济融合数字技术，推动工业领域的数字化转型得到空前发展。"服务+互联网"的智能服务模式逐渐兴起，新材料、新能源、生物医药、新型装备等战略性新兴产业不断涌现。此次工业革命以美国、中国、日本和德国为核心，并在全球范围内产生重大而深远的影响。

二、四次工业革命的规律和影响

纵观四次工业革命，带来的规律和影响如图 1-2 所示。

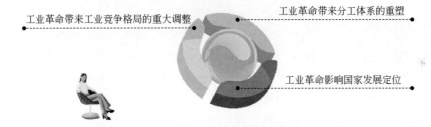

图 1-2　工业革命的规律和影响

（1）工业革命带来工业竞争格局的重大调整。工业组织结构变化、商业运作模式重建、行业竞争模式重构，带来全球工业竞争格局的重大调整，产生的影响是全球性的。

（2）工业革命带来分工体系的重塑。前几次工业革命都始于制造业，中心国家在后期均发展出生产性服务业，并与其他国家形成分工体系，包括原材料、产品生产、装备制造与生产性服务业等环节。

（3）工业革命影响国家发展定位。不同国家在全球性分工中的初始位置不同，就会被锁定在价值链与分工体系的不同位置上。虽然会使不同国家有机会形成各自适应的发展模式与特色，但也导致国家间差距不断拉大，形成了按照经济实力和工业水平划分的不同梯队。

三、世界各国积极布局战略高点

新工业革命给世界带来了新的发展机遇。面对第四次工业革命的浪潮，世界各国积极抢占战略高点，纷纷制定或调整国家发展战略，推动制造业发展战略和生产模式，提出了如计算机集成制造、精益生产、敏捷制造等一系列新型制造系统思想和管理模式，并根据具体国情，制定向新型制造系统转移的战略和行动规划，以求在即将到来的变革中取得主动权。国外先进制造的典型案例如图 1-3 所示。

日本超精度加工母机　　　　德国光学镜头制造　　　　美国波音飞机制造工厂

图 1-3　国外先进制造的典型案例

美国于 2011 年发布了"先进制造伙伴"计划以"确保美国在先进制造业中的领导地位"，近几年又提出了"再工业化"和"制造业回归"的口号。德国政府在 2013 年汉诺威工业博览会上正式推出"工业 4.0"概念，推动制造业向智能化转型。日本的"机器人新战略"，欧盟的《欧洲工业战略》，英国的"高价值制造"战略、"现代工业战略"，法国的"未来工业"计划，韩国的"未来增长动力计划"，印度的"国家制造业政策"等纷纷出台。

我国由于种种原因错过了第一次和第二次工业革命，在第三次工业革命已经进行了一半的时候才开始实现工业化和现代化；经过近四十年的努力终于建立起了全球范围内最完整的工业体系，拥有了联合国定义的所有工业产业门类，为第四次工业革命打下了基础。在全球制造业转型浪潮下，我国政府于 2015 年审议并通过了基于我国制造业发展现状及未来合理展望而制定的"中国制造强国战略发展纲要"，以及《关于积极推进"互联网+"行动的指导意见》，提出用十年时间迈入制造强国行列，并提出制造业创新建设工程、智能制造工程、工业强基工程、绿色制造工程、高端装备创新工程五大工程，指导我国企业转型。

纵观世界各国针对新工业革命尤其是第四次工业革命所采取的各种举措，虽然名称各异、侧重点不同，各有途径，但都是推动新一代信息技术和制造业的深度融合，大力加快制造业的数字化、网络化、平台化、智能化转型，强化供应链，实现向高质量、高效率、绿色高端方向发展。

第二节　我国机械工业发展简况

一、机械工业的分类和主要特征

（1）机械工业分类。根据国家统计局《国民经济行业分类》（GB/T 4754—2002），机械制造行业分为通用设备、专用设备、交通运输设备、电气设备、仪器仪表及办公设备五大类；根据《中国机械工业联合会大行业数据行业目录》（GB/T 4754—2002）<2004>，共分 13 个大行业、126 个小行业。13 个大行业是农业机械工业、内燃机工业、工程机械工业、仪器仪表工业、文化办公设备工业、石化通用机械工业、重型矿山机械工业、机床工具工业、电工电器工业、食品包装机械工业、汽车工业、机械基础件工业、其他民用机械工业。

（2）机械工业特点。机械工业与国民经济各部门密切相关，具有周期性特征，是资本、技术及劳动力密集型产业，具有以离散为主、流程为辅、装配为重点的主要特点。以传统制造业为主体的机械工业，行业门类多、行业内部子行业众多；产品覆盖范围广泛、种类多；产品结构和工艺流程复杂、配套供应链长、制造周期长。处于变革成长中的机械工业，行业内部竞争激烈，生产集中度低，技术水平参差不齐，除少数先进生产制造技术行业外，大部分行业不具备垄断性，基本属于充分竞争性行业，具有制造服务型企业特征。

二、机械企业的发展状况

（1）产业规模。据 2020 年资料显示：我国机械工业规模以上企业达 9.2 万家，企业从业人员平均人数约 1600 人；资产总额达到 26.5 万亿元；工业增加值约 6.6 万亿元；主营业务收入（营业收入）为 22.9 万亿元，利润总额为 14641 亿元，全员劳动生产率达 41 万元/人。经济总量占国内装备制造业的 2/3 以上，占全国工业的 1/5 以上。

（2）自主创新。2000 年至 2020 年，机械工业建立创新平台 241 家，6000 多项科研成果获国家及行业科学技术奖。在核心基础零部件制造、成型加工装备制造、工业机器人监测等方面取得突破性进展，一批具有自主知识产权的关键零部件实现了技术突破和规模应用，一批重点骨干企业通过技术改造，提升了整体技术水平，基本满足国家重大工程建设的需要。一大批自主设计制造的具有较高技术水平的重大技术装备陆续实现突破发展。节能减排、绿色制造、智能制造、服务型制造等新兴产业快速发展，在全行业的占比持续提升。

（3）产业布局。通过产业调整，实现资源优化配置，推进了产业结构的合理化和高级化发展。产业集中度、行业作用、区域平衡、完善产业链等方面都有了长足进步。例如，电工行业三大集团产量占全国总产量的 70% 以上。通用机械、重型机械、工程机械、农业机械等重点产业，在国家经济发展中发挥了重要支撑作用。区域产业均衡协调发展保持良好走势，形成了一大批机械装备产业集群。在产业链供应链中发挥龙头企业的引领作用，通过技术创新、产品辐射、知识输出和供应链协同等，建立紧密协作的产业生态，带动链上配套供应商和中小企业协同发展。

三、机械工业产业发展的四个阶段

中国机械工业随着世界工业革命的浪潮，经历了从劳动密集型向精密制造、自动化生产、智能制造的产业发展过程，如图 1-4 所示。

（1）劳动密集阶段。劳动密集型生产，主要以工人为主要制造能力资源，大量使用劳动力，制造的全过程虽然也使用一些的简单工具甚至工装、设备，但是手艺的高低决定产品的性能和质量，对技术和设备的依赖度低。这一阶段，我国对机械制造业主要采取升级战略，通过广泛吸纳国际上的新型工业技术，实现落后技术群的快速升级，推动产业发展。

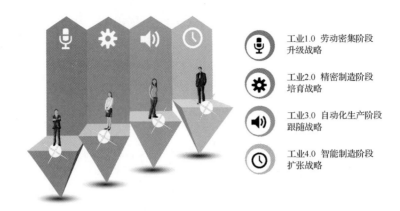

图 1-4　机械工业的发展阶段

（2）精密制造阶段。精密制造型生产由机器动作替代手工操作，由工艺替代了手艺，实现了工序级或工位级的劳动效率与劳动质量的大幅提升。机器制造主要强调生产加工的精度，侧重人与机器的协同、人与监控系统的协同。从专用设备的功能性完善，发展到复杂加工、组装动作的流水线生产，进一步提高了生产效率和产品质量。在这一阶段，我国对机械制造业主要采取培育战略，通过政府规划和引导，用政策扶持产业发展，提升企业学习创新能力，促进企业快速成长。

（3）自动化生产阶段。自动化生产将工作的自动化和生产流程、设计连接在一起。随着计算机和信息技术的发展，出现了单片机、PLC（可编程逻辑控制器）与 PC（个人计算机）等新兴信息技术与装备在工业生产中的应用，可以完成具有复杂加工、组装动作的流水线生产，从简单的加工制品的上下游传递，发展到产品状态等更高级的信息承载和传递，为自动化技术的革新提供了必要条件。在这一阶段，我国的机械制造业主要采取跟随战略，通过紧跟技术创新的方式，不断形成并优化产业结构，推动产业高效、快速成长。

（4）智能制造阶段。智能制造将控制技术和机器逻辑引入制造过程，强调人与装置设备的互联智能协同。通过把计算机网络技术、软件技术引入制造业企业运行管理的内核之中，形成企业级乃至包括配套商、供应链和物流在内的协同制造体系。运用大数据技术、人工智能技术及互联网平台技术对制造业进行革命性改造，形成一种全新的制造形态——"云制造"。在这一阶段，我国机械工业抓住发展机遇，运用扩张战略推动工业互联网融合发展促进企业的数字化转型，努力赶超世界先进水平（见图 1-5）。

图 1-5　我国制造业扩张战略

四、机械工业产业升级发展路线

科学技术的进步推动了工业革命，工业革命又推动了社会经济和企业管理的深刻变革及企业商业模式的重构，催生出新的社会生产要素和先进制造模式，推动了先进制造产业的升级，而智能化、集成化、敏捷化、虚拟化发展是我国机械工业先进制造业升级发展的主要技术路线，如图 1-6 所示。

图 1-6　中国机械工业产业升级发展路线

（1）智能化发展。智能化的本质是数字化，是指利用数字技术将分散或孤立的设备、产品、生产者、企业等以设备链、业务链、产业链、价值链等方式连接起来，通过规则与算法形成科学的行动指令或决策，从而形成联动发展。新一轮产业变革是信息化与工业化的深度融合，是以制造业数字化、网络化、智能化为核心的产业变革。我国越来越多的制造业企业开始加快实现智能化转型，并加快促进物联网与制造业的融合发展。传统制造型企业的生产及运作方式也在不断向半自动化、自动化和智能化转变，向注重"制造"环节、注重研发、生产、供应、销售、服务等制造业全链条的全面系统化转变，成为制造业转型升级的新动能，加快了制造业生产方式和企业形态的根本性变革。

（2）集成化发展。集成化的本质是优化与组合，是把某些东西（或功能）集在一起，而不是一个设备一个功能；或是实现不同系统、不同业务、不同设备的互联互通及互操作的方法和体系。集成化操作使制造过程中的机器和设备不再孤立，它们成了同一个系统的组成部分，所有组件可以高效地协作以提高生产力。物联网（IoT）和 CPS 技术把这种集成化提升到全新的高度，并使其更广泛、更深入、更开放。制造系统控制装置不再局限于处理如材料和机器等实物和设备，而是能够实时地对大量的数据、信息和知识进行加工处理。这一处理过程是通过制造中的纵向集成、横向集成和端到端集成三个层次实现的。

（3）敏捷化发展。敏捷制造是以能够快速提供响应客户需求的产品为特征的生产组织管理模式，是指制造业企业采用数字化系统，通过快速配置产品、技术、管理、人力甚至生产线等各种资源，以有效和协同的方式响应用户需求，实现制造的敏捷性。敏捷制造需要对市场需求和市场变化做出快速响应。敏捷制造比其他制造方式具有更灵敏、更快捷的反应能力。对现代化机械企业来说，具备敏捷的反应能力是适者生存的法宝，也是未来努力的方向。

（4）虚拟化发展。虚拟制造是 21 世纪出现的一种新型制造技术，是多学科、多技术的综合产物。虚拟制造是在产品研发过程中利用计算机仿真技术和系统建模技术，包括 CAD、CAE、CAM、CAPP 等计算机辅助技术，在计算机系统中模拟物理实际，推演制造过程中发生的物理、化学变化情况，使企业可以最大限度地减少生产准备时间、降低新产品开发成本，提高产品质量，缩短生产周期，提升企业效益，从而增强企业的竞争力。机械企业常常利用虚拟制造技术来提升反应能力，虚拟制造技术也是机械制造领域中最核心的技术。

第三节　机械工业产业发展变革

一、机械工业发展的产业组织变革

产业组织变革的直接效应包括实现规模经济、专业化分工与协作、提高产业集中度、促进技术进步和有效竞争等。我国传统产业规模以上企业占工业增加值的80%，仍然是工业经济的主体，加快传统产业的组织创新与变革，坚持新兴产业培育发展和传统产业改造提升并重，推动制造业产业链的全面提升。这其中，头部企业的内在创新力、变革引领力的优势非常明显，应当充分引导其发挥引领作用。

（1）基于供应链协同模式。带动能力突出、资源整合水平高、特色鲜明的大企业，对供应链的引领带动作用日渐明显。龙头骨干通过联合培训、标准共享、业务引领、信息分享的协同管理体系，实现供应链的协同与整合，达成多方共赢、可持续发展的供应体系，带动供应链上的中小企业更好的发展。

（2）基于创新能力共享模式。大企业通常具备人才、技术、资金的优势，可以围绕要素汇聚、能力开放、模式创新、区域合作等领域建立开放式产业创新平台，畅通创新能力，对接转化渠道，实现大中小企业之间多维度、多触点的创新能力共享、创新成果转化和品牌协同。

（3）基于数据驱动转型模式。在云计算、大数据、人工智能、网络安全等领域，数据规模大、集聚能力强的企业在实现自身数字化转型的基础上，通过建立数据平台建设，为中小企业提供数字化系统解决方案，支撑中小企业智能制造，引领行业数字化转型。

（4）基于产业生态创新模式。根据区域产业生态建立产学研协同区域创新网络，推动大中小企业针对产业、区域的共性技术需求展开联合攻关，加快共性技术研发和应用。产业生态还将打通区域内外企业的信息链和资金链，加速区域内外大中小企业创新能力、生产能力、市场能力的有效对接。

二、机械工业发展的产业布局变革

我国机械工业基本形成了以构建优质供应链为特征的产业布局，沿海、沿（长）江、沿（黄）河及沿铁路线展开的一批重要的机械制造基地。机械工业分布总体呈现东部发展水平较高、中西部发展水平相对较低的梯度态势。通过推动西部、东北部、中部、东部四大板块融通互补，从战略高度推进产业布局变革，以"一带一路"建设、京津冀协同发展、长江经济带发展、粤港澳大湾区建设等重大战略为引领，进一步推动机械工业跨区域共建的产业合作变革。

2008年金融危机之后，欧美发达国家先后启动"再工业化"进程，积极吸引本国制造业企业回流，并大力发展高端制造业。中低端制造业向成本更低的国家和地区转移。我国机械工业面临着跨国公司调整全球产业布局的挑战，同时还面临着来自南亚、东南亚地区一些新崛起国家在劳动力资源、原材料和土地等要素价格和优惠政策等方面的比较优势的挑战。当然，从全球视野来看，在不同国家和地区的差异化发展过程中，自主创新能力及产业国际竞争力的提升，推动了我国机械工业重点领域全球产业布局变革。

三、机械工业发展的产业跨界变革

全球产业正在发生空前深刻的全面重构，产业的边界不断扩展、相互渗透且渐趋模糊，垂直线型的产业链条向交叉网状的生态加速演进，并日益呈现产业生态化、商业协作化、企业平台化和产品服务化的显著趋势，行业新势力、跨界新企业不断出现，在新能源汽车领域表现尤为突出。造车新势力以互联网思维见长，用非传统方式冲击人们的认知。核心竞争力表现为卓越系统集成能力，从整车工程、电驱动、车载互联网、制造、总装、部件外包，直至市场终端，采用系统集成的方式形成最优的全流程体系，有利于实现价值最大化。当然，尽管这些新势力推动了传统制造产业的跨界变革，但最终还是要在物理世界完成产品的实体实现并交付给用户，所以机械制造业不但依然是工业之母，也是最重要的工业基础，还是时代进步和技术进步的综合受益者。

四、机械工业发展的生产环境变革

环境友好型社会是一种人与自然和谐共生的社会形态，其核心内涵是人类的生产和消费活动与自然生态系统协调以实现可持续发展。环境友好型社会是由环境友好型技术、环境友好型产品、环境友好型企业、环境友好型产业、环境友好型学校、环境友好型社区等组成的，主要包括：有利于环境的生产和消费方式，无污染或低污染的技术、工艺和产品，对环境和人体健康无不利影响的各种开发建设活动，符合生态条件的生产力布局，少污染与低损耗的产业结构，持续发展的绿色产业，人人关爱环境的社会风尚和文化氛围。这些生产环境变革推动了机械行业中更多的企业注重环境友好的发展方式。

五、机械工业发展的生产模式变革

先进制造模式是制造业为了提高产品质量、市场竞争力、生产规模和生产速度，以完成特定的生产任务而采取的一种有效的生产方式和一定的生产组织形式。现代先进制造生产模式从传统的制造生产模式中发展、深化和逐步创新而来，具有鲜明的时代性。如工业化时代的福特大批量生产模式，是以标准化、低成本地提供尽量多的产品为主要目的；信息化时代的柔性生产模式、精益生产模式、敏捷制造模式等以快速满足顾客的多样化需求并保持盈利能力为主要目的；未来的发展趋势是知识化时代的绿色制造生产模式，以产品的整个生命周期中有利于环境保护、减少能源消耗为主要目的。由此，社会需求的升级推动了机械企业由传统制造模式向先进制造模式发展的变革。

第四节　机械工业转型和产业政策

一、制造强国战略与机械工业转型发展

党的十八大提出，用信息化和工业化深度融合引领和带动整个制造业的发展。2015年，国务院颁布制造强国战略，确立我国从制造业大国向制造业强国转变的目标，明确通过"两化融合"发展路径实现这一目标。制造业是立国之本、强国之基，建设制造强国、发展先进制造业是我国进入工业化后期的发展需要，也是顺应新一轮科技和产业革命发展的必然要求。党中央、国务院对推动中国制造向中国创造转变、中国速度向中国质量转变、中国产品向中国品牌转变，提出了建设制造强国的明确目标。

党中央、国务院高度重视制造业与工业互联网的发展。习近平总书记就工业互联网的发展多次做出重要指示。2018年以来，工业互联网连续四年写入政府工作报告，四年来，工业互联网"为制造业转型升级赋能"的核心思想从未改变，重点从"工业互联网平台"拓展到了"工业互联网"全领域，再到工业互联网提升中小微企业创新能力和专业化水平的应用价值。工业互联网的发展线路规划越来越明晰。

围绕制造强国战略的实施，国务院、国家发展改革委、工业和信息化部、科技部、国资委等部门陆续发布"1+11"个配套文件及一系列产业发展政策，这将更有力地推动我国的工业强国建设。

二、工业互联网融合发展规划措施

为全面落实制造强国战略目标，推动产业与工业互联网融合发展，促进数字化转型，2015年以来，国务院、国家发展改革委、财政部、工业和信息化部、科技部等相关部委和各省市自治区政府部门相继出台了一系列关于制造业与工业互联网、大数据发展、智能制造、软硬件支撑、网络安全、工业互联网标识管理等文件，规划、引导、支持、促进和保障产业与工业互联网融合的全面、高效和高质量发展。

（1）规划和指导政策。国家发布了《"十四五"国家信息化规划》《"十四五"信息化和工业化深度融合发展规划》《"十四五"大数据产业发展规划》《"十四五"智能制造发展规划》；《关于深化"互联网+先进制造业"发展工业互联网的指导意见》《关于深化制造业与互联网融合发展的指导意见》《关于工业大数据发展的指导意见》《关于推动工业互联网加快发展的通知》等规划和指导性文件。

（2）应用和推广举措。国家发布了《中小企业数字化赋能专项行动方案》《工业互联网创新发展行动计划（2021—2023年）》《工业互联网标识管理办法》《关于印发提升中小企业竞争力若干措施的通知》《"5G+工业互联网"512工程推进方案》《工业互联网平台建设及推广指南》《工业互联网+安全生产行动计划（2021—2023年）》《工业互联网企业网络安全分类分级指南（试行）》（征求意见稿）《加强工业互联网安全工作的指导意见》等文件；发布了《工业数据分类分级指南（试行）》等配套政策。大部分地方政府出台了关于促进工业互联网融合和数字化转型的规划、三年行动计划、上云工程等举措。

第二章 信息化与"两化融合"

第一节 信息化

人类发展进入信息时代之后，新技术、新概念、新方式层出不穷，发展速度越来越快。信息技术的发展历程从硬件、软件、网络通信到新一代通信技术。

一、信息化硬件发展

硬件覆盖范围很广，从基础元器件到主机系统，有半导体器件、晶体管、逻辑电路、数字电路、集成电路、微处理器、单片机、微机、计算机、服务器、超级计算机。硬件的发展史一般按基本元器件的发展来划分，可分为四个阶段。

第一代基本元器件是电子管（见图 2-1）。世界上第一台基于电子管的计算机——电子数字积分器与计算器（Electronic Numerical Integrator and Calculator，ENIAC）于 1946 年 2 月 15 日在美国宾夕法尼亚大学研制成功。ENIAC 是为美国陆军进行新式火炮试验所涉及的复杂弹道计算而研制的，占地 170 平方米，重达 30 吨，耗电功率约 150 千瓦，每秒钟可进行 5000 次运算，这在现在看来微不足道，但在当时却是破天荒的。

（a）电子管　　　　　　　　　　　（b）第一代电子管计算机

图 2-1　第一代基本元器件是电子管

第二代基本元器件是晶体管（见图 2-2）。1954 年，美国贝尔实验室成功研制第一台使用晶体管线路的计算机，取名为"催迪克"（Transistorized Airborne Digital Computer，TRADIC），装有 800 个晶体管。晶体管不仅能实现电子管的功能，还具有尺寸小、重量轻、寿命长、效率高、发热少、功耗低等优点。使用晶体管后，电子线路的结构大大改观，制造高速电子计算机就更容易实现了。

（a）晶体管　　　　　　　　　　　（b）第二代晶体管计算机

图 2-2　第二代基本元器件是晶体管

第三代是中小规模集成电路（见图 2-3）。1958 年，美国德州仪器公司（TI）的工程师杰克·基尔比发明了集成电路（Integrated Circuit，IC），而仙童公司的罗伯特·诺伊斯则提出了一种适合工业生产的集成电路理论。因为此项发明，杰克·基尔比于 2000 年获得了诺贝尔物理学奖。从 1965 年到 1970 年，集成电路被应用于计算机，因此这段时期被称为"中小规模集成电路计算机时代"。IBM 公司花费 50 亿美元开发的 IBM 360 系列成为第三代计算机的代表。

（a）中小规模集成电路　　　　　　（b）第三代集成电路计算机

图 2-3　第三代是中小规模集成电路

第四代是大规模和超大规模集成电路（见图 2-4）。1970 年，IBM 公司将采用大规模集成电路的大型计算机 370 系列投放市场。此后诞生了各种各样的微处理器，而个人计算机（PC）的出现将信息技术真正带到了工业领域乃至进入千家万户。新的电子产品如雨后春笋，潮水般涌向市场，这个势头方兴未艾。

（a）大规模集成电路　　　　　　　（b）第四代集成电路计算机

图 2-4　第四代是大规模和超大规模集成电路

二、工业软件发展

工业软件的发展史是一部模型迭代史。20 世纪 70 年代，人力资源成本高企，企业面临着越来越重的盈利压力。为了降低人力成本，提升生产效率，工业领域信息化需求激增，工业软件也在此期间得以崛起。财力雄厚的军火制造商、汽车制造商开始独立或依托一些厂商开发工业软件。这些顶级的头部制造业企业从丰富的产品线和复杂的环境中提炼模型，不断迭代产品、提高性能、修正错误、纠正偏差，使软件最契合客户的需求。

工业软件可分为工具类、运营类、工控类。工具类：CAD（计算机辅助设计）、CAE（工程仿真）、CAM（计算机数控编程软件）、CAPP（计算机辅助工艺规划）、EDA（电子设计自动化）、Digital Manufacturing（数字化制造）、PDM/PLM（产品数据管理/产品全生命周期管理），以及相关的专用软件。运营类：ERP（企业资源计划）、MES（制造执行系统）、CRM（客户关系管理）、SCM（供应链管理）、SRM（供应商关系管理）、EAM（企业资产管理）、HCM（人力资产管理）、BI（业务智能分析）、APS（先进生产排程）、QMS（质量管理系统）、PM（项目管理）、EMS（能源管理）、MDM（主数据管理）、LIMS（实验室管理）、BPM（业务流程管理）、协同办公与企业门户等。工控类：APC（高级过程控制）、DCS（集散控制系统）、PLC（可编程逻辑控制）、SCADA（数据采集与监控系统）、组态软件、DNC/MDC（分布式数控/机器数据采集），以及工业网络安全软件等。

三、工业网络通信发展

随着移动互联网的发展，网络和通信已真正融合在一起，统称网络通信。

自 20 世纪 60 年代开始，控制室和现场仪表之间采用电气信号传输，电动组合仪表如控制器、显示仪表、记录仪等开始大量使用。

20 世纪 70 年代中期出现了集散控制系统（Distributed ControlSystem，DCS），在早期的 DCS 产品中，现场控制站间的通信是数字化的，数据通信标准 RS-232、RS-485 等被广泛应用，而现场控制站与仪表间的通信仍部分采用模拟信号。

20 世纪 80 年代后期出现了现场总线技术（FCS），将数字化、网络化推进到现场仪表层，替代模拟（4~20mA/DC 24V）信号，实现了控制系统整体的数字化与网络化。国际电工委员会在 2000 年 1 月通过了 IEC 61158 国际标准，该标准包括 8 种类型的现场总线标准。现场总线的发展非常迅猛，但也暴露出许多不足，具体表现为：现有的现场总线标准过多，未能形成统一的标准；不同总线之间不能兼容，不能真正实现透明信息互访，无法实现信息的无缝集成；由于现场总线是专用实时通信网络，成本较高；现场总线的速度较低，支持的应用有限，不便于与互联网信息集成。

20 世纪 90 年代出现了工业以太网技术，即在工业环境的自动化控制及过程控制中应用以太网的相关组件及技术。工业以太网采用 TCP/IP 协议，与 IEEE 802.3 标准兼容，可以兼容各自特有的协议。为了突破现场总线控制系统发展中出现的标准过多、互不兼容、速率低、难以与其他系统进行信息集成的瓶颈，工业以太网技术能够适应企业管控一体化的要求，实现企业管理层、监控层和设备层的无缝连接，降低系统造价，提高系统性能。工业以太网技术直接应用于工业现场设备间的通信已成大势所趋。据美国权威调查机构 ARC（Automation Research Company）报告指出，以太网不仅继续垄断商业计算机网络通信和工业控制系统的上层网络通信市场，还必将领导未来现场总线的发展，以太网和 TCP/IP 将成为工业自动化控制系统的基础协议。

工业无线技术兴起于 21 世纪初，通过无线自组网实现传感器、控制器和执行器的互联与数据传输构成了工业传感/控制网。工业无线技术适合大规模组网应用，可以实现智能仪表的即插即用。目前，工业无线网络与测控系统已成为工业控制领域的新热点。超宽带、Zigbee、蓝牙、终端直通技术（Device to Device，D2D）等短距离无线通信技术，数字电视广播及卫星通信技术等，都为人们提供了更广泛的网络覆盖及更快速的网络接入。未来无线通信系统将不再以单一的无线接入技术独立存在，而是一个包含多种无线接入技术的异构网络。

目前，移动蜂窝网络已经进入了 5G（第五代移动通信技术）商用阶段，第六代移动通信技术研究也在如火如荼进行中。第一代移动通信系统是模拟通信系统，自第二代移动通信系统开始，都升级为数字通信系统。第二代移动通信系统以 GSM、IS95 为代表，在其上发展出的通用分组无线业务（General Packet Radio Service，GPRS）实现了移动数据传输承载，自此实现了手机上网，也就是移动互联网诞生。之后以 WCDMA、TD-SCDMA 和 CDMA2000 为代表的较高性能的第三代移动通信系统为移动互联提供了更好的通信基础设施和能力。而第四代移动通信标准实现了接收和发送信息速度的质的飞跃，而且网络频谱宽、终端设备处理信息能力有了提升。4G 网络在全世界得到最广泛商用，标志着移动互联达到了泛在、低成本、高品质应用的水平，可以称之为真正的移动互联时代正式到来。随着这个时代的到来，大量新模式新业态涌现出来，诞生了许多著名企业。近年来，随着用户对低时延、宽流量、广连接的要求日益增加，基于 IoT 的互联需求尤其是以汽车为代表的移动化智能终端开启了新的智联化历程，4G 移动通信系统无法满足用户的需求，5G 技术也进入了商用和工业领域。我国的 5G 设备的部署正在全面展开，5G 时代将创造万物互联的新机遇。

四、新一代信息技术发展

（一）云计算

云计算（Cloud Computing）是一种通过网络统一组织和灵活调用各种信息通信技术（Information and Communications Technology，ICT）信息资源，实现大规模计算的信息处理方式。

在过去的十几年中，云计算从被质疑到成为新一代 IT 标准，从单纯的技术概念发展为影响整个 ICT 产业的业务模式。云计算的诞生消除了传统 IT 基础架构存在的弊端，如价格昂贵、结构复杂、难以惠及社会大众、资源分布不均和封闭、计算能力不对称等。同时，云计算具有超大规模、虚拟化、高可靠性、通用性强、高可伸缩性和成本低廉的优点，是 ICT 产业的发展趋势。

2006 年，IBM 和谷歌联合推出云计算概念；2007 年，Salesforce 发布 Force.com，即 PaaS 服务；2008 年，谷歌推出 Google App Engine。之后，云服务以风起云涌的态势出现在几乎所有传统业务面前，各大厂商不遗余力地进行着向云转型的新征程。2009—2016 年，云计算功能日趋完善，种类日趋多样，传统企业开始通过自身能力扩展、收购等模式，纷纷投入云计算服务中。2016—2019 年，通过深度竞争，主流平台产品和标准产品功能比较健全，市场格局相对稳定，云计算进入成熟阶段。未来云计算将拥有更广阔的发展空间，也将会诞生更多形式的服务和更丰富的应用场景。

（二）区块链

区块链（Blockchain）技术从本质上讲，是一个分布式共享数据库，存储其中的数据或信息，具有"不可伪造""全程留痕""可以追溯""公开透明""集体维护"等特征。因为区块链技术可以安全提供即时、共享和完全透明的信息，因此可以促进业务网络中的交易记录及有形或无形资产的跟踪流程。区块链的主要特点是独立性、安全性、匿名性等。

区块链的发展历史可划分为六个阶段。2007—2009 年为技术实验阶段，化名中本聪的比特币创始人开始探索用一系列技术创造一种新的货币——比特币，比特币体系的主要技术包括哈希函数、分布式账本、区块链、非对称加密、工作量证明，这些技术构成了区块链的最初版本；2010—2012 年为极客小众阶段，2010 年 2 月 6 日诞生了第一个比特币交易所，热衷互联网技术的极客们进入交易所参与比特币买卖；2013—2015 年为市场酝酿阶段，大众开始了解比特币和区块链，尽管还不能普遍认同；2016—2018 年为进入主流阶段，比特币的造富效应，以及比特币网络拥堵造成的交易溢出带动了其他虚拟货币及各种区块链应用的大爆发，出现众多百倍、千倍甚至万倍增值的区块链资产，引发全球疯狂追捧；2019—2021 年为产业落地阶段，虚拟货币和区块链在市场、监管、认知等各方面进行调整，在区块链适宜的主要行业领域有一些企业稳步发展起来，加密货币得到较广泛应用；2022—2025 年为产业成熟阶段，各种区块链项目落地见效之后，进入激烈而快速的市场竞争和产业整合阶段，三至五年内形成一些行业龙头企业，完成市场划分。

（三）人工智能

人工智能是研究开发能够模拟、延伸和扩展人类智能的理论、方法、技术及应用系统的一门新的技术科学，研究目的是促使智能机器会听（语音识别、机器翻译等）、会看（图像识别、文字识别等）、会说（语音合成、人机对话等）、会思考（推演、人机对弈、定理证明等）、会学习（机器学习、知识表示等）、会行动（机器人、自动驾驶汽车等）。

自 1956 年以来，人工智能的发展历程可划分为以下六个阶段。1956 年至 20 世纪 60 年代初为起步发展期，人工智能概念提出后，机器定理证明、跳棋程序等应用，掀起人工智能发展的第一个高潮；20 世纪 60 年代至 70 年代初期为反思发展期，接二连三的项目失败和预期目标的落空，使人工智能的发展走入低谷；20 世纪 70 年代初期至 80 年代中期为应用发展期，专家系统在医疗、化学、地质等领域取得成功，推动人工智能走入应用发展的新高潮；20世纪80年代中期至90年代中期为低迷发展期，专家系统存在的应用领域狭窄、缺乏常识性知识、知识获取困难、推理方法单一、缺乏分布式功能、难以与现有数据库兼容等问题逐渐暴露出来；20世纪90年代中期至2010年为稳步发展期，由于网络技术特别是互联网技术的发展，加速了人工智能的创新研究，促使人工智能技术进一步走向实用化；2011年至今为蓬勃发展期，分类、语音识别、知识问答、人机对弈、无人驾驶等人工智能技术实现了从"不能用、不好用"到"可以用"的技术突破，迎来爆发式增长的新高潮。

（四）元宇宙

元宇宙是一个平行且独立于现实世界的虚拟空间，是一个映射现实世界并越来越真实的在线虚拟世界。现实中的人可以使用数字身份在"元宇宙"中娱乐、社交、学习和工作等，打破了生活和游戏的边界。元宇宙是一个具有一系列要素的虚拟世界，这些要素包括：身份、朋友、沉浸感、低延迟、多样性、随地性、经济和文明等。

从技术角度看，全真虚实集成世界需要四个关键技术：现实虚拟化、虚拟真实化、全息互联网、智能执行体。现实虚拟化是把计算机视觉、语音、自然语言处理、情绪处理、分析决策等结合，目的是让虚拟人更接近真实的你，听说读写想，外形、声音、表情和动作都逼真。虚拟真实化是将虚拟模型制作成真实物体，如3D打印使真人与虚拟角色和物体进行交互。全息互联网是把虚拟世界和真实世界中分布于不同地方的人、事、物全部同步到一起，如混合一个远程的人和一个真人交流互动，未来可能会在嗅觉和味觉上也有突破。智能执行体是将研究问题建模到虚拟世界来进行，很多现实问题研究可能需要很长时间、很多人力或者资金点，包括气候变化、生成、现实化问题等，通过在虚拟世界建立模型，有助于改变时间和游戏规则，服务于现实世界。

第二节　两化融合

一、中国"两化融合"的历程

"两化融合"是中国面向发展的战略抉择。由于历史的原因，发达国家都是在工业化完成之后才进入信息化时代，并将信息化作为国家发展的优先战略。目前，我国处于准工业化的中后期，虽然已经建立起了独立完整的工业体系，但与其他发达国家相比还有不小的差距，许多产品、产业领域仍处于落后状态，管理水平和经营能力都需要大幅度提高，处于亟待完成工业化的时期。面对信息化的迅猛发展对世界经济和社会发展产生的深刻影响，我们必须将信息化技术与时代特征和工业化进程紧密结合，大力推进工业化和信息化融合，加快转变经济增长方式、调整产业结构，使我国工业在世界经济结构调整中把握发展主动权，提升国际竞争力。

中国的"两化融合"历程可划分为以下四个阶段。

（一）提出"两化融合"概念

中国共产党第十六次全国代表大会上提出了"以信息化带动工业化，以工业化促进信息化"的新型工业化道路的指导思想，指出了一条科技含量高、经济效益好、资源消耗低、环境污染少、人力资源优势得到充分发挥的新型工业化路子。

（二）确立"两化融合"概念

中国共产党第十七次全国代表大会上继续完善了"发展现代产业体系，大力推进信息化和工业化融合"，促进工业由大变强。信息化与工业化融合是工业转型升级的驱动力，也是应对国际金融危机、加快转变发展方式的战略选择。"两化融合"的概念就此形成。

（三）两化深度融合

中国共产党的第十八次全国代表大会报告指出，要坚持"四化同步发展，两化深度融合"，明确了两化深度融合成为我国工业经济转型和发展的重要举措之一。2013 年，为落实十八大精神，转变经济发展方式，工业和信息化部发布《信息化和工业化深度融合专项行动计划（2013—2018 年）》以全面提高工业发展质量和效益。

（四）加快两化深度融合

在中国共产党的第十九次全国代表大会报告中，强调要"加快发展先进制造业，推动互联网、大数据、人工智能和实体经济深度融合"。制造业与信息化的深度融合是行业落实深化供给侧结构性改革、推动企业转型升级的重要支撑，也是关系行业能否把握新一轮科技革命和产业革命历史机遇的重要举措。行业要把握先机，就要牢牢把握智能制造主攻方向，以产品智能化、制造智能化和运营智能化加快两化深度融合的进程。

二、"两化融合"的内容

"两化融合"包含以下内容：一是信息化发展战略与工业化发展战略的融合，即信息化发展战略与工业化发展战略要协调一致，信息化发展模式与工业化发展模式要高度匹配，信息化规划与工业化发展规划、计划要密切配合；二是信息资源与材料、能源等工业资源的融合，能极大节约材料、能源等不可再生资源；三是虚拟经济与工业实体经济融合，孕育新一代经济的产生，极大促进信息经济、知识经济的形成与发展；四是信息技术与工业技术、IT 设备与工业装备的融合，产生新的科技成果，形成新的生产力。

三、"两化融合"的方向

促进"两化融合"，要求抓住一些具有带动作用的重点领域和关键环节，找准着力点和支撑点，使信息化渗透到国民经济和社会发展的各个领域，其中智能制造是"两化融合"的主攻方向，也是其高级阶段形态。信息技术是发展智能制造的基础，智能制造是依托先进的传感装置、网络通信技术、工业互联网等，把人、设备、产品等制造要素有效连接起来。从而实现资源的优化配置，使各种资源要素能相互识别、实时互通、有效交流，促进制造业研发、生产、管理、销售、服务与互联网紧密结合，推动生产方式的定制化、信息化、网络化，进而不断充实、提升、重塑制造业全球竞争新优势。

（一）信息技术与设计、制造技术的融合

智能制造的前提就是要有先进的技术并加以应用。以信息技术应用为重点，以智能化、数字化、虚拟化、网络化、敏捷制造为方向，对传统企业设计、生产流程进行再造，实现生产信息化，包括推广应用 CAD、CAM、CAE、CAPP 及并行工程、虚拟设计制造等先进技术，数控（CNC）、可编程逻辑控制（PLC）、分布式控制（DCS）、现场总线控制（FCS）、先进控制（APC）、柔性制造单元和柔性制造系统（FMC、FMS）等先进加工控制技术，推广精益生产、敏捷制造、虚拟制造、网络化制造，满足生产过程自动化和优质、高产、低耗、高效、多品种、大批量的要求，满足客户日益强烈的个性化、多样化需求。通过提高重大技术装备研制水平和成套设备集成能力，如数控技术和数控机床，机器人技术及机器人，先进发电、输电和大型工程施工成套设备，大型自动化成套设备等，满足工业装备更新换代的需要。

（二）信息技术与传统工业的融合

信息技术已经成为提升工业产业生产效率和附加值不可缺少的手段，钢铁、汽车、化工、纺织等产业在产品升级、工业生产管理及市场销售的各个环节，越来越离不开信息技术的应用。如汽车工业，既是传统产业，也是新兴产业，更是智能制造的典型代表。据统计，在汽车的整车成本中平均超过 20% 是信息技术或产品。越高级的汽车或轿车，这个比重越高，国际上这一数值有的已经超过 50% 甚至 60%。再如化学工业、生物医药及大型工程设计，利用已经研发建立的实验模型，把已有的实验数据都建立相应的模型并输入进去，可以大大缩短实验时间和研发周期，降低研发成本，适应市场需求变化。

（三）信息技术与服务业的融合

信息技术与服务业融合，能提升传统服务业水平，催生新兴行业：一是借助信息技术条件下强大的信息处理能力，促进金融保险业、现代物流业、管理咨询业等现代服务业发展；二是依托信息技术，发展涵盖信息通信服务、信息技术服务和信息内容服务的信息服务业；三是大力发展电子商务，促进经济发展模式创新，特别是通过进一步发展第三方电子商务平台，不断创新电子商务模式和服务内容，加强电子商务信息、供应链、现代物流、交易、支付等管理平台和信用自律体系建设，为电子商务应用主体提供灵活、便捷、安全、高效的服务；四是提升传统服务业，发展面向中小企业的第三方公共服务平台，推广信息化应用服务，引导商贸、旅游、餐饮和社区服务等就业容量大的传统服务业创新发展模式，注入发展动力。

（四）信息化与企业生产、经营、管理的融合

利用信息化手段，可以提高企业生产、经营、管理水平。在生产控制层面，以数控设备为基础，围绕创新研究和开发设计、工艺管理和加工制造、过程协同和质量控制、

物料配送和产品管理等生产制造的关键环节推进信息化，以提高生产制造全过程工作效能。在资源配置层面，以成本分析为基础，围绕外部协作、内部计划、及时响应等关键环节推进信息化，以提高企业市场响应效率。在管理决策层面，以信息管理为基础，围绕产品市场与客户关系、人力资源与资本运作、发展战略与风险管理等关键环节推进信息化，推广应用业务流程重组（BPR）、企业资源管理（ERP）、管理信息系统（MIS）、计算机决策支持（DSS）、数据挖掘（DM）、商业智能（BI）、供应链管理（SCM）、客户关系管理（CRM）、知识管理（KM）等信息技术，实现管理信息化，提高管理、决策科学化水平。

（五）信息化与资源、能源供给体系的融合

信息技术在工业行业生产中的普及应用，有助于推进工业行业节能减排工作，推动实现单位 GDP 能耗水平大幅降低。通过对钢铁、有色金属、建材、煤炭、电力、石油、化工、建筑等重点行业的能源消耗、资源消耗和污染排放联网监测与分析，可提高资源、能源利用效率和环保综合效益，推动行业淘汰落后生产能力。

四、"两化融合"的模式

（一）企业—产业互动模式

企业信息化与企业所属行业的信息化之间往往存在相互促进、相互制约的关系。企业—产业互动模式是指企业信息化受制于该企业所属行业的信息化水平，成功的企业信息化可以促进同行业其他企业的信息化建设。不同的资本和技术密集度产业对信息化的需求不同，产出效果也存在较大差异，显示了不同产业在吸收信息技术上存在行业差异。IT 密集型行业有飞机制造业、汽车制造业、船舶制造业、家电制造业等，信息化的网络外部性使这些行业中的企业竞相投资信息化，成为信息化的领先行业。

（二）挑战—应对模式

挑战—应对模式是指企业在发展过程中遇到制约因素或面临市场竞争压力，企业为了打破制约、提高市场竞争力而开展信息化建设。挑战—应对模式是一种企业自发的信息化建设模式，企业开展信息化建设的动力比较强。挑战—应对模式也是中国企业最为常用的信息化建设模式。当企业产能达到一定规模的时候，传统手工方式就会遇到瓶颈，这时候企业意识到必须采用信息化手段来突破这个瓶颈。

（三）雁行模式

企业信息化使开展信息化建设的企业在行业内做到技术或管理方面领先，成为同行业企业开展信息化建设的榜样，从而带动其他企业的信息化建设。由于各个企业信息化的起步时间、投资规模、团队实力等不同，形成了序列化的信息化差距，犹如大雁飞行形状。雁行模式可以分为企业内雁行模式、行业内雁行模式、行业间雁行模式、区域间雁行模式四种。企业内雁行模式是指在企业的不同部门、不同分支机构间形成序列化的

信息化差距。行业内雁行模式是指在行业内部不同企业之间形成序列化的信息化差距，信息化先进企业带动信息化落后企业。行业间雁行模式是指在不同行业之间形成序列化的信息化差距，信息化水平高的行业带动信息化水平低的行业。区域间雁行模式是指在不同地区之间形成序列化的信息化差距，行业或企业信息化水平高的地区带动行业或企业信息化水平低的地区。

（四）区域集群模式

由于一些地方政府主动为其辖区内企业创造信息化建设的各种有利条件，或者在某个自然形成的经济区域内的企业相互影响，使某个区域的企业信息化或行业信息化程度明显提高，形成集群效应。

（五）政府主导模式

由于政府在政策研究、形势趋势分析方面拥有的优势，早期的企业信息化往往都是政府主导的，如甩图板、甩账表等。在计划经济时代，政府为了提高国有企业的信息化水平，往往由政府组织企业引入先进的信息系统，或者组织先行企业进行示范交流，这样做可以减少企业的试错风险。政府主导还有一种"示范"模式，例如，有些地方政府为了提高辖区内企业的信息化水平，资助或奖励企业选择一些信息化咨询服务、建设一些示范性应用等作为引导、示范，也会出资采购一些软件免费发给企业使用。但如果企业缺乏信息化建设的内在动力，这种做法的长期效果也会遭受挑战。

五、企业现阶段的"两化融合"

制造业信息化将信息技术、现代管理技术、自动化技术与制造技术相结合，可以改善制造业企业的经营、管理、产品开发和生产等各个环节，提高生产效率、产品质量和企业的创新能力，降低消耗，带动产品设计方法和设计工具的创新、企业管理模式的创新、制造技术的创新及企业间协作关系的创新，从而实现产品设计制造和企业管理的信息化、生产过程控制的智能化、制造装备的数控化及咨询服务的网络化，全面提升企业的竞争力。

（一）制造业企业功能模型与信息化架构

从纵向描述制造业企业的功能，可将企业功能划分为五层，如图 2-5 所示。从横向描述制造业企业功能，可以划分为工厂制造管理、产品设计、企业资源管理三个大的领域，如图 2-6 所示。

工厂管理对应企业功能模型中的业务计划与后勤管理层。产品设计模块主要指 CAD/CAPP/CAM/CAE、PDM/PLM 等，企业资源管理主要指 ERP，产业链管理则对应 SCM。现代制造业企业信息化一般使用"Y"字型的概念架构，如图 2-7 所示。

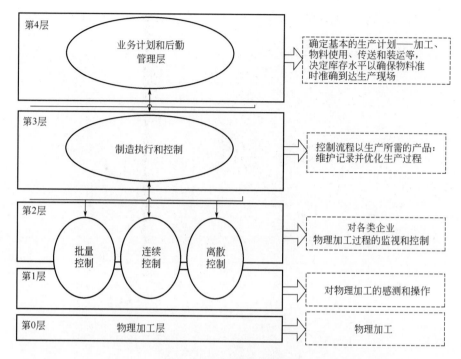

图 2-5 企业功能层次模型

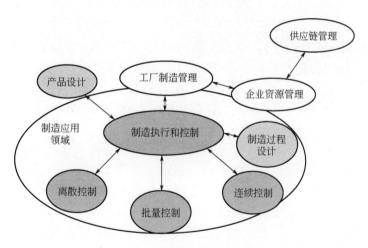

图 2-6 企业横向的应用领域

制造业企业的"核心"——信息化,主要有三大系统领域:ERP、CAx 和 MES。MES 不仅与 ERP 和 CAx 对接,还要与生产装备的自动化衔接,起到"承上启下"的作用。对下,MES 与生产装备的控制系统相连,采集生产装备与过程的实时生产数据;对上,MES 接收 ERP 的生产计划和 CAx 的 BOM 和工艺数据。通过 MES 的中间层作用,将上述信息集成整合后,实现对生产排程、现场工艺、现场指示、采集自控、人工绩效、物料组织、质量控制和设备维护等生产调度、资源配置、生产过程的管理和优化。

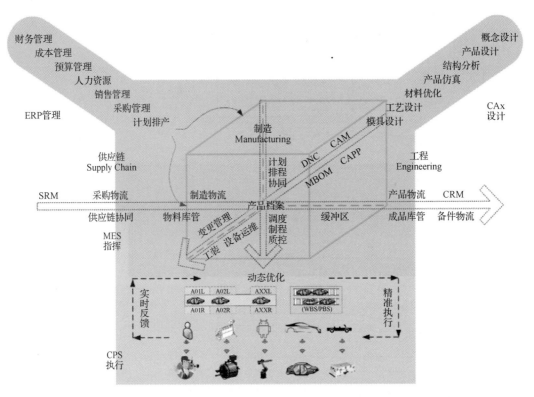

图 2-7　现代制造业企业信息化的"Y"字型概念架构

从制造业企业信息化的"Y"字型架构的角度，ERP 领域要适应大规模定制和服务转型的需要，要有一定的变化，细化成智慧工厂的制造执行（Manufacturing）维度和供应链（Supply Chain）维度。CAx 领域要发生深刻的变化，数字孪生体（Digital Twin）将成为主体，CAx 的四大重点领域 CAD、CAPP、CAE 和 CAM 将实现贯通，以数字孪生体为"统一"数据源，并在智慧工厂的工程（Engineering）维度实现 D2M/M2D 直至虚实融合工厂。

制造执行（Manufacturing）、工程（Engineering）和供应链（Supply Chain）是智慧工厂建设要考虑的三个维度，是对工业 4.0 三大整合的具体化，也是国内很多企业在自动化和信息化方面必补的课程。

这三个维度建设的核心工作，是要实现科学指挥。现在是以指挥人为主，将来以指挥机器人与人协同为主，更需要科学指挥。指挥机器人的工作量和难度要大于指挥人，所以指望智能化取代先进管理的思想是无稽之谈。

CPS 是智慧工厂的物理执行层，负责"科学指挥"目标的实现。生产环境复杂，人、机/机器人、物等实体以"科学指挥"的目标要求为主，结合自身智能和自组织能力去实现目标，并通过实时反馈和动态优化，对实体进行优化指挥或控制，以期达到更理想的结果。

（二）制造业企业信息化集成系统

制造业企业对信息化的需求可以归类为核心业务需求、支撑服务需求和管控业务需求。核心业务需求包括产品设计与研发、采购、生产与制造管理、销售与配送、售后服务等。支撑业务需求包括物资管理、资产管理、财务管理、人力资源管理、IT服务、行政管理、安全管理等。管控业务需求包括利益相关分析、投资分析、预算管理、绩效管理、战略管理等。

从需求出发，在计算机网络环境的支持下，通过数据集成服务构建制造业企业信息化集成系统。自下而上划分为现场设备层、过程控制层、生产执行层、经营管理层和战略决策层，其基本功能构成如图2-8所示。

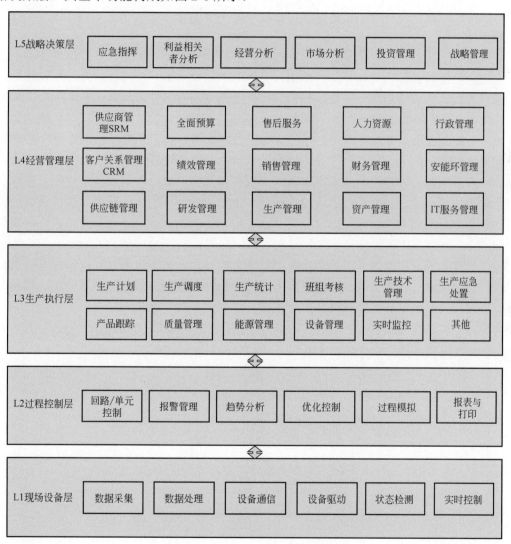

图 2-8　信息化集成系统功能图谱

六、"两化融合"带来的变化

传统企业在如今的市场上面临着前所未有的挑战，进行"两化融合"是转型升级、实现可持续发展的关键路径。通过"两化融合"，企业可以将技术进步、组织变革、流程优化及数据分析利用等转化为企业的新型能力，提高竞争力。

（一）"两化融合"实施前

"两化融合"实施前，制造业企业一般是按上中下游三个阶段分别进行发展的。上游阶段主要指技术端的攻坚，可以分为产品研发、设计、实施等；中游阶段主要是围绕生产来进行的，简单来说就是从原材料转换为产品的过程，包括原材料的采购、入库、质检等；下游阶段主要包含产品的销售、维修、售后等。不难看出，一切都是围绕生产而进行的，生产是核心环节，直接影响企业的效益和规模。

（二）"两化融合"实施后

在"两化融合"的背景下，信息化与工业化主要在技术、产品、业务、产业四个方面进行融合，各阶段的联系主要体现为信息技术和互联网的技术应用。技术融合是通过工业技术与信息技术的融合，产生新的技术体系，推动企业的技术创新。产品融合将信息技术及产品渗透到传统产品中，增加产品的技术含量，使其从传统的硬件型产品升级为硬软相融的产品或者智能化产品，信息技术含量的提高可以使产品的附加值得以大大提高，或者实现同样功能的成本得以降低。业务融合将信息技术应用到企业研发设计、生产制造、经营管理、市场营销等各个环节，推动企业业务创新和管理升级，最典型的应用就是 CAx 和 ERP。"两化融合"可以催生出新的产业，形成一些新兴业态，这就是产业融合。

信息技术的应用弥补了工业企业各制造环节的差距，达到优势互补，资源可以很好地进行优化配置，从而提高企业的生产力。同时为企业在产品研发、技术创新、售后服务方面提出良好的解决方案，提高生产效率，促使企业提升竞争力。

第三章 工业互联网与公共服务平台

随着传统制造业发展遇到了瓶颈，上一轮技术创新对制造业的拉动作用逐渐减弱，全球制造业生产效率的增长显著放缓。在资源能源环境压力增大、全球供需结构性失衡、个性化需求日益旺盛等各方面因素的驱使下，新一代信息技术被更广泛地引入工业生产、服务体系中，掀起了一轮更广范围、更深层次的融合浪潮。伴随着云计算、物联网、大数据、人工智能等新技术逐步从概念和技术走向商业化成熟应用阶段，加上传感能力、传输能力、计算能力、存储能力、分析能力的极速增长，集成新一代网络信息技术，覆盖全系统、全价值链、全产业链和产品全生命周期的工业互联网应运而生。

第一节 工业互联网技术的发展

一、工业互联网的内涵

工业互联网是新一代信息技术与工业系统全方位深度融合所形成的产业和应用生态，是工业数字化、网络化、智能化发展的关键综合信息基础设施。其本质是以人、机、物的网络互联为基础，通过对工业数据的全面深度感知、实时传输交换、快速计算处理和高级建模分析，实现智能控制、运营优化和生产组织方式变革。

工业互联网主要包括网络、平台、安全体系和应用系统等层面。网络体系是将工业全要素、全产业链、全价值链泛在深度互联，平台体系是工业智能化发展的核心载体，安全体系是工业智能化的安全可信保障，应用系统连接系统数据与业务逻辑并实现用户系统交互。工业互联网技术不单单是改进生产线效率，更多的是在信息流层面，从过去的单向传输变成多向传输，从串行到并行再到网络化处理。

二、工业互联网对制造业的改造

工业互联网对制造业的改造主要分三步：第一步是数字化改造，通过传感器技术、物联网技术的发展和 IPv6 技术的全面应用，使更多的点接入数据源，既可以采集，也可以接收，全面联网、上链，实现整个工厂完全数字化，然后通过内外部网络打通全产业链信息；第二步是将这些数据汇集到一起，通过人工智能和大数据分析，使工厂掌握的信息和消费者的需求越来越匹配；第三步是去除产能过剩，避免资源浪费，生产与需求高度匹配。

在相关政策的扶持下，工业互联网技术蓬勃发展。企业外部的基础网络建设、内网升级改造、企业上云、重点行业平台建设等方面的投资逐渐增多，国内工业互联网在技术和平台方面具备了一定的发展基础。网络化改造集成创新应用、标识解析集成创新应用、"5G+工业互联网"集成创新应用、平台集成创新应用、安全集成创新应用等方向的典型示范逐步进入复制推广阶段，生态体系建设逐步迈向完整、成熟。

三、工业互联网的发展现状

工业互联网作为新一代信息技术与制造业深度融合的产物，日益成为新工业革命的关键支撑和深化"互联网+先进制造业"的重要基石。

我国的工业互联网发展除借鉴国外的经验外，还具有深层次的发展动力。首先，人口红利消失和产业升级是其发展的根本动力。我国乃至全球都面临着劳动力锐减、人口老龄化的客观现实，在此背景下，要求制造业向智能化升级，使其朝着融合工业互联网的方向纵深发展。其次，新技术为其提供了基本条件，近年来随着我国制造业的智能化、工业信息化、工业技术的进步，外加其他技术的发展，如移动互联、大数据、人工智能、云计算、AR/VR等技术与制造业的广泛结合，工业互联网的核心技术逐渐成熟。最后，智能制造模式下，企业的新需求是工业互联网形成并获得发展的直接推动因素，制造业转型升级产生新的需求，这些需求直接推动了制造业与互联网的融合。经过多年的技术进步和市场培育，我国工业互联网发展现状如图3-1所示。

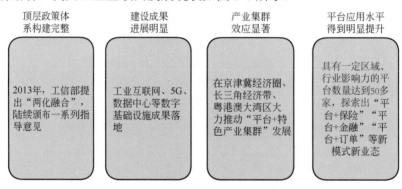

图 3-1 我国工业互联网发展现状

（一）从"两化融合"到工业互联网，产业发展顶层政策体系构建完整

顶层政策体系逐渐完善。2013年，"两化融合"的提出促使制造业与新一代信息技术深度融合，《国务院关于深化"互联网+先进制造业"发展工业互联网的指导意见》《工业和信息化部办公厅关于推动工业互联网加快发展的通知》《推动企业上云实施指南（2018—2020年）》等一系列政策推动工业互联网的发展。从工业大数据到工业App，从企业上云到工业互联网产业示范基地，中国已经形成较为完整的工业互联网顶层政策体系，指导产业发展。

（二）工业互联网建设成果进展明显，有力提升了产业融合创新水平

近年来，我国工业互联网发展态势良好，有力提升了产业融合创新水平，加快了制造业数字化转型步伐，推动了实体经济高质量发展。工业互联网、5G、数据中心等数字基础设施日益成为新型基础设施的重要组成部分。这些高科技领域，既是基础设施，又是新兴产业，既有巨大的投资需求，又能撬动庞大的消费市场，乘数效应、边际效应显

著。推动工业互联网加快发展，统筹疫情防控和经济社会发展，是缓解经济下行压力、兼顾短期刺激有效需求和长期增加有效供给的优先选择。

（三）集群效应显著，传统产业借助工业互联网实现转型升级

中国制造在发展过程中，形成了众多具有地理集中性的产业集群，其核心在于利用空间范围内的产业高集中度，降低企业的生产与交换成本，提高规模经济效应，从而提升企业与产业的市场竞争力。结合不同地区产业经济的发展特点，京津冀经济圈、长三角经济带、粤港澳大湾区大力推动"平台+特色产业集群"发展。

（四）工业互联网发展取得显著进展，平台应用水平得到明显提升

一是涌现出更多的知名工业互联网平台。全国各类型的工业互联网平台数量总计已有数百家，具有一定区域、行业影响力的平台数量也超过了 50 家。既有航天云网、海尔等传统工业技术解决方案企业面向转型发展需求构建的平台，也有树根互联、徐工、TCL、中联重科、吉利、富士康等大型制造业企业孵化独立运营公司专注平台运营，还有优也、昆仑数据、黑湖科技、铸造云等各类创新企业依托自身特色打造的平台。二是形成一批创新解决方案和应用模式。如在研发设计方面，涌现出数码大方设计与生产集成打通、索为研发设计与产品运维一体化及安世亚太基于工业知识生态的先进设计等平台服务。在生产制造方面，形成了富士康 ICT 治具智能维护、航天云网精密电器智能化生产等一批平台解决方案。在企业管理方面，用友、金蝶等平台提供云 ERP、云 MES、云 CRM 等服务。在应用模式创新方面，树根互联、天正、生意帮等企业探索出"平台+保险""平台+金融""平台+订单"等新模式新业态。

四、工业互联网的发展前景

工业互联网是我国国民经济增长的新动能，具有丰富的内涵，重塑了当前的工业生态体系，不断催生新的就业岗位。工业互联网已广泛渗透应用至钢铁、石化、工程机械、电子信息等 30 多个行业。2021 年 1 月 8 日，中央电视台《新闻联播》专题要闻节目《工业互联网加速中国新型工业化进程》（见图 3-2）强调，5G 与工业互联网的融合将加速数字中国智慧社会建设，加速中国新型工业化进程，为中国经济发展注入新动能。

图 3-2 《新闻联播》节目专题播报工业互联网

工业互联网是推动中国制造业转型升级的重要抓手，也是中国发展数字经济的关键助推器。经过多年的市场培育与沉淀，2020 年，我国工业互联网产业经济增加值规模约 3.1 万亿元，占 GDP 比重为 2.9%。工业互联网融合带动的经济影响规模约 2.5 万亿元，对 GDP 增长的贡献超过 11%，带动超过 255 万个新增就业岗位。

我国工业互联网的发展趋势呈现以下三大特征。

第一，我国工业互联网的市场规模逐渐扩大，超万亿元级别。我国的工业互联网建立在传统工业与信息通信技术的基础上，伴随着近年来的飞速发展，已经实现了技术创新和应用融合，搭建了新型的产业体系。中国工业互联网研究院数据显示，2019 年中国工业互联网增加值规模为 3.41 万亿元，名义增速达到 22.14%；2020 年中国工业互联网产业增加值规模达到 3.78 万亿元，占 GDP 比重升至 3.63%，产业增加值规模持续扩大。

第二，我国的制造业企业已经成为工业互联网的重要参与者。这主要是因为近年来我国的工业互联网平台迅速发展，制造业企业实现了互联互通及数据的无缝集成，为智能决策、弹性控制、运营优化、生产协同与商业创新提供了支撑；我国已建立了全涵盖的安全防护体系，能够有效防范网络攻击和数据泄露。

第三，我国的制造业企业参与工业互联网的路径多样化，创新了多种工业互联网平台模式，以下四种是当前较为成熟的模式。

第一种模式：装备和自动化企业凭借工业设备与经验积累，依托工业互联网平台创新服务模式。例如，三一重工依托其设备管理经验孵化专注工业互联网平台建设的树根互联，基于开源 Docker 技术构建 PaaS 平台，具备灵活的应用开发及部署能力，提供资产管理、预测性维护、产品全生命周期管理、产业链金融和模式创新等工业应用服务。

第二种模式：领先的制造业企业将数字化转型经验转化为服务能力，构建工业互联网平台。例如，海尔的 COSMOPlat 平台将顾客需求、产品订单、合作生产、原料供应、产品设计、生产组装和智能分析等环节互联并进行实时通信和分析，以满足规模化定制需求；航天云网 INDICS 平台汇聚超过 100 万家企业，并在此基础上提供供需对接、智能工厂改造、云制造和资源共享等服务。

第三种模式：软件企业围绕自身业务升级需求，借助工业互联网平台实现能力拓展。例如，迈迪工业互联网平台致力于实现中国制造业企业数字化应用，旨在建设中国工业产业链生态体系，消除企业间、行业间和区域间的信息"孤岛"，实现企业内、产业间、生态链的多层次协同，为企业供应链、服务链、外协链和客户链管理提供服务和解决方案。

第四种模式：信息技术企业发挥技术优势，将已有平台向制造领域延伸。例如，华为 OceanConnect 平台借助网关设备、软件 Agent 和物联网管理系统，实现各类底层数据采集和集成，并通过提供 API 接口、开发套件与数据分析服务，提供许多高价值行业应用，如智慧家庭、车联网、智能抄表、智能停车、平安城市等。我国的工业互联网平台在推动企业降本增效、增强企业生产能力、帮助企业服务转型和帮助企业搭建产业体系等方面发挥了重要的作用，已经成为我国的工业企业不可或缺的硬件和软件设施。

第二节 共享公共服务平台的发展

一、共享公共服务平台的体系架构

工业互联网平台技术创新持续深化，技术体系从支撑"建平台"走向支持"用平台"，形成了两条鲜明的技术发展主线。一方面，容器、微服务与应用开发技术不断提升平台的资源利用效率，推动功能解耦与复用，加速应用开发与创新；另一方面，各类工业模型的沉淀、面向工业特点的数据管理和分析，以及平台功能向工业现场不断下沉，持续提升平台工业服务能力。

共享公共服务平台是面向制造业数字化、网络化、智能化需求，构建基于海量数据采集、汇聚、分析的服务体系，支撑制造资源泛在连接、弹性供给、高效配置的工业云平台，包括边缘层、IaaS 层、PaaS 平台层、SaaS 应用层四大核心层级。可以认为，工业互联网平台是工业云平台的延伸发展，其本质是在传统云平台的基础上叠加物联网、大数据、人工智能等技术，构建更精准、实时、高效的数据采集体系，建设包括存储、集成、访问、分析、管理功能的使能平台，实现工业技术、经验、知识模型化、软件化、复用化，以工业 App 的形式为制造业企业提供各类创新应用，最终形成资源富集、多方参与、合作共赢、协同演进的制造业生态。共享公共服务平台功能架构如图 3-3 所示。

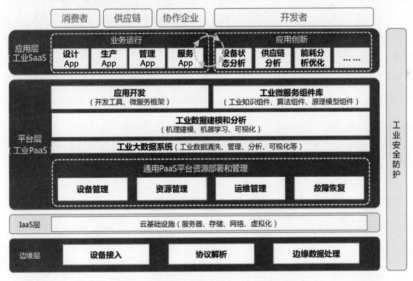

图 3-3　共享公共服务平台功能架构图

第一层是边缘层：一是通过各类通信手段接入不同设备、系统的数据；二是依托协议转换技术实现多源异构数据的归一化和边缘集成，实现海量工业数据的互联互通和互操作；三是利用边缘计算设备实现底层数据的汇聚处理，并实现数据向云端平台的集成。通过大范围、深层次的数据采集，以及异构数据的协议转换与边缘处理，构建工业互联网平台的数据基础。工业设备接入架构示例如图 3-4 所示。

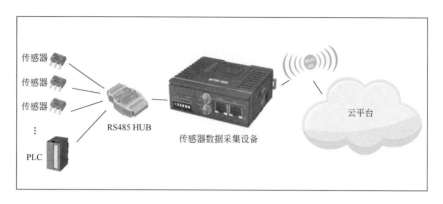

图 3-4　工业设备接入架构示例

　　其中，物联模块（见图 3-5）包括数据采集模块、数据传输模块、数据持久存储模块。物联网关将采集到的现场传感器数据，通过运用协议解析、中间件等技术兼容 Modbus、OPC、Profibus 等各类工业通信协议和软件通信接口，实现数据格式的转换和统一，通过 MQTT 方式从边缘侧将采集到的数据传输到云端。物联网关具有边缘计算技术，能实现错误数据剔除、数据缓存等预处理及边缘实时分析，边缘计算功能界面示例如图 3-6 所示。

图 3-5　物联模块

图 3-6　边缘计算功能界面示例

第二层是 IaaS 层：基于虚拟化、分布式存储、并行计算、负载调度等技术，实现网络、计算、存储等计算机资源的池化管理，根据需求进行弹性分配，并确保资源使用的安全与隔离，为用户提供完善的云基础设施服务。IaaS 层整体架构如图 3-7 所示，包括计算虚拟化、存储虚拟化、网络虚拟化。

图 3-7　IaaS 层整体架构

计算虚拟化资源池如图 3-8 所示，是由大量物理服务器组成的一个物理服务器集群，物理计算资源虚拟化后提供虚拟云服务。

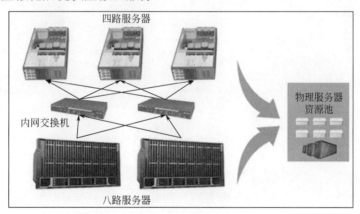

图 3-8　计算虚拟化资源池

整个存储系统的主要数据包括数据库形式的结构化数据、虚拟机数据文件及用户文件等非结构化数据，如用 Server-SAN 和 FC-SAN 相结合的方式构建存储池，其中 FC 存储保存在线访问的高级应用数据，Server-SAN 存储保存虚拟机文件和普通应用数据等。存储系统逻辑结构如图 3-9 所示。

网络设计采用模块化分层分区设计思路，根据业务进行分区，包括服务器接入区、互联网接入区、数据中心互联区等。各区均采用双设备、双链路的冗余部署方式，避免网络单点故障。网络拓扑图示例如图 3-10 所示。

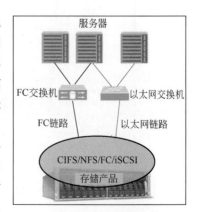

图 3-9　存储系统逻辑结构

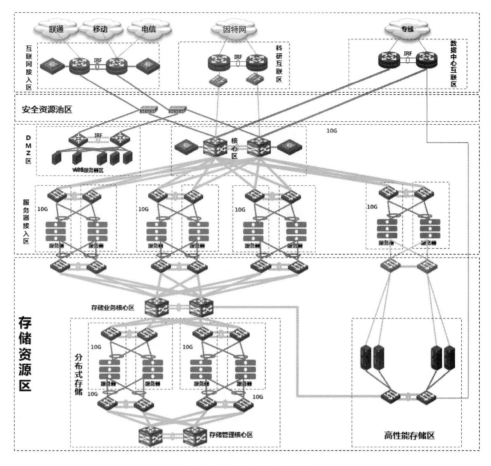

图 3-10　网络拓扑图示例

第三层是 PaaS 平台层：它是向外提供服务的基础，可以集中管理调度 IaaS 资源，提供快速开发框架、常用中间件及大数据组件，便于快速构建平台应用，同时提供运维管理工具和 IT 治理服务，通用 PaaS 服务结构如图 3-11 所示。PaaS 平台层通过积累不同行

通用 PaaS 服务	资源管理		微服务框架		中间件服务	
	服务	应用编排	服务发现	服务路由	数据库	缓存服务
	配置管理	任务管理	负载均衡	熔断降级	消息服务	文件存储
	网络	存储	调用追踪	配置管理	流程编排	键值存储
	大数据组件		运维管理		IT 治理	
	Hadoop	Kafka	监控	面板	用户	计量计费
	Spark	Storm	告警	日志	角色	配额管理
	Flume	HBase	通知	事件	权限	安全审计

图 3-11　通用 PaaS 服务结构

业、不同领域内技术、知识、经验等资源，实现封装、固化和复用，叠加大数据处理、工业数据分析、工业微服务等创新功能，在开放的开发环境中以工业微服务的形式提供给开发者，工业 PaaS 层方案结构如图 3-12 所示。工业 PaaS 层可用于快速构建定制化工业 App，降低应用程序开发门槛和开发成本，提高开发、测试、部署效率，构建可扩展的开放式云操作系统。

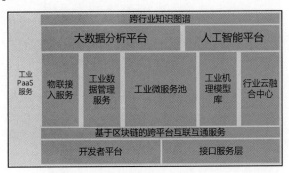

图 3-12　工业 PaaS 层方案结构

　　工业 PaaS 层以微服务、SDK 组件等形式，提供物联设备接入、工业数据管理能力，工业 PaaS 层应用运行环境如图 3-13 所示。物联接入服务主要提供物联接入公共服务能

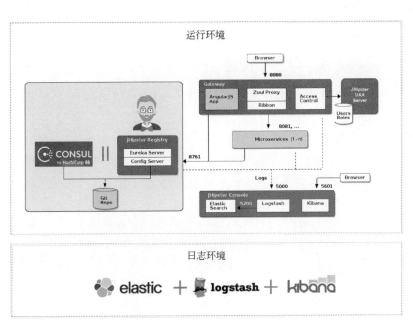

图 3-13　工业 PaaS 层应用运行环境

力，以组件或微服务的形式提供物联接入平台级能力，包括设备管理、认证鉴权、设备模型管理、协议解析、数据处理、控制下发等核心服务管理功能。平台提供完善的工业数据管理服务能力，在端云两侧都具备可靠的数据融合能力。设备数据上云后，可依托工业时序数据库构建工业数据仓库，进行数据聚合分析。工业微服务将工具、算法、模型集成起来，封装成可独立调试运行的单一功能或服务模块，提升易用性和可维护性，通用服务组件池如图 3-14 所示。借助工业微服务并行开发、分布运行、资源隔离、灵活调用的特点，可有效发挥平台开发者接入、资源弹性配置、云化部署运行等优势，解决工业 App 所面临的快速运维、持续迭代、个性化定制等问题。

图 3-14　通用服务组件池

第四层是 SaaS 应用层：通过自主研发或者引入第三方开发者的方式，平台以云化软件或工业 App 的形式为用户提供设计、生产、管理、服务等一系列创新性应用服务，实现价值的挖掘和提升，形成工业互联网平台的最终价值。机械企业比较典型的 SaaS 服务主要以开发和实施装备制造企业营销、研发、制造、服务等 SaaS 应用系统为主，横向打通企业的全流程业务链，涉及设备管理、配置管理、云服务、指令下发、云视界、工业知识库管理、云营销、云研发、云制造、产品核价、供应链管理、流程引擎、数据分析等各类工业 App。

二、共享公共服务平台发展简述

公共服务平台就是在产业集中度较高或具有一定产业优势的地区，为平台上的企业用户构建技术开发、试验、推广及产品设计、加工、检测、信息资源、公共服务、公共设施的支持系统，为公众提供就业、创业、创新等环境。它是一个开放的支持和服务系统，通过这个平台，可以为本行业或本地区的工业园区、高等院校、科研机构、科技企业、政府部门及社会公众提供系统、全面、方便、高效的相关公共服务，从而提高效率，促进行业或当地的经济发展，营造和谐氛围。

从国际来看，全球工业互联网平台市场持续呈现高速增长。根据研究机构MarketsandMarkets 统计数据显示，2017 年全球工业互联网平台市场规模为 25.7 亿美元，2018 年达到 32.7 亿美元，预计 2023 年将增长至 138.2 亿美元，预期年均复合增长率达33.4%。美国、欧洲和亚太地区是当前工业互联网平台发展的焦点经济体。随着 GE、微软、亚马逊、PTC、罗克韦尔、思科、艾默生、霍尼韦尔等诸多巨头企业积极布局工业互联网平台，以及各类初创企业持续带动前沿平台技术创新，美国当前的平台发展具有显著的集团优势，并预计在一段时间内保持其市场主导地位。紧随其后的是西门子、

ABB、博世、施耐德、SAP 等欧洲工业和软件巨头，立足自身领先的制造业基础优势，持续加大工业互联网平台的投入力度，使欧洲平台领域进展迅速，成为美国之外主要的竞争力量。中国大陆、印度等新兴经济体的工业化需求持续促进亚太地区工业互联网平台发展，亚洲市场增速最快且未来有望成为最大市场。尤其值得一提的是，以日立、东芝、三菱、NEC、发那科等为代表的日本企业也一直低调务实地开展平台研发与应用探索并取得显著成效，成为近期工业互联网平台发展的又一亮点。国外工业互联网平台产业示意图如图 3-16 所示。

图 3-15　国外工业互联网平台产业示意图

从国内来看，我国平台发展取得显著进展，平台应用水平得到明显提升，多层次系统化平台体系初步形成，涌现出更多新的知名工业互联网平台。全国各类型平台数量总计已有数百家之多，形成了一批创新解决方案和应用模式。如在研发设计方面的先进设计平台服务，在生产制造方面的智能化生产平台解决方案，在企业管理方面的云 ERP、云 MES、云 CRM 等服务，在应用模式创新方面的"平台+保险""平台+金融""平台+订单"等新模式新业态。国内工业互联网平台产业示意图如图 3-16 所示。

随着工业互联网从概念走向落地，共享公共服务平台的体系建设不断走深走实，平台已经成为加速制造业旧动能改造和新动能培育的重要载体。

共享公共服务平台发展迅猛。国内工业互联网平台已有 600 余个，具备行业、区域影响力的超过 70 个，设备连接总数超过 4000 万台（套），工业 App 总数超过 35 万个，平台服务工业企业数近 40 万家。行业的综合应用向纵深发展，工业互联网已在家电、能源、钢铁等多个国民经济的重点行业成功应用。经过市场的不断筛选，工业互联网发展开始从求量转入求质的阶段，平台发展也从"百花齐放"进入"大浪淘沙"的阶段，多层次系统化的平台体系加速构建，"15+m+n"工业互联网平台体系如图 3-17 所示。

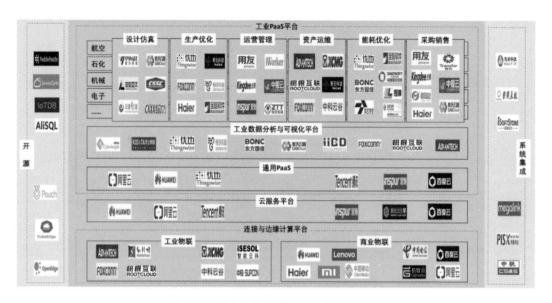

图 3-16　国内工业互联网平台产业示意图

图 3-17　"15+*m*+*n*"工业互联网平台体系

从整体来看，参与角逐的平台主要有三大类。第一类是以海尔、吉利控股、树根互联、航天云网为代表的深耕传统工业领域的"工业企业"；第二类是以华为、浪潮和电信运营商为代表的提供基础设施服务的"ICT企业"；第三类是以阿里巴巴、腾讯为代表的云计算及大数据分析服务的"互联网企业"。

共享公共服务平台进一步促进了产业、科技、金融对接，吸引更多的社会资本涌入融合创新技术、典型应用场景、行业解决方案等投资领域，平台发展将步入顶层设计更加清晰、市场规模持续扩大、融合创新更加活跃、产业生态更加繁荣的新阶段，为制造业高质量发展提供有力支撑。

第四章　资源共享与提质增效

第一节　资源共享

随着互联网、5G、大数据、人工智能等新一代信息技术与机械工业加速融合，企业的生产方式和生产关系发生了深刻变革，新模式新业态蓬勃发展。

一、资源共享新模式

共享发展是党的十八届五中全会提出的"五大发展理念"之一，实物共享、信息共享、关系共享、能力共享等模式创新了企业的生产方式。

（一）实物共享

在协作共同体蓬勃发展的过程中，使用者通过租赁的方式获取物流、设备、库存等使用权，能够减少资金压力，提高企业资金使用的综合效益，同时实物使用权按需租赁可以避免过度采购导致的闲置浪费。

共享设备实现资源高效利用和价值共享，共享设备模式具有投资回报率高、设备利用率高的特点。大型科研仪器设备或重大制造工艺装备科技含量高，经济价值大，买之颇贵，用之不易，但经常存在设备利用率不高的问题。通过共享平台可以将生产制造各环节、各领域分散闲置的设备资源集聚起来，弹性匹配、动态共享给需求方，鼓励企业积极探索围绕产业集群的共性制造需求，集中配置通用性强、购置成本高的生产设备，建设提供分时、计件、按价值计价等灵活服务的共享制造工厂，将实现资源高效利用和价值共享。实践中，因单位机制、人员配置、激励机制、使用安全等方面存在诸多问题，开放共享进程缓慢。而平台化的开放实验室和资源共享机制的建设，是对突破影响重点资源共享障碍的一种探索。开放实验室和共享平台主要采用市场化运营机制，设备的安全运营和管理仍归属于所有者，将产权和使用权分离，通过优化用人机制，提升大型科研仪器设备或重大制造工艺装备的使用效率。

共享物流是共享经济衍生出的全新的物流模式，具有物流及时、运输成本低、绿色环保的特点。共享物流将传统分散化的信息资源进行有效整合，实现对货物资源的优化配置。同传统物流方式相比，共享物流模式显著改善了物流货运效率、质量。在当下的市场发展过程中，很多企业已经开始应用共享物流模式，一方面对社会货主、司机、政策等信息进行搜集，预测物流市场和供求趋势，制定库存、运输等策略，另一方面在平台中对所整合的信息进行发布，如物流活动知识、文件、资料和图像等信息，方便使用者对信息进行查询，极大地满足了市场发展需要。

共享库存随着共享经济的发展开始兴起，共享库存能节省资源，提高仓库利用率，为合理布局仓库做决策支持。当前的库存共享模式可分为两种：一是合作方之间的库存共享，即合作方在销售季前约定在一方缺货时，由其他方分享多余库存；二是利用平台共享，供应链各方的库存由一个共享平台进行统一管理，对各方的库存资源进行合理的再分配。第一种库存共享模式，合作方之间缺乏信息沟通，容易引起缺货或库存积压情形，通过共享库存可在一定程度上降低库存风险，但这属于被动的库存共享模式。第二种库存共享模式，通过平台实现了需求信息的共享，消除了信息差引起的库存问题，但是共享平台由第三方来协调库存，共享平台和企业之间可能会存在"信息虚假"等问题，这会导致资源的浪费及服务质量的降低。促进信息共享、优化库存和再分配决策是企业急需解决的问题之一，且对共享库存的发展及提高共享系统整体效益有着重要影响。

（二）信息共享

信息共享的程度和质量对企业决策影响巨大，如信息资源库、供应链渠道成员结构、上下游信息共享程度、决策变量组合、决策方法等因素的不同都将导致供应链效益产生变化。

信息资源共享库建设对于整合和优化信息资源意义突出。数据部门化、碎片化、开放随意化、标准机制缺失等各种阻力，严重阻碍了企业资源整合的步伐，不利于治理体系与治理能力的现代化建设。建设具有统一标准、规范信息来源、信息存储与信息交换的各级信息资源库迫在眉睫。依托工业互联网平台，优势产业上下游企业开始联合建立完善科技数据库、科研仪器库、科技资源数据库等各类信息池，打造信息支撑、服务专业、良性合作的科技资源共享平台，提升资源共享服务水平。

工业数据开放共享已成为时代呼声，数据共享能有效提高决策能力，发挥数据价值，挖掘商机。政府相继出台各类政策，引导和规范公共数据资源开放流动，支持开展数据流动关键技术攻关，建设可信的工业数据流通环境，构建工业大数据资产价值评估体系。工业企业逐步开放数据，加强合作，共建安全可信的工业数据生态，建立互利共赢的共享机制。建立健全合理的数据共享管理机制是保证共享系统可持续发展的基础，数据共享方式主要有公益性共享、公益性借用共享、合作研究共享、知识产权性交易共享、资源纯交易性共享、资源租赁性共享、资源交换性共享、收藏地共享、行政许可性共享等。

（三）关系共享

企业间竞争已逐步从单品突围向集团军作战演进，围绕目标成果，共享连接关系，不断解构关系网络，重新设定企业的边界，可能是这个时代只有开始不会结束的一个过程。

供应链关系共享已逐渐成为生态衍变和资源变现的全新方式。随着产业的跨界整合及积木式创新，行业与行业之间的边界已经变得非常模糊，而且所有的行业都在发生改变。各种供应链关系重构，公司与能力型伙伴多方共享、多方共有、你中有我、我中有你，已经成了新时代的主旋律。供应链共享、产业赋能，已成为新时代流行的词汇。随着供应链关系迈向共享化，一个产品从生产线到消费者的渠道路径正在不断重构，未来，无法为企业或者消费者提供增值的经销商将会消失，在极致环境和极致商业的模式下，生产线与消费者中间可能将不存在渠道商。

上下游资源关系共享促进了产业生态大协同发展。企业间的竞争走向集团军作战模式，为焕发出最强战斗力，集团军内上下游资源关系共享，在不同的竞争目标下，关系资源不断解构和重构。链主型制造业企业面向行业上下游开展集中采购、供应商管理库存、精益供应链等模式和服务。集团军建设供应链协同平台，推动供应链标准化、智能化、协同化、绿色化发展。供应链服务企业应动而生，如各类创新综合体、创新联合体等新型组织关系，依托联盟搭建科技资源共享平台，提供专业化、一体化的生产性服务，形成高效协同、弹性安全、绿色可持续的智慧供应链网络。

（四）能力共享

互联网环境有着海量数据，特定群体针对其自身兴趣，不仅有着实时采集及获取便捷性的需求，而且对知识咨询也有更深层次的渴望，面对新形势新需求，能力共享应运而生。工业互联网共享新模式如图4-1所示。

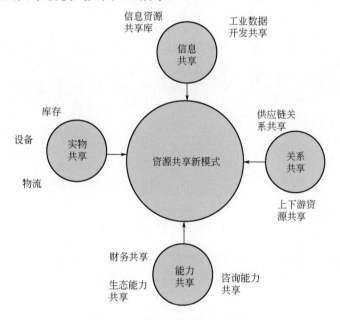

图4-1　工业互联网共享新模式

能力共享催生了全天候的数字参考咨询服务。全天候数字参考咨询业务以知识导航系统为依托，共建特色数据库，共享咨询能力库资源。在时间和空间方面，它更适应用户的需要，所有参加咨询的人员完全可能打破空间和时间的限制，实现联合的咨询服务。在专业知识方面，它能形成不同学科、不同专业领域互补的局面。在服务方面，它有利于促进组织成员进行更多的业务交流，带动咨询人员共同提高服务水平。

生态能力共享迸发出巨大能量，催生社群经济。社群是一个互联网时代的新型变现渠道，这种方式的前提是以分享为原点，再以体验为中心转化为经济利益的模式。社群将整个平台资源共享，不管是流量、商业变现的能力还是业务的交叉拉动能力，使企业能满足用户在各种场景下的不同需求。生态共享具有可升级、广链接的特点，成员可以参与到体系中，通过帮助其他成员获得应有的价值，得到相应的回报。

财务共享中心替代传统的财务管理，帮助企业进行集中管理和管控。财务共享平台具有规模效应和协同效应。依托工业互联网平台，通过将可标准化、流程化处理的财务和业务流程整合到一起，然后进行业务流程的再造。平台每个岗位都根据业务的标准流程统一进行规定、采取规范化操作平台高效和标准化的业务操作流程，为公司及时提供高质量的财务数据，同时带来新的管理思维。

二、共享催生新业态

共享是中国特色社会主义的本质要求，资源共享的理念已深入工业领域，催生了各种新的业态。工业互联网提质增效情况如图4-2所示。

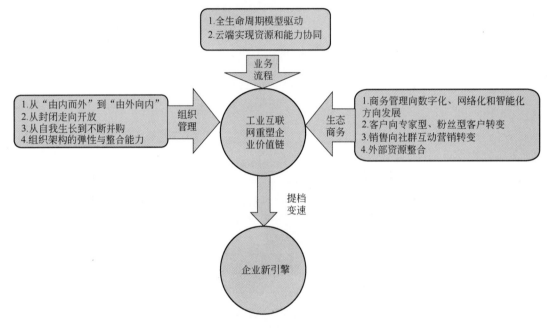

图4-2　工业互联网提质增效情况

（一）平台新商业

共享经济拓展了企业业务，加速了线下业务的平台化转型。一方面，共享平台通过庞大的消费者流量及数据资源，可以帮助企业进行精准用户画像、提供客源基础、收集用户反馈，更好地满足消费者多样化、个性化需求。另一方面，共享经济通过规模效应实现服务降本增效。共享平台作为多主体力量整合的纽带，能够集聚、整合、分享产业链资源，发挥规模优势，为企业及商户提供高效率、低成本的相关服务。

越来越多的企业生态群开始共建信息共享与集成平台，实现从个体生产向协同创新的转变。一是龙头企业基于自身行业知识禀赋形成具有一定影响力的特色平台，统筹上下游企业优势，整合供应链资源，通过产业链资源信息共享，带动行业应用赋能。例如，吉利汽车控股集团的协同产业链企业有2000多家，共建了汽车生态圈，实现了汽车领域资源的共享。二是专业信息服务企业通过工业互联网云平台共享软硬件、企业、专家、知识、技术等各类虚拟化制造资源，根据客户任务请求，将最合适的产品服务和最匹配的解决方案提供给使用者。例如，和利时、云道智造、兰光创新等企业围绕工业协议解析、工业大数据分析、工业仿真等特定领域形成的互联网平台，成为技术单点突破的重要抓手。

（二）数据安全新基建

共享经济信用体系建设受到关注。政府从市场准入、财政、投融资、就业扶持、税收征管等方面进行扶持，促进共享经济平台企业与公共信用信息服务平台的对接，构建完整统一的企业信用信息服务体系，强化平台企业、资源提供者、消费者等主体的信用评级和信用管理。

合规安全监管制度体系逐步形成。随着《中华人民共和国个人信息保护法》审议通过，《中华人民共和国数据安全法》正式实施，我国数据安全相关的法律体系已经逐步形成。数据共享应以安全合规为本，我国已有企业提出区块链可信多方安全计算解决方案，利用联邦学习、可信执行环境、隐私保护等技术打造数据安全共享的基础设施，解决机构之间数据合作过程中的数据安全和隐私保护问题，达成数据可用不可见及"阅后即焚"等效果。

开放共享的关键节点得到整治管理。由于数据的开放共享面临数据权益归属不清晰、数据开放共享义务不明确、数据流通机制不完善、数据质量标准不统一等问题，工业数据无障碍共享还面临一些挑战。成熟的隐私保护技术架构、系统的数据流通模式、完善的数据保护管理制度，已成为共享领域新基建的重要内容。

（三）就业新形态

新职业不断涌现。2019年和2020年，我国先后发布了3批共38种新职业，与共享经济相关的职业如在线学习服务师、供应链管理师、人工智能训练师、数字化管理师等占比超过一半。新职业的出现生动体现了我国经济发展"量"与"质"的变化，不仅丰富了就业岗位的种类，而且推动了整个社会就业结构的变化。

新形态开始兴起。自我就业、灵活用工、"副业创新"、多点执业的现象屡见不鲜，弹性用工既能分担企业人力成本、减轻运营负担，又可以保障员工收入，缓解临时性缺工难题。共享用工是抗击新冠肺炎疫情期间部分企业为了应对人员短缺问题而提出的应急方案，这或许将是人力资源领域的一次巨大变革。短期而言，这是应急措施，是一种临时雇用关系；但从长远来看，这种灵活用工的共享机制将深刻改变很多行业的用工结构。基于人力资源市场大数据平台建立灵活用工的新平台，推广共享用工新模式，已被提上政府议事议程。

第二节　提质增效

工业互联网正在重塑企业价值链中的生产关系，不断创新和变革企业的组织管理、业务流程、生态商务等方面，成为企业提档换速的新引擎。

一、组织管理方面的提质增效

没有成功的企业，只有时代的企业。在不同的时代，企业对组织形态有不同的需求。面对互联网革命，传统产业唯有顺应大势，方能避免衰落与边缘化。这种大势既有"互联网+传统产业"带来的新业务、新产品和新的商业模式，更有针对传统企业组织的改变和重构。

"互联网+"时代，传统的科层制塔式组织向平台型组织演化，开放运营成为组织的最大特征，人力资源的潜力得到发挥。平台型组织作为一种开放、协作、共享的新型产业组织形态，有效地解决了信息不对称的问题，从而降低了企业的运营成本和商品的交易成本，在电子商务、分享经济、社交媒体、大数据等诸多领域取得了较大发展。

传统的组织结构拥有自身优势，在一定的时代背景下占据主导地位，但这一切都是以缓慢而稳定变化的传统时代作为背景而言的。随着互联网与传统产业的融合加剧，"互联网+"从一个国家报告上的词语变成每个企业的自觉行动，传统企业所面临的一切都在飞速变化——如同将一株植物迅速地移植到不同的地域中。在新的环境下，原有组织想要继续生存下去，就需要具备很强的适应性，而开放运营将是其中最典型的特征，表现为以下几个方面。

（1）从"由内而外"到"由外向内"。传统企业组织从产品设计开发到生产、销售都是以"从内向外"提供出发点的，都是基于现有的体系结构、提供方式、资源状况进行设计的，典型的"我有什么，你用什么"的思路。"互联网+"时代是一个具有个性的"我"的时代。在人们身上能更加清晰地感受人类自我意识的爆发，他们的个人决策自由、他们的行动与表达将不受传统意识的约束。企业也在发生改变：对外，企业更多地关注客户的个性化需求，让客户更多地参与产品设计和开发过程；对内，组织要更加弹性和扁平，重视员工的个性培养和个体作用。

（2）从封闭走向开放。"互联网+"要求企业不再将自己的优势封闭在组织内部。传统条件下的企业核心优势，即产品、专利，正在受到挑战，甚至成为新兴产业推广的壁垒。因此，相对于传统企业的封闭，未来的企业组织将更加积极向外推广，谋求合作。开放合作使新老企业得以结合，形成围绕该技术的生态网。在这种开放合作的氛围中，高效的组织结构与优秀的资源结构成为企业关注的要点，高效合作成为这个时代的企业组织关系的关键词。

（3）从自我生长到不断并购。外部的快速变化使得企业为了实现目标必须常常从外部汲取能量，植物型企业通过对原料进行加工，生产出不同产品，新时代的企业通常是捕食性的，它们对外部具有极强的依赖性，甚至很多组织会圈起一片领域，即打造生态圈。

企业组织架构的弹性与整合能力成为关键核心能力。收购和吞并是新时代企业成长的重要手段。这种手段通常是针对关键核心的功能和技术，企业组织更倾向于通过并购的方式直接将这些核心部分纳入体系内部。

二、业务流程方面的提质增效

业务流程是一个企业最核心的管理逻辑的集合。以研发为例，研发设计由人工管理向基于流程的工具软件的管理进化，效率和效益得到大幅提升。借助互联网平台，不仅有效解决了研发设计过程中信息反馈不及时、资源协同效率低、流程缺乏监管的问题，而且能实现敏捷迭代开发产品、建立研发生态、丰富资源。

业务流程方面的提质增效主要表现在以下两类。

一是实现全生命周期模型驱动的业务流程。针对规划设计、选料制造、存储运输、销售安装、售后维护等企业产品全生命周期业务流程，构建全生命周期业务流程支撑系统。针对工业应用场景边界不清等问题，建立面向"产品—设备—工艺—生产线—企业"的工业应用场景分类模型。针对传统工业 App 系统庞大、功能针对性差的问题，通过功能最小相关原则及其粒度层级划分工业 App。针对全生命周期业务流程协同与交互问题，开发业务流程模型的管理系统，支撑业务流程模型的更新、交互，实现模型可管理、可服务、可更新等方面的应用，提供基于业务需求的模型服务工具集，支撑业务流程的协同与优化。

二是实现基于云端的企业资源和能力协同。通过云边异构系统自适应集成与协同技术，以及基于大数据与知识融合的应用流程协同与优化决策技术，实现云端与企业边缘端大数据自适应集成、业务资源协同优化，实现基于人工智能的知识构建与融合及应用服务等功能。利用云端资源可解决企业产品研发能力不足、经营管理水平落后、产业链协作能力低下等问题，降低企业数字化转型升级门槛，帮助企业从工业互联网平台获得应用服务，以实现企业资源技术的有效整合和高效协同，提升企业基于云平台的业务协同水平，加快企业向高价值链转型升级发展，提升制造产品过程和服务的智能化水平，推动企业向服务化、协同化和智能化转型升级。

三、生态商务方面的提质增效

随着信息技术的不断发展和在世界范围内的迅速普及，以信息网络为基础的生态和商务正在发生深刻的变革。一方面，企业必须提升内功，在客户关系管理、供应物流、商务交易等方面适应市场的变化；另一方面，必须整合外部资源，借助生态圈，开拓出路，提升平台化能力。

企业之间的竞争由于信息网络带来的先进技术变得更加激烈，企业商务管理向数字化、网络化和智能化方向发展。客户关系从随机客户向专家型、粉丝型客户转变，从单向销售向社群互动营销转变，客户需求挖掘更深，用户体验更好。物流和供应链向以用户为中心、平台化运作、数据智联化转变，资源配置效率更高，市场响应更及时。得益于互联网技术和信息技术的快速发展，交易通过电子系统进行，款项支付通过数字化方式进行，更加方便、快捷、高效、经济。随着开放运营的理念深入人心，企业的信息资源管理更多地从价值链的角度出发，整合其他企业的资源，并将资金投资在决定业务成功的关键因素上，将信息技术预算投入到关键环节，利用信息技术帮助企业在这些关键成功因素上取得竞争优势，实现更大的成效。

外部资源整合方面，企业必须走生态之路，才能实现生态进化、共创共赢。企业再大，仍有边际。过去，企业奉行"要么成为名牌，要么为名牌代工"；而在消费互联网时代，人们奉行"要么拥有平台，要么被平台拥有"。如今，在工业互联网时代，企业需要打破围墙，"要么建成生态，要么成为生态的一部分"，才能突破天花板，走向生生不息。随着产业的融通发展，企业生态愈发丰富，"与大企业共建，与小企业共享"成了企业融入生态圈的经典路径，与大企业共建垂直行业的工业互联网平台，把平台和企业沉淀的工业机理模型和产业发展经验与中小企业共享，赋能更多的企业提质增效，带动产业协同发展。工业互联网的新生态不仅助力企业做厚做强，也促进企业做广做活，推动数字化改革走深向实。

第五章　物联网与智能制造系统

产业数字化需将工厂内设备联网，5G 的到来为物联网提供了很好的互联手段，产业数字化最典型的应用是智能制造系统。

第一节　物联网

一、物联网和工业物联网简述

（一）物联网

物联网（Internet of Things，IoT）是指通过感知设备，按照约定协议，连接物（物理实体）、人、系统和信息资源，实现对物理和虚拟世界的信息进行处理并做出反应的智能服务系统。

物联网系统包括若干设备的系统，这些设备在现实世界物理实体和信息世界数字实体之间进行桥接，并通过一个或多个网络与那些数字实体进行交互。

物联网概念模型由用户域、目标对象域、感知控制域、服务提供域、运维管控域和资源交换域组成，域之间的关系表示域之间存在逻辑关联或通信连接的关系。物联网概念模型如图 5-1 所示。

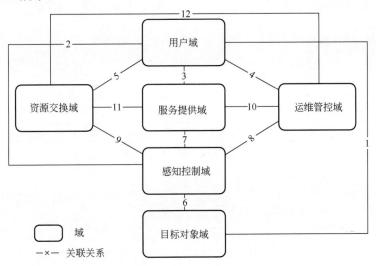

图 5-1　物联网概念模型

（1）用户域是不同类型的物联网用户和用户系统的实体集合。物联网用户可通过用户系统及其他域的实体获取物理世界对象的感知和操控服务，主要包括产品供应商、制造商、解决方案供应商、客户和政府等。

（2）目标对象域是物联网用户期望获取相关信息或执行相关操控的对象实体集合，包括感知对象和控制对象。感知对象是用户期望获取信息的对象，控制对象是用户期望执行操控的对象。感知对象和控制对象可与感知控制域中的实体（如传感网系统、标签识别系统、智能化设备接口系统等）以非数据通信类接口或数据通信类接口的方式进行关联，实现物理世界和虚拟世界的接口绑定，主要包括在制品、原料、机器、环境、作业工人等，这些对象被感知控制域的传感器、标签所感知、识别和控制，使其生产、加工、运输、流通、销售等各个环节的信息被获取。

（3）感知控制域是各类获取感知对象信息与操控控制对象的软硬件系统的实体集合。感知控制域可实现针对物理世界对象的本地化感知、协同和操控，并为其他域提供远程管理和服务的接口。

（4）服务提供域是实现物联网基础服务和业务服务的软硬件系统的实体集合。服务提供域可实现对感知数据、控制数据及服务关联数据的加工、处理和协同，为物联网用户提供对物理世界对象的感知和操控服务的接口，主要包括通用使能平台、资源优化平台和资源配置平台，提供远程监控、能源管理、安全生产等服务。

（5）运维管控域是实现物联网运行维护和法规符合性监管的软硬件系统的实体集合。运维管控域可保障物联网设备和系统的安全可靠运行，以及保障物联网系统中实体及其行为与相关法律规则等的符合性，主要包括工业安全监督管理平台和运行维护管理平台。

（6）资源交换域是实现物联网系统与外部系统间信息资源的共享与交换，以及实现物联网系统信息和服务集中交易的软硬件系统的实体集合。资源交换域可获取物联网服务所需的外部信息资源，也可为外部系统提供所需的物联网系统的信息资源，以及为物联网系统的信息流、服务流、资金流的交换提供保障。资源交换域的内容如表5-1所示。

表 5-1　资源交换域

序号	域名称	域名称	关联关系描述	关联关系属性
1	用户域	目标对象域	用户域中的用户与目标对象域中对象的特定感知或操控需求关系	逻辑关联
2	用户域	感知控制域	用户域中的用户系统通过本关联实现与感知控制域中软硬件系统的管理和服务信息交互	通信连接
3	用户域	服务提供域	用户域中的用户系统通过本关联实现与服务提供域中业务服务系统的服务信息交互	通信连接
4	用户域	运维管控域	用户域中的用户系统通过本关联实现与运维管控域中软硬件系统的运维管理信息交互	通信连接
5	用户域	资源交换域	用户域中的用户系统通过本关联实现与资源交换域中软硬件系统的服务和交易信息交互	通信连接
6	目标对象域	感知控制域	目标对象域中的对象通过本关联与感知控制域中的软硬件系统（如传感网系统、标签识别系统、智能化设备接口系统等），以非数据通信类接口或数据通信类接口的方式实现关联绑定，非数据通信类接口包括物理、化学、生物类作用关系、标签附着绑定关系、空间位置绑定关系等。数据通信类接口主要包括串口、并口、USB接口、以太网接口等	逻辑关联、通信连接

序号	域名称	域名称	关联关系描述	关联关系属性
7	感知控制域	服务提供域	感知控制域中的软硬件系统通过本关联实现与服务提供域中的基础服务系统之间的感知和操控信息交互	通信连接
8	感知控制域	运维管控域	运维管控域中的软硬件系统通过本关联实现对感知控制域中的软硬件系统的监测、维护和管理信息交互	通信连接
9	感知控制域	资源交换域	感知控制域中的软硬件系统通过本关联实现与资源交换域的软硬件系统的信息交互与共享	通信连接
10	服务提供域	运维管控域	运维管控域中的软硬件系统通过本关联实现对服务提供域中的软硬件系统的监测、维护和管理信息交互	通信连接
11	服务提供域	资源交换域	服务提供域中的软硬件系统通过本关联实现与资源交换域的软硬件系统的信息交互与共享	通信连接
12	运维管控域	资源交换域	运维管控域中的软硬件系统通过本关联实现对资源交换域中的软硬件系统的监测、维护和管理信息交互	通信连接

其中，域之间的关联关系表示域之间存在通信连接和（或）逻辑关联。

从长期发展态势来看，产业融合促进物联网形成链式效应，涵盖从产品制造过程中如设计、供应、制造、物流等关键环节信息互通，到出厂后全程可信追踪与事后质量追溯；智能化促进物联网部分环节价值凸显，如端侧数据实时分析、处理、决策与自治等边缘智能化需求不断加强，业务侧联网数量指数级增加，以服务为核心、以业务为导向的工业智能化应用将获得更多发展；互动化促进物联网向可定义基础设施迈进，与上层形成闭环迭代，服务于智能制造不同行业所需的基础设施支撑能力，如应用开发管理、网络资源调度、硬件设置等。

（二）工业物联网

工业物联网是物联网在工业领域的应用，但是又不等同于"工业+物联网"。具体指通过工业资源的网络互联、数据互通和系统互操作，实现制造原料的灵活配置、制造过程的按需执行、制造工艺的合理优化和制造环境的快速适应，达到资源的高效利用，从而构建服务驱动型的新工业生态体系。物联网、互联网、泛在网逻辑关系示意如图 5-2 所示。

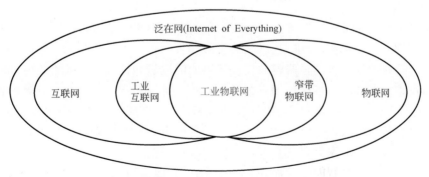

图 5-2　物联网、互联网、泛在网逻辑关系示意

一方面，工业控制系统为工业物联网的互联互通奠定基础；另一方面，工业软件系统为工业物联网的应用开发提供支撑。同时，恶劣的工业环境为工业物联网的网络技术开发带来了新挑战。

工业物联网具备六大典型特征，简述如下。

（1）智能感知是工业物联网的基础，包括人员、机器、原料、工艺流程和环境等工业资源状态信息。

（2）泛在连通是工业物联网的前提，拓展机器与机器、机器与人、机器与环境之间连接的广度和深度。

（3）数字建模是工业物联网的方法，实现工业生产过程全要素的抽象建模，为工业物联网实体产业链运行提供有效决策。

（4）实时分析是工业物联网的手段，完成对外部物理实体的实时响应。

（5）精准控制是工业物联网的目的，实现工业资源精准的信息交互和无间隙协作。

（6）迭代优化是工业物联网的效果，面向工业资源制造原料、制造过程、制造工艺和制造环境，进行不断迭代优化，达到最优目标。

工业物联网实施包括四个阶段，简述如下。

（1）智能感知控制阶段：利用智能感知技术随时、随地进行工业数据的采集。

（2）全面互联互通阶段：通过多种通信网络互联互通手段，将采集到的数据实时、准确地传递出去。

（3）深度数据应用阶段：利用云计算、大数据等相关技术，对数据进行建模、分析和优化，实现对海量数据的充分挖掘和利用。

（4）创新服务模式阶段：利用信息管理、智能终端和平台集成等技术，实现传统工业智能化改造，提升产业价值、优化服务资源和激发产业创新。

其中，互联互通是工业物联网发展的关键问题。现有的多种网络通信连接技术都可以用来在一定程度上解决工业物联网互联互通的问题，但是尚不存在一种被广泛认可的一体化解决方案。

工业物联网的出发点是实现工业制造领域的转型升级，与智能制造的目标具有一定的契合度，即工业物联网是支撑智能制造的一套使能技术体系。

二、物联网发展的三个阶段

物联网已历经十多年的发展，市场潜力获得产业界普遍认可，发展速度不断加快，技术和应用创新层出不穷，回顾物联网的发展历程，可分为三个阶段，如图5-3所示。

第一个阶段主要强调的是联网通信，此阶段的分析和控制依靠人力智慧，而非机器智慧。如安防，前端是由摄像头拍摄视频或图片、传回后台，后台人员盯着屏幕查看、分析，发现异常通知相关人员；再如自助健康监测，前端可能是一台血糖仪或心电仪，用户自助检测后，将数据传到后台，后台由一个或者一群医生来查看检测结果，并给出建议；又如智能家居，家居设备联网后只能叫远程控制。

第二个阶段主要是智能硬件提升，随着5G、大数据和人工智能技术相继进入商用，智能硬件的爆发推动了物联网的发展。全球掀起了智能硬件创业狂潮，涉及范围包括家居家电设备、医疗健康设备、可穿戴设备、出行设备，以及一些商用或工业设备等。这个阶段的物联网产业，在数据处理层面有了云计算技术的加持，在传输层有 Wi-Fi、ZigBee、蓝牙等多样化形式，全球物联网正从碎片化、孤立化应用为主的起步阶段迈入"重点聚焦、跨界融合、集成创新"的新阶段。

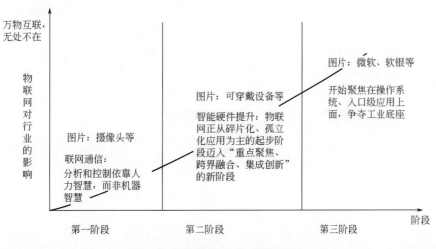

图 5-3　不同阶段工业互联网情况

　　第三个阶段的产业发展进入商用，软银、阿里巴巴、亚马逊、微软、谷歌等大企业和大资本纷纷进入，快速从顶层瓜分市场，物联网产业不再延续以前"温水煮青蛙"式的发展，智能手机产业的成功经验开始被应用于物联网，大部分企业都将目光聚焦于操作系统、入口级应用，各式物联网应用开发平台成为产业风口。

　　为了应对传统制造业面临的挑战，在世界上主要制造强国提出的制造业振兴计划中，如德国的"工业 4.0"、美国的工业互联网和"国家先进制造战略规划"、中国的制造强国战略和"智能制造发展规划（2016—2020 年）"，都把向服务转型作为制造业升级转型的关键方向。虽然不少制造业企业已经开始着手为客户提供服务，提升服务收入占企业收入的比例，但大多数还是基于产品的传统服务，如产品售后服务、产品租赁服务、为客户购买产品提供融资服务等。单单靠这些传统服务给客户带来的价值有限，也常常跟不上客户需求变化的节奏，是很难让企业实现服务转型的。而物联网的发展则为企业向服务转型开辟了新的空间。如上所述，"工业 4.0"以来的变革都是基于数据驱动的，物联网通过各种传感器抓取物理世界的数据，再通过对这些数据的分析和应用，帮助企业优化生产流程，提高运营效率；更重要的是借助物联网，企业得以持续感知客户的需求，创造新的服务模式，推动业务增长，这才是物联网对企业最大的价值所在。基于"物联网+"的相关智能服务如图 5-4 所示。

三、物联网的技术实现

　　物联网技术框架代表物联网信息技术的集合，将物联网涉及的主要技术分为感知、应用、网络和公共技术四个部分，如图 5-5 所示。

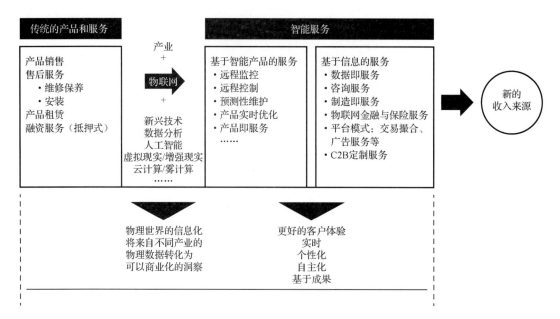

图 5-4　基于"物联网+"的智能服务

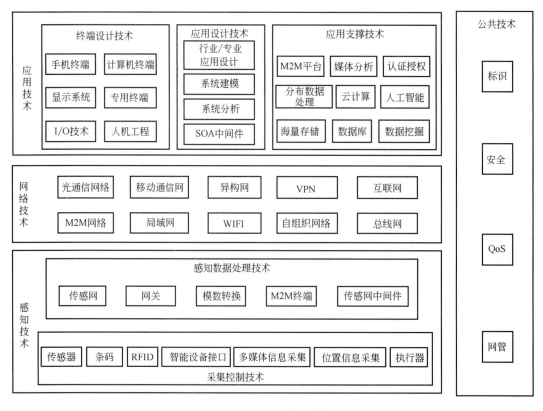

图 5-5　物联网技术框架

感知技术用于实现对感知对象属性信息的采集、处理、传送，也可以实现对于对象的控制。感知技术分为采集控制和感知数据处理技术。

网络技术为物联网提供通信支撑，实现实体之间的通信连接和信息交换。

应用技术用于实现对感知数据的深度处理，形成满足需求的物联网应用服务，通过人机交互平台提供用户使用。应用技术分为应用设计、应用支撑和终端设计技术。

公共技术用于管理和保障物联网整体性能。

物联网的关键技术包括 RFID、传感器、智能技术和纳米技术。

射频识别（Radio Frequency Identification，RFID）是一种通过射频信号实现的非接触式自动识别技术，识别过程无须人工干预。RFID 技术的应用场合很广，因其识别过程无须人工干预，特别适合自助场合。

传感器可以自动感知光、电、热、力等多种原始物理信号并转换为电信号，再进行记录、分析或传输等处理工作。传感器的技术正经历着从传统传感器到智能传感器，再到嵌入式 Web 传感器的发展过程。通过综合传感器、嵌入式计算机和分布式计算等技术，可以提升监测、感知、处理的能力。

物联网中的智能技术是通过在物体中增加智能模块，完成智能操作，主要包括人工智能、人机交互、智能控制等，在制造业的应用很广。

纳米技术的研究是尺寸为 0.1～100nm 的材料的特性和应用。在物联网中应用纳米技术，其优势是使用传感器可以探测到纳米级的对象，从而扩大物联对象的范围。

除此之外，还有 IPv6、5G、云计算等新技术，都在为物联网的推广应用奠定先进的技术基础。

四、物联网的技术应用

物联网连接的智能硬件涵盖智能家居、安防、医疗保健、教育、运动、娱乐、交通、能源、物流、制造、农林业、生态环境、电网、商业零售等 20 多个领域，细分品类已达一万多个。

（一）物流

结合物联网技术，自动检测货物的状态、自动定位车辆的位置、货物自动分拣、无人车自动配送等，在物流运输及仓储的各个环节进行系统感知，提高物流系统分析决策和智能执行的能力，提升整个物流系统的智能化、自动化水平。

（二）交通

通过无线通信技术，对信息网络平台中的所有车辆的动态信息进行有效利用，实现共享单车、车联网、交通指挥与调动、智慧停车的应用。通过传感器将车辆运行数据上传到服务器，监测汽车行驶状态，紧密结合人、车、路，以及信息技术的高度集成，改善交通环境，保障交通安全，提高资源利用率。

（三）安防

通过硬件设备联网，实现智慧门禁、智能门锁、智能门铃等系统，利用系统智能分析，减少对人员的依赖，保护厂区、家庭和社区安全。

（四）能源

电能、水能、燃气以及路灯、井盖等方面的应用，通过设备联网，远程读取表数，减少人工查表的烦琐，自动监测水位，自动控制路灯开启与关闭，减少不必要的损耗，提高效率，达到节约能源、合理使用的目的。

（五）制造

制造领域的物联网应用比较广泛：设备监控方面，通过远程升级维护设备，了解设备的使用状况，收集设备运行信息，便于产品的售后服务，改善升级产品设计；生产现场中，把人、设备、数据打通，进而降低生产成本，提高生产效率；环境方面，自动监测温度、湿度，提高生产环境的可靠性。

五、"物联网+"的"朋友圈"

"物联网+"的生态系统包含了表5-2所示的角色，这些角色相互协作，共同进化，推动"物联网+"产业的进步。所有通过传感器、网络从物理世界中收集数据的企业都是数据制造者，他们来自不同产业，有着自己独特的数据。电信运营商、传感器提供商、芯片提供商等系统部署使能者通过提供物联网技术、产品和系统实施服务，推动了物联网低成本和大规模的应用；应用开发商、数据分析和人工智能技术提供商等应用开发使能者通过物联网采集到的数据在各个产业中进行实际应用；物联网平台提供者则为"朋友圈"提供了"聚会"场所；应用者来自不同产业，结合自身的产业知识和数据，使用物联网提升效率，改善产品体验，提供创新服务。这些角色在"物联网+"的发展中承担不同的职责，企业承担的角色也将变化、叠加、融合。例如，应用者利用系统部署使能者和应用开发使能者提供的软硬件或服务提升自身生产运营效率，也可以作为数据制造者将获取的数据进行商业变现。又如，物联网平台提供者可以连接其他角色、整合资源并提供更加专业的管理和运营服务，如连接管理、物联网设备管理、物联网应用软件开发、数据集市等。

表5-2 "物联网+"的"朋友圈"

角 色	主要价值机遇
应用者	● 外部应用者：对外应用物联网提供智能服务和商业应用方案。 ● 内部应用者：对内利用物联网提升生产和运营效率
系统部署使能者	● 物联网系统咨询、顶层设计和解决方案。 ● 物联网软硬件产品供应（传感设备、网络传输、信息安全等）。 ● 物联网系统集成与部署

续表

角 色	主要价值机遇
数据制造者	● 原始数据采集和清洗：通过网络、传感器采集物理世界的数据，并对采集到的数据进行清洗、本地存储。 ● 销售数据资源和相关数据服务
物联网平台提供者	● 物联网设备管理平台：对物联网终端进行远程监控、设置调整、软件升级、系统升级、故障排查、生命周期管理等。 ● 连接管理平台：实现物联网连接配置管理，保证终端联网通道稳定，提供网络资源流量管理、资费管理等功能。 ● 物联网应用多边市场：提供物联网应用软件或服务。 ● 这里的平台是指对外提供商业化的平台服务，而非内部自建的平台
应用开发使能者	● 应用开发支持：提供成套应用开发工具（大部分能提供图形化开发工具，甚至不需要开发者编写代码）、中间件、数据存储功能、业务逻辑引擎、对接第三方系统的 API 等。 ● 应用开发者：针对应用场景开发相应的应用软件和服务。 ● 相关技术提供商，如数据分析、人工智能、区块链等

第二节 智能制造系统

本节从发展阶段、系统架构、典型模式等角度对物联网的典型系统进行了剖析，激发读者对产业数字化前景的想像。

一、智能制造主要发展阶段

物联网技术的快速发展为智能制造的实现提供了重要支撑。智能制造的发展可分为数字化制造、数字化网络化制造、数字化网络化智能化制造（新一代智能制造）三个阶段。

（一）数字化制造阶段

在数字化制造阶段，数字技术在产品中得到普遍应用，形成"数控一代"创新产品；采用 CAD/CAE/CAPP/CAM 等数字化设计、建模和仿真方法；大量采用数控机床等数字化装备；建立了信息化管理系统，采用 MRP/ERP/PDM 等对制造过程中的各种信息与生产现场实时信息进行管理，提升各生产环节的效率和质量；实现生产全部过程各个环节的集成并优化运行，产生了以计算机集成制造系统（CIMS）为标志的解决方案。

（二）数字化网络化制造阶段

在数字化网络化制造阶段，数字技术、网络技术得到普遍应用，产品实现了网络连接；制造实现了横向集成、纵向集成、端到端集成，打通了整个制造系统的数据流，企业能够通过设计、制造平台实现制造资源的全社会优化配置，开展与其他企业的业务流程协同、数据协同、模型协同，实现协同设计和协同制造。在服务方面，企业与用户通过用户交互平台实现充分交互，掌握用户的个性化需求，将产业链延伸至为用户提供产品健康保障等服务。企业生产开始从以产品为中心向以用户为中心转型，企业形态也逐步从生产型企业向生产服务型企业转型。

（三）数字化网络化智能化制造阶段

新一代智能制造是先进制造技术与新一代人工智能技术深度融合，形成了新一代智能制造——数字化、网络化、智能化制造，主要特征表现在制造系统具备了"学习能力"，通过深度学习、增强学习、迁移学习等技术的应用，新一代智能制造中制造领域的知识产生、获取、应用和传承效率将发生革命性变化，显著提高创新与服务能力。随着制造知识生产方式的变革，新一代智能制造形成了一种新的制造范式，实现了先进制造技术和新一代人工智能技术的深度融合，是真正意义上的智能制造，将从根本上引领和推进第四次工业革命，是我国制造业实现"弯道超车"的重大机遇。

二、智能制造系统架构

智能制造系统架构从生命周期、系统层级和智能特征三个维度对智能制造所涉及的活动、装备、特征等内容进行描述，智能制造的关键是实现贯穿企业设备层、单元层、车间层、工厂层、协同层不同层面的纵向集成，跨资源要素、互联互通、融合共享、系统集成和新兴业态不同级别的横向集成，以及覆盖设计、生产、物流、销售、服务的端到端集成。智能制造系统架构如图5-6所示。

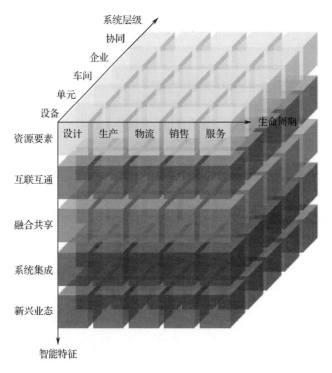

图 5-6　智能制造系统架构

（一）生命周期

生命周期是指从产品原型研发开始到产品回收再制造或退出市场的各个阶段，包括设计、生产、物流、销售、服务等一系列相互联系的价值创造活动。生命周期的各项活动可进行迭代优化，具有可持续发展等特点，不同行业的生命周期构成不尽相同。

（1）设计是指根据企业的所有约束条件及所选择的技术来对需求进行构造、仿真、验证、优化等研发活动过程。

（2）生产是指通过劳动创造所需要的物质资料的过程。

（3）物流是指物品从供应地向接收地的实体流动过程。

（4）销售是指产品或商品等从企业转移到客户手中的经营活动。

（5）服务是指提供者与客户接触过程中所产生的一系列活动的过程及其结果，包括回收等。

（二）系统层级

系统层级是指与企业生产活动相关的组织结构的层级划分，包括设备层、单元层、车间层、企业层和协同层。

（1）设备层是指企业利用传感器、仪器仪表、机器、装置等，实现实际物理流程并感知和操控物理流程的层级。

（2）单元层是指用于工厂内处理信息、实现监测和控制物理流程的层级。

（3）车间层是实现面向工厂或车间的生产管理的层级。

（4）企业层是实现面向企业经营管理的层级。

（5）协同层是企业实现其内部和外部信息互联和共享过程的层级。

（三）智能特征

智能特征是指基于新一代信息通信技术使制造活动具有自感知、自学习、自决策、自执行、自适应等一个或多个功能的层级划分，包括资源要素、互联互通、融合共享、系统集成和新兴业态五层智能化要求。

（1）资源要素是指企业对生产时所需要使用的资源或工具进行数字化过程的层级。

（2）互联互通是指通过有线、无线等通信技术，实现装备之间、装备与控制系统之间，企业之间连接功能的层级。

（3）融合共享是指在互联互通的基础上，利用云计算、大数据等新一代信息通信技术，在保障信息安全的前提下，实现信息协同共享的层级。

（4）系统集成是指企业实现从智能装备到智能生产单元、智能生产线、数字化车间、智能工厂，乃至智能制造系统集成过程的层级。

（5）新兴业态是企业为形成新型产业形态进行企业间价值链整合的层级。

三、智能制造典型模式

（一）大规模个性化定制模式

此模式应用于服装、纺织、家电等消费品领域，主要做法是实现产品的模块化设计、构建个性化的定制服务平台和产品数据库。

（二）产品全生命周期数字一体化模式

此模式应用于航空装备、汽车、船舶、工程机械等装备制造领域，主要做法是应用基于模型定义（MBD）技术进行产品研发、建设产品全生命周期管理（PLM）系统等。

（三）柔性制造模式

此模式应用于铸造、服装等领域，主要做法是实现生产线可同时加工多种产品及零部件，车间物流系统实现自动配料，通过企业资源计划系统（ERP）、供应商管理系统（SRM）、高级排产系统（APS）、制造执行系统（MES）等，实现工控系统之间的高效协同与集成。

（四）互联工厂模式

此模式应用于石化、钢铁、电子、家电等领域，主要做法是应用物联网技术实现产品、物料等的身份标识，生产和物流装备具备数据采集和通信等功能，构建了生产数据采集系统、制造执行系统（MES）和企业资源计划系统（ERP）并实现这些系统的协同与集成。

（五）产品全生命周期可溯模式

此模式应用于化纤工业，以及食品、制药等领域，主要做法是让产品全生命周期具有唯一标识，应用传感器、智能仪器仪表、工控系统等自动采集质量管理所需数据，通过 MES 开展质量判异和过程判稳等在线质量检测和预警等。

（六）全生产过程能源优化管理模式

此模式应用于石化化工、有色、钢铁等行业，主要做法是通过 MES 采集关键装备、生产过程能源供给等环节的能效数据，构建能源管理系统（EMS）或 MES 中具有能源管理的模块，基于实时采集的能源数据对生产过程、设备、能源供给及人员等进行优化。

（七）网络协同制造模式

此模式应用于航空航天、汽车等领域，主要方法是建立跨企业制造资源的协同平台，实现企业间的研发、管理和服务系统的集成和对接，并提供研发设计、运营管理、数据分析、知识管理、信息安全等，为接入企业提供服务。

四、生态系统与"物联网+"

单单靠物联网收集的数据本身没有意义，需要与不同产业及数据分析、人工智能、区块链、云计算、雾计算等新兴技术相结合，才能开发出创新服务。由于智能服务场景众多，以及智能服务实时化、动态化的特点，单靠企业自身的资源无法满足客户的需求。智能服务需求的不确定性和投资回报的不确定性，也需要和外部伙伴的协作来共担风险。因此，要开发出智能服务，企业需要和"物联网+"相关外部伙伴开展密切合作，形成一个价值创造网络。"物联网+"的智能服务将跨越企业价值链和传统行业边界，创造出一个全新的生态系统，改变现有竞争格局，挑战固有的制胜规则。"物联网+"的生态系统如图 5-7 所示。

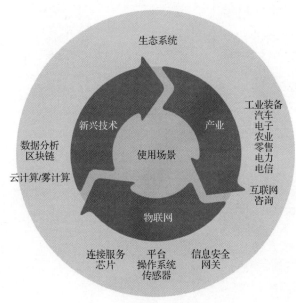

图 5-7　"物联网+"的生态系统

生态系统思维，而非产品思维，传统制造业提供产品主要考虑的因素是产品功能、质量和成本，是产品思维。而提供基于物联网的服务，则要基于服务场景，着眼于建立自己的"朋友圈"，与他们共同合作，一起为客户提供服务，是生态系统思维。因此，企业在设计基于物联网的服务时不能用传统的产品思维，而需要对产品及相关服务所处的生态系统有着整体的认识。例如，在设计智能产品时，除了在纵向上考虑设计产品本身的质量和功能，还要在横向上考虑其他产品和系统的互通和兼容，以及与第三方开发者的合作（如提供 API 接口和相应的开发工具）。集成第三方的产品和服务或被集成到第三方系统中，是"工业 4.0"时代所有企业的必然选择。如果企业依然按照原有的产品思维提供产品和服务，忽视生态系统的建设，就会错失了"物联网+"带来的广阔市场和巨大价值。

例如，农业管理服务系统为农场主提供的设备安装了传感器，并将收集到的设备数据和气象、土壤、种子等数据结合在一起，利用分析技术挖掘出其中的关键信息，帮助农场主做出更为科学的农耕决策，在这个过程中，系统平台整合了来自不同产业领域的数据和知识，为了更好地利用这些数据，系统平台提供了 API 接口，便于外部的开发者使用这些数据。农业管理服务如图 5-8 所示。

产品思维
以产品为导向：质量、功能、成本

生产一台更好的农业机械

系统思维
以应用场景为导向：连接、合作、生态

如何更好地为农场主提供服务

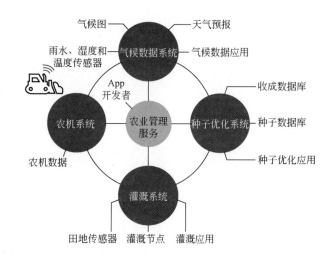

图 5-8　农业管理服务

第六章　大数据与企业可持续发展

数字产业化的核心是把握好数据"大量化、多样化、快速化、价值化"的"四化"特征思维内涵,是利用好数据资源,基于"数据+模型=服务"的商业逻辑,挖掘数据的资产属性,以数据为资本,进而创造大的正能量、快的正价值、阳光下的好风范,实现企业的可持续发展。

第一节　大数据

一、资源、资产、资本

(一)数据资源

大数据是在物联网端到端数据流的基础上,通过分析数据,实现预测需求、预测制造、解决和避免不可见问题的风险,大数据可以用于整合产业链和价值链,是工业互联网技术的重要组成部分。

数据不等于信息,信息不等于知识。数据是事件的一种属性,知识是行为主体的一种属性;数据经过行为主体的感性与理性过滤才成为信息,即数据经过人的解读才成为信息;知识建立在信息的基础上。

数据具有两个明显特征:一是差异性,二是规律性。差异性主要体现为数据描述的事物的数量和特征,现实世界中的每件事、每个人、每种物都有不同的属性和特征,因此反映在数据上也会有各种不同的表现,而且从表面看,这些数据可能是杂乱无章的。规律性主要体现为数据分布是有一定规律的,对数据进行分析研究的目的,就是要从看似毫无关联的数据中找出某种规律和关联。换句话说,正因为数据具有差异性,才有必要对数据进行研究分析。也正因为数据存在规律性,对其研究才有价值。

与传统农业经济和工业经济不同,数字经济得以发展的基础是信息技术和海量数据。随着信息技术与经济社会的交汇融合,数据成为国家的基础性战略资源,成为驱动经济社会发展的新兴生产要素,与劳动、土地、资本等其他生产要素一起,为经济社会的发展创造价值。

数据成为资源的过程,与石油成为资源的过程有相似之处。首先,要发现各种有用数据的来源,如同勘探油矿;其次,要采集能够满足特定需求的数据,如同采油;再次,把采集到的数据按应用需求进行标准化、结构化处理,如同炼油;最后,将加工处理后形成的数据与实际应用相结合,最大限度地发挥数据的作用,如同用油。因此,在这个阶段,数据是作为一种具有使用价值的资源帮助管理者决策的,从而实现其经济效益。数据资源化过程如图6-1所示。

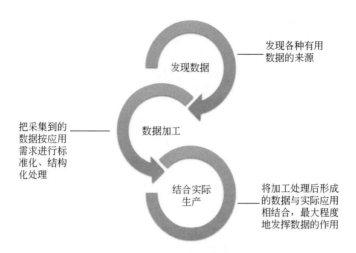

发现各种有用
数据的来源

发现数据

数据加工

把采集到的
数据按应用
需求进行标
准化、结构
化处理

结合实际
生产

将加工处理后形成
的数据与实际应用
相结合，最大程度
地发挥数据的作用

图 6-1　数据资源化过程

我国制造强国战略明确指出，将制造与服务协同发展作为转型的重要方向，加快生产型制造向服务型制造转变的步伐。服务型制造模式是通过生产性服务、制造服务和顾客参与的高效协作，融合技术驱动型创新和用户驱动型创新。在服务型制造系统中，数据作为产生知识的主要途径，数据的研究日益受到关注。未来的竞争主要体现在数据层面，无论是生产型还是服务型企业，如何挖掘企业的核心竞争力是企业永恒不变的追求。大数据一定会成为未来企业最核心、最优质的生产要素，也一定会成为企业经营的核心。

（二）数据资产

随着数字经济的发展，人们发现数据还具备资产的特征，于是出现了"数据资产"的概念。近些年，国内外学者围绕数据资产这一概念开展了比较系统的研究，国外研究主要集中在数据质量管理、信息价值评估和数据资产管理等方面，国内研究主要集中在资产评估框架、无形资产评估、信息资产评估及管理、网络数据资源评估等方面。结论主要有：数据应作为资产进行管理，可用数据质量评定数据的价值，数据和信息价值可以由多个方面的价值共同衡量，使用资产特性来判定信息是否为资产。

分析数据资产需要从资产的概念说起。资产是指由企业过去的经营交易或由各类事项形成的，被企业拥有或控制的，预期会给企业带来经济利益的资源。从这个界定来看，资产具有现实性、可控性和经济性三个基本特征。结合资产的特征，数据资产是指企业在生产经营管理活动中形成的，可拥有或可控制其产生及应用全过程，可量化的预期能给企业带来经济效益的数据。

数据价值瞬息万变，有时加入一个或一组新数据，原有数据的价值就可能发生极大的变化；随着使用人数和次数的增加，数据价值会发生不规则的变化；数据价值的释放与算法等数据处理分析技术紧密相关，不同算法挖掘出来的数据价值可能存在天壤之别；数据的价值因用户而异，同一组数据对于不同的用户来说产生的价值可能截然不同。要想科学确定和量化数据价值，必须对数据价值的特性进行全面系统的了解，这是确定数据价值的基础和前提，也是区分数据价值与实物价值的关键点。

数据资产化的过程就是实现数据可控制、可量化与可变现属性以及体现数据价值的过程。当前，数据已经渗入各行各业，逐步成为企业不可或缺的战略资产，企业所掌握的数据规模、数据的鲜活程度，以及采集、分析、处理和挖掘数据的能力，决定了企业的核心竞争力。

以交易型业务对数据的应用实践为例，有四种数据交易方式常被提及。第一种是隐藏用户 ID 方式，出于隐私保护考虑，把用户 ID 隐去，保留所有数据之间的模型关系。企业大规模采购的数据，如果不能跟人匹配，那么精准营销、个性化的客户关系管理、对个体做信用评估等将无从谈起，所以这种数据交易很难成为主流。第二种是数据汇总方式，把每 100 个用户打包组成一个"用户军团"，对各个指标的均值、方差、分位数进行计算，然后把"用户军团"的描述统计售卖给买方。这样的数据无法精确到个人，因此大量面向个体提供产品服务的业务就得不到支持，考虑到还要准备复杂的服务器、API接口、交易数据和技术团队，买家可能更倾向于购买分析报告。第三种是数据模糊化方式，模糊化的数据仍然是精确到 ID 的数据，通过对原始数据进行"模糊化"处理，如基于原始数据计算得到一个信用积分等。这种积分数据是可以交易的，它不见得是最完美、最让数据交易各方都满意的，但它是现实可行的一个可以交易的数据产品。第四种是问答方式，验证谁是谁，如公安部数据库根据姓名、身份证号、家庭住址（这些信息是用户知情并同意主动提供的），核对信息正确后再允许贷款。问答方式对用户隐私保护得最好，它不提供任何具体数据，只回答一些关键问题，但会产生很高的数据购买成本。

（三）数据资本

2016 年 3 月，《麻省理工科技评论》与甲骨文公司联合发布的《数据资本的兴起》指出，数据已经成为一种资本，同金融资本一样，能够产生新的产品和服务，这种变化会影响所有公司的竞争策略，以及为其提供支持的计算架构。与传统认知不同，数据并不是一种冗余的资源，而是具有稀缺性和独特性的，如同零售商缺少必要的融资就无法进入新的市场，如果没有必需的数据，他们也无法创造新的定价方法。

在经济学中，资本是一种生产性资源，是生产另一种商品或服务的必需品。数据资本与实物资本一样，拥有长期价值，但同时它又具有不同于其他资本的三个特性：非竞争性，即实物资本不能多人同时使用，数据资本则不存在这个问题；不可替代性，指实物资本是可以相互交换的，而数据资本则不然，因为不同的数据包含着不同的信息，具有不同的价值；体验性，即数据需要使用，只有使用后才能衡量其意义和价值。

数据资本化就是通过数据交易和数据流通活动将数据资产变为资本的过程，类似于将房产抵押获得贷款，为企业筹集资金。但是，由于数据具有很多不同于房产的特征，所以数据资本化与实物资本化的过程必然也不同。

大数据作为资源、资产、资本，对制造业的推动主要有三个阶段。一是把问题变成数据。例如，针对制造系统中显性或隐性的问题，如质量缺陷、精度缺失、设备故障、加工失效、性能下降、成本较高、效率低下等，利用数据对问题的产生和解决进行建模，把模型推广应用到其他领域，把经验变成可持续的价值。二是把数据变成知识。从"可见问题"延伸到"不可见问题"，通过先进的分析算法对数据中的隐性知识进行挖掘和建模，并在制造过程中预测和避免问题，如虚拟量测、健康管理、衰退预测等。三是把知识再变成数据，通过反向工程，利用知识对整个生产流程进行剖析和精细建模，从产品设计和制造系统设计端避免问题，如生产中的指令、工艺参数和可执行的决策。大数据对制造业的推动阶段如图 6-2 所示。

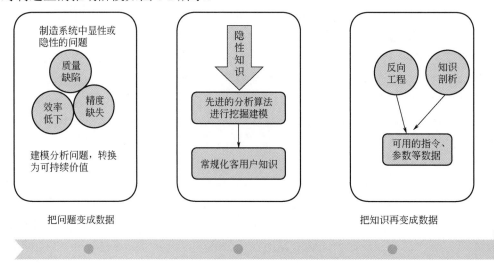

图 6-2　大数据对制造业的推动阶段

高科技公司在意识到数据资本的属性后，很多已经开始转型，将自己打造成精通数据的中介机构，各种颠覆式创新层出不穷。如 SoFi 公司，在信贷领域建立一整套全新的"贷款提供者生态系统"，不仅能接收大量信息，而且能提供大量信息。以专注于学生贷款起家的金融初创公司 SoFi，将许多数据点用作信用评级预测的参考因素，这使公司有胆量向信用信息不完整的个人提供低利率贷款。SoFi 公司放弃了简化复杂性的想法，利用技术和自动化，从传统的信用评分转向分析更多不同数据点的风险模型，依据各种不同来源的综合海量数据指导决策，这种做法最终会转化为对实际违约风险进行更好的评估，因此 SoFi 公司能够以低于传统贷款的利率向许多客户发放贷款。截至 2017 年，SoFi 公司已经提供了超过 160 亿美元的贷款，为客户节省了约 14.5 亿美元的利息。

二、大数据的变现能力

（一）设备尺度的价值点创造

设备尺度的价值点创造第一步就是实现生产线内数据资源的整合共享。制造业企业在生产和装配的过程中，利用传感器等进行数据采集，并通过电子看板显示实时的生产状态，实现了各个环节之间数据的有效流通，实现了智能化生产及生产过程的智能化调控，保证生产环节安全有序进行。

大数据分析可以使设备有更好的性能或更低的消耗，能够更好、更快、更高效地解决设备维修、维护、故障预防等问题，并对下一代设备进行设计优化。

（二）车间尺度的价值点创造

随着信息技术的发展，车间内数据协同需求日益增加。车间尺度的价值点创造主要是通过不同生产线的数据共享流通，实现了工厂智能化管理。通过构建高效的工业大数据中心，摸清车间数据目录，利用数据挖掘、人工智能、深度学习、数字孪生等信息化技术，将车间内的数据资源进行整合建模及动态映射，实现车间内数据可视化及多场景下的数据协同应用，提高数据价值，赋能车间智能化生产。

大数据可以降低车间内常见的 7 种浪费：等待时的浪费、搬运时的浪费、不良品的浪费、动作的浪费、加工时的浪费、库存品的浪费、制造过多（早）的浪费。

（三）企业尺度的价值点创造

企业尺度的价值点创造通过打通企业或者集团各个环节的数据壁垒，实现产、研、销、管各个环节的数据共享流通，充分调动企业多部门、多公司、多工厂的能动性，发挥地理、环境、产能等优势，实现企业内智能化调度与智能化生产。通过企业内部数据共享，实现企业内部全方位协同，有效发挥各环节优势，控制成本，提高生产质量，赋能企业发展。

大数据在研发设计（创新）、采购销售、生产组织、售后服务等多方面助力实现跨越时空的协同、共享、优化。

（四）产业链尺度的价值点创造

产业链尺度的价值点创造通过打通产业链上下游的数据壁垒，实现产品全生命周期的智能化调控与智能化生产。通过对企业的智能化改造，从构建一个以企业智能化生产为出发点的工业大数据中心，到建立不同企业与不同数据中心之间的数据流通的通道，将单点式工业大数据中心转变成工业大数据中心体系，实现研发数据、生产数据、销售数据、管理数据等全局化共享流通，促进供给侧结构性改革，推动产业链补链、强链。

大数据对供应链、企业生态的价值主要在于重新定义企业间的分工、协作。

（五）跨行业尺度的价值点创造

跨行业尺度的价值点创造是通过在全国范围内布局一体化的工业大数据中心，实现不同企业、不同行业、不同区域之间的数据要素流转，形成全国范围内研发、生产、运输、原材料供应、销售等一体化的创新发展新局面。工业互联网数据整合了工业数据及互联网数据，是工业经济发展的核心要素，可以有力支撑构建数字化、网络化、智能化的新型生产制造体系和服务体系，赋能制造业和实体经济转型升级。

工业互联网数据的流通共享是实现工业数据共享终极目标的前提条件，高效利用工业互联网数据是实现数据跨行业流通、赋能我国经济创新发展的有效手段。

工业大数据变现能力如图 6-3 所示。

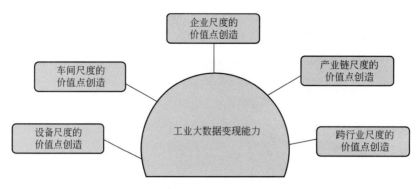

图 6-3　工业大数据变现能力

三、大数据与企业经营

企业行为如果对销售额没有提升或者对于降低综合成本没有贡献，很有可能会吞噬企业的既有利润或是未来的可期利润。尤其是摩尔定律不断提速的时代，今天花费巨大成本采购的最先进设备，很有可能折旧还没有在财务报表上消化完，就已经被淘汰了。一切企业决策和方法，包括数字化，都必须为企业创造利润提供帮助，为企业客户提供价值。把手段当成目标的本末倒置现象，对企业的危害特别大，因为企业每天的运营都需要大量的成本，每一个决策的背后都是"千军万马"的调动，其本质是资金的大量投入与使用。数字化转型过程必须要脱离"只赚吆喝不赚钱"的误区，需要慎之又慎。

不论在何种情况下，企业管理者的角色都保持着一个明显特点：即在不确定的情况下做出决策。大多数企业用数据来衡量表现，而基业常青企业用数据预测表现。所以，用好大数据，将有效支撑企业管理者做出"越来越趋于合理的决策"，推动企业的可持续发展。研究全球长寿企业也能发现，百年企业中没有一家企业是顺风顺水发展至今的。对于企业来说，不求局部"最速"，但求整体"最优"。只有整体效率最优，企业的整体运营成本才最低。信息互联与大数据是打破信息孤岛、信息壁垒的有效工具。哈佛大学教授、管理学界全球权威专家迈克尔·波特先生这么形容工业互联网："工业互联网最终一定是建立一个互相连接的精益企业链条。"企业要应对未来发展，就必须从现在起做好工业互联网相关的基础建设。

总体而言，智慧企业转型完全是围绕着数字化开展的。从自动化到智能化，从智能化到智慧化，是企业发展路径的不同阶段。企业要持续发展，就一定不能做"商业盲人"。"智能不智慧"肯定不行，而智慧的判断源泉来自信息，依赖于大数据的质量。

第二节　企业可持续发展

在新技术盛行且被快速应用的创变时代，从"量"的提升到"质"的提高，从"规模化发展"到"高质量发展"，从"爆发式增长"到"可持续发展"，转型浪潮势不可挡。颠覆式创新让企业经营变革迫在眉睫，数字化与企业经营、大数据与企业可持续发展受到越来越多的关注。

一、长寿企业的秘密

长寿企业在能力维度和思维维度积极创建可持续发展条件，并在可持续性、智慧企业转型、应对环境变化等方面都做了很好的综合平衡。能力维度包括学习能力和专业技能等，思维维度包括可持续发展思维、共存共赢理念、生态圈思想等。企业的可持续发展条件如图 6-4 所示。

基于能力和思维，长寿企业在应对可持续发展方面，主要表现为：一是通过降低产品风险，应对市场风险；二是通过强化资金实力，应对金融风险；三是通过优化资产构成，减低额外风险，实现资产合理配置；四是通过培养管理层长远眼光，建立与供应商和关联者的紧密关系，提高企业社会性和影响力。

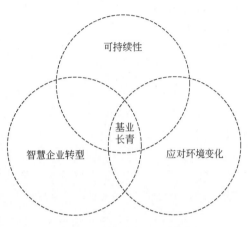

图 6-4　企业的可持续发展条件

在现代商业环境中，人们必须认清的客观事实是：用户需求和选择标准正在不断发生变化，而且速度正在不断加快。企业可持续发展的战略规划必须在提升现有业务能力基础之上，不断变革。物竞天择，商业竞争留下的不是"最强"，而是"最优"。曾经的诺基亚、柯达、摩托罗拉等企业，曾经都是所处行业的翘楚，而今早已风光不再。

前车之鉴，后事之师。管理思想一直在演变，以解决人类最古老的问题——配置和利用稀缺资源，以满足一个不断变化的世界的多样化需求。今天与昨天不一样，明天也将与今天不一样，但今天是昨天的产物，而且明天也将如此。历史不仅告诉我们以前发生了什么事情，还会教导我们在今天和明天必须要做什么。从这个意义上讲，如同莎士比亚大约 400 年前在《暴风雨》中所说的：一切过往，皆为序章。

二、新技术在企业中的渗透

数字化技术已渗透到社会和企业系统中，如基础设施、机构、组织和生产方法等。作为这种数字化转型的结果，在特定部门和组织内被部分优化的系统和机构将转变为整个企业最有利的系统。

（一）社会维度

大数据、工业互联网等新一代信息技术方便了机械企业与社会众多利益相关方的接触，这些利益相关方直接或间接地影响企业经营绩效、企业信誉，甚至企业发展。

在客户方面，机械企业利用新一代信息技术在投资者关系、客户满意度、客户关系管理、客户信息保护、绿色消费倡导等方面变革创新。如在重视客户关系方面，国家电网通过优化供电指挥服务平台，为利益相关方提供多元化、个性化的综合能源服务。通过新一代信息技术打造便捷的售电结算体系，及时响应客户要求。

在社区方面，机械企业利用新一代信息技术在社区发展支持、尊重社区文化、慈善捐赠、教育培训支持、志愿者服务等方面变革创新。如在社区发展方面，中国五矿建立线上社区平台，收集员工诉求和改善建议，群策群力，促进了包容性发展。

在政府方面，机械企业利用新一代信息技术在纳税问题、合规管理、政策反馈、政府沟通、扶贫支出等方面变革创新。如在扶贫方面，企业利用互联网技术发布用工需求信息、市场需求信息，使广大贫困群众能够根据这些信息选择适合自己的脱贫之路。

（二）竞争力维度

受益于大数据、工业互联网等新一代信息技术，机械企业完善了内部治理、强化了竞争实力，从而在市场竞争中立于不败之地。

在产品方面，机械企业利用新一代信息技术在绿色采购、质量提升、智能化建设、品牌建设、知识产权保护、合作伙伴管理、市场占有率等方面变革创新。如在合作伙伴管理方面，京东方利用工业互联网协同平台，与行业伙伴协同创新，创造新价值。

在治理方面，机械企业利用新一代信息技术在生产安全、诚信体系、风险控制、国际化发展等方面变革创新。如在国际化发展方面，国机集团搭建统一的国际业务信息化平台，加强对境外投资、海外合作和海外机构的管理，使国际化经营水平进一步提高。

在员工方面，机械企业利用新一代信息技术在劳动关系、职业健康、员工发展、福利保障等方面变革创新。如在员工培养方面，中国中车通过线上学堂等加强技术、管理、技能等核心高素质人才的选拔培养。

（三）环境维度

生态环境保护和资源节约利用是企业实现可持续发展必须考虑的一个重要维度，大数据、工业互联网等新一代信息技术可以提高资源利用效率，最大限度地降低对自然环境造成的负面影响，助力企业更好的持续经营。

在环境方面，机械企业利用新一代信息技术在降碳减排、环境管理、污染防治、环境友好型等方面变革创新。如在降碳减排方面，通过能源管理系统实现能源实绩分析、能源计划编制、能源质量管理、能源系统仿真和预测，提高环保质量、降低单位产品能耗和提升劳动生产率。

在资源方面，机械企业利用新一代信息技术在资源管理体系、资源利用信息公开、协同处理、资源回收等方面变革创新。如在资源管理方面，晶科能源根据水足迹数据盘查结果，发现公司的主要用水环节，有针对性地在多环节、多途径多措并举，加强了水资源管理。

三、重塑企业可持续发展的引擎

（一）企业数字化转型的背景

随着全新的数字化时代到来，移动互联网、物联网、云计算等技术正在不断地将我们身边的物理世界数字化，并连接到网络，成为巨大的数字化网络的一个节点。在这一波数字化浪潮中，工业企业已经无法忽视这张数字化网络而独善其身。数字化浪潮最直接的体现是数据的爆发式增长。数据的爆发式增长将加速用户和市场需求的变化，以及产品的创新速度，随之而来的是企业内部设计迭代、部门协作和数据流转的加速。固化的传统企业流程将无法适应这种持续的快速变化，从而使企业丧失竞争力。有些企业试图通过业务流程再造来改变这种劣势，然而其本质还是期望利用过去的流程来管理和制约未来的变化，这将会使企业疲于奔命，最终收效甚微。

数字化技术加速发展成为引领新一轮科技革命的主导力量，新技术驱使企业商业模式和运营方式发生变化。在开放化、服务化、生态化的企业运营模式下，数字化技术引领企业的商业模式发展，企业需要引入云架构及平台化思想，建立创新敏捷的数字化生态环境，驱动并引领业务创新发展。在数字化时代，企业需要打造具备数字化竞争力的平台，构建集团统一的数据管控体系。通过数字化平台，支撑企业数字化发展战略，使企业业务应用向云端迁移，企业数据架构也要从以前以应用为中心的架构模式向以分析为中心的架构模式转变。

综上，制造业企业的"数字化转型"将是企业在数字化时代杀出重围的新战略。企业在数字化转型中，关注是数字化带来的利益，并且能够连接更多的消费者，建立以消费者为中心的组织及文化。

（二）数字化转型赋予企业新的使命与价值

数字化转型对于传统企业建设而言，不仅仅是从企业自身的状况、数字化转型实施环境和成熟度是否能接受或适应转型等进行分析和考虑，更是一种思维方式的转型，甚至是对认知的一种颠覆，这种使命的变革表现在 6 个方面（见图 6-5）。

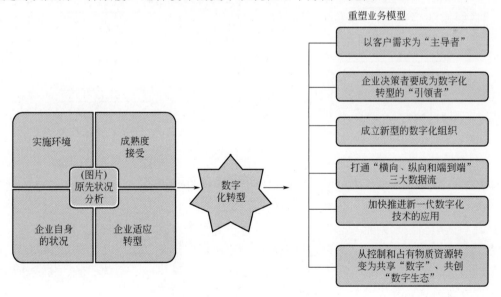

图 6-5　企业数字化转型模型

（1）数字化转型的精髓是以客户需求为"主导者"，外部需求"倒逼"内部变革，进而深入贯彻"互联网+"战略实施；企业发展的价值观和战略导向要从过去的产能驱动型转变为数据驱动型。

（2）企业决策者要成为数字化转型的"引领者"，决策观念要从经验判断向"数据说话""智慧决策"转变。

（3）要尽快破除传统上业务与信息技术之间存在的界限和"鸿沟"，成立新型的数字化组织，作为企业数字化转型的 "推动者"，实现"融合创新"，重构企业的业务组合、协同方式和管理层级。

（4）要比照"工业4.0"的理念，以推动核心业务的数字化转型为目标，打通"横向、纵向和端到端"三大数据流，实现从设计到服务，从客户到生产、从前端到后端的"数据互联互通"能力。

（5）要加快推进新一代数字化技术的应用，将"AICDE+5G"作为未来数字化的核心能力，为数字化转型提供强有力的支撑与保障。

（6）要从控制和占有物质资源（股权、资金、技术和市场）转变为共享"数字"、共创"数字生态"。

（三）数字化转型是全面数据驱动的业务与管理

企业"数字化转型"的本质是技术重塑供需，实现全面数据驱动的业务与管理，其特点表现在8个方面（见图6-6）。

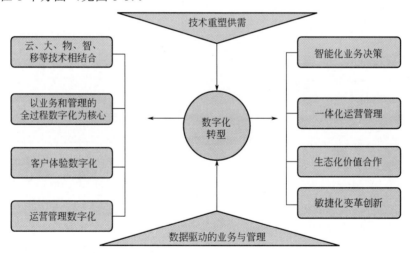

图6-6　工业数字化转型的本质及表现形式

（1）云、大、物、智、移等技术相结合。

（2）运用新技术为业务提供创新的价值，以业务和管理的全过程数字化为核心。

（3）客户体验数字化，即以客户为中心，更接近、满足、赢得及持续赢得客户。

（4）运营管理数字化，即定制产出、缩短渠道、柔性供应、敏捷服务、集成布局。

（5）智能化业务决策，即精准实时把握客户需求、合理化资源配置。

（6）一体化运营管理，即部门横纵端到端协同，及时高效解决运营问题。

（7）生态化价值合作，即连接和整合价值链，共享共赢发展。

（8）敏捷化变革创新，即技术契合业务能力和水平，动态引领市场。

第二部分：应用篇

第七章　战略与信息的互联网应用

传统战略体系多以业务为核心，专注于增销量、提利润、抢份额，以及布局前景好、利润高的新业务。随着技术迭代的加速和商业模式的颠覆，企业需要搭建全新的战略体系，谋划长远并运筹帷幄地完成整幅战略拼图，使企业拥有更高远的战略视角。主要表现为：体系从"短期利益驱动的计划管控型战略"向"使命导向的平台创业型战略"转变，手段从"数据描绘企业""数据改变企业"向"数据驱动企业"转变。

第一节　业务要素

与传统的战略方法论不同，以使命为核心的平台化战略是一套着眼于企业未来布局的战略方法论系统，可以打开企业的战略视角，拉远企业的战略眼光。平台化战略体系需要企业去打破过度依赖已有资源的闭塞心态，积极拥抱高度开放的市场，以一个资源整合者的身份去谋求自身成功。

战略管理综合模型如图 7-1 所示。

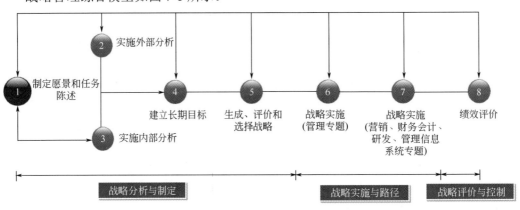

图 7-1　战略管理综合模型

一、战略分析与制定

战略分析与制定包括制定企业愿景和任务陈述，实施内部分析，实施外部分析，建立长期目标，生成、评价和选择战略等业务。方法论包括产业理论如波特五力模型，从供应商议价能力、同行业企业的竞争、购买者的议价能力、潜在替代产品的开发、潜在竞争对手进入方面进行分析；资源理论如价值链分析，从采购成本、生产成本、分销成本、销售营销费用、客户服务成本、管理费用等方面进行分析。

基于互联网应用的平台化战略与传统的计划型战略的根本区别在于，平台化战略从根本上是基于客户需求信息而建构的，而计划型战略是从企业自身资源与禀赋出发的，因而导致了两者在目标、思考逻辑、管控模式和组织特征上有些差距。传统的战略分析与制定主要是"先瞄准再射击"的模式，一般是行业分工型的战略，思考"我有什么"，所以"我能做成什么"。平台化战略分析与制定更多地表现为"边瞄准边射击"的模式，企业基于跨行业大规模协作的考虑，思考的是"我要成为什么"，所以"我需要整合什么"。互联网的迅猛发展使得战略信息更迭特别快，要求战略分析与制定随着形势及时调整。平台化战略分析与制定的思路一般是：设定远大而有价值的使命——洞察客户未来需求，把握技术趋势，找出需求和技术的均衡方案；建立资源整合视角——根据使命所需，打破领域边界，重构资源和能力体系。

二、战略实施与路径

平台化战略在战略选择及实施上的业务路径与计划型战略相似。

战略选择有一体化战略（前向一体化、后向一体化、横向一体化）、加强型战略（市场渗透、市场开发、产品开发）、防御型战略（收缩、剥离、清算）、多元化战略（相关多元化、不相关多元化）。分析和选择路径包括三个阶段，第一个阶段是要素输入，通过外部因素评价矩阵、竞争态势矩阵、内部因素评价矩阵进行要素输入；第二个阶段是策略匹配，通过 SWOT（优势—劣势—机会—威胁）矩阵、SPACE（战略地位与行动评价）矩阵、BCG 矩阵（波士顿矩阵）、IE 矩阵（内部—外部矩阵）、GSM 矩阵（大战略矩阵）等分析出战略选项；第三个阶段是决策，在策略匹配后，通过定量战略规划矩阵完成战略分析和选择。

战略实施涉及管理专题、营销专题、财务会计专题、研发专题、管理信息系统专题等。管理专题的内容包括建立年度目标、制定政策、配置资源、变更现有组织、重组和再造工程、修订奖励方法和激励计划、将变革的阻力最小化、使管理者与战略相匹配、发展战略支持文化、调整生产运营过程、创建有效的人力资源职能、进行必要的机构精简及人员解聘、将战略的绩效和成本相匹配等。

相较于计划型战略的信息，平台化战略的信息涉及更宽广的视野，实施时需要跨行业的战略信息资源。计划型战略是从上到下推行战略，平台化战略更多的是采用倒金字塔决策体系，由一线人员做决策，后台部门提供相关资源支持。平台化企业更多的是从生态能力的角度，基于行业数据仓，从结构、治理、人才、文化全方位打造创新的生态环境。得益于互联网技术，平台化企业的各业务板块的战略、信息和数据相通，各个小的业务有专门的微团队负责，一旦大企业需要裂变出新的公司，类似于搭积木一样，新的公司能通过多个微团队迅速组建而成。

三、战略评价与控制

战略评价与控制包括审视战略的基础、对行动进行修正。审视战略的基础包括修订内部因素评价矩阵、修正外部因素评价矩阵、比较计划与实际取得的进度等。对行动进行修正的方案有调整企业结构、更换关键人员、剥离某项业务、修正目标与愿景、改变战略、制定新政策、实行新效绩新激励、发行股票债券、新增或解聘人员、以不同的方式分配资源、业务职能外包等。

平台化战略的评价与控制相较于传统模式，一方面更强调效率和速度，另一方面开始关注该业务板块对其他板块的不可或缺性。平台化战略不仅需要及时对战略实施每一阶段、每一层次、每一方面的结果进行高效的评价与控制，建立相匹配的激励约束机制，实现动态闭环调整，保证战略与环境相协调，还需评估该板块对其他板块的贡献和衍生收益等。相较于传统的战略评价与控制，平台化战略的评价与控制更复杂一些，而且强调迭代、精益、价值驱动的评价与控制。

第二节　平台要素

一、全局一屏掌控

为了使企业有一个更宽广的资源整合视角，充分吸纳信息数据，科学制定战略，一个协同、开放、创新、迭代的业务平台必不可少。业务平台需要在支持产业风险监测、云端供需对接与资源调配、智能制造与供应链协同、金融服务等方面发挥积极作用。

在协同方面，平台能够汇聚行业、政企等各类数据资源，如产业链地图、产业分布视图，助力企业快速掌握产业经济发展情况，为企业战略规划提供智能决策依据。

在开放方面，平台能够支持异构设备和异构系统的连接和数据采集，并通过业务模型将来自异构系统的数据进行重构，然后发布服务接口供前台调用。得益于业务平台的应用，战略规划人员在制定战略时将更加聚焦核心工作，需要思考的不是"我能得到多少数据"，而是"我需要哪些数据？什么形式的数据？何时需要？以何种方式获得"。

在创新方面，平台能联合行业上下游资源，开展基础共性技术问题。在企业生态圈中，建立行业应用服务，或者提供产品的增值服务等。通过系列创新，将生态资源整合成企业能力，衍生出新的商业模式。

在迭代方面，平台能够在安全、业务功能等方面迭代升级，能不断推进应用机制和服务体系的完善，使战略闭环动态化。

二、监督一览无余

业务平台具有横向打通、纵向贯穿的运营监管界面，使战略实施过程透明化，可实时动态化完成战略闭环。

纵向方面，平台可以通过产品设计、智慧仓储、智能制造、产品物联、工业安全、数字营销、能耗管理等环节完成数字驱动业务改进。产品设计包括工业设计、品牌设计、结构设计。智慧仓储包括仓储透明优化、工装器具跟踪、物料包装管理等。智能制造包括生产执行、数据采集与监控、设备运维管理、制造质量可追溯、安全管理、数字孪生等。产品物联包括智能售后、智能客服、数据分析等。工业安全包括工厂信息安全检测、安全管控系统等。数字营销包括舆情分析、竞品分析、数字化展厅、电商运营等。能耗管理包括园区及能耗管理、碳交易等。

横向方面，平台可以在产业动态、共享财务、资源共享、产业链重构、供应商最优化选择、供应链物流、资源共享等方面完成企业外部资源最优化整合。产业动态包括产业相关信息资讯的收集、行业标准、行业解决方案库等。共享财务包括在线支付、资金管理、银企直连等。资源共享包括物资联储联动、劳务共享、知识共享、设备共享等。供应链物流包括在途跟踪、运输路径优化、共享承运等。

三、协作一贯到底

业务平台通过质量协同、采购协同、大数据分析、研发协同、制造协同、产销协同、供应链金融等协作，推动战略以最优性价比实施路径落地。

质量协同包括产品溯源、全生命周期管理、产品防伪、备件可信制造等。采购协同包括联合采购、供应商评价、供应商选择、线上招标、采购寻源、采购结算等。大数据分析包括数据分析、数据挖掘、数据清洗、算法建模、问题洞察等。研发协同包括软件设计、仿真优化、产品造型、在线协同设计、产品认证等。制造协同包括机械设备协同、生产软件系统对接、智能排产、生产状况跟踪、智能仓储、质量管理、工艺防错管理、人员生产积极性促进、智能物流等。产销协同包括产能监控、产能调度、销售预测等。供应链金融包括信用征信数据库、企业信用额度、银行融资对接等。

业务平台通过打通产业链全域信息流、物流、资金流和数据流价值，整合区域产业链资源，实现网络化协同，在提升区域一体化协同作战能力的同时，让产业链资源为企业的战略规划复用。

四、服务一网通办

平台化战略体系建立了服务一网通办的生态环境，从组织结构、治理机制、人才培养、企业文化等方面全方位改良内外部创新创业环境，将企业由僵化的金字塔式组织改造成拥有自发调整能力的生态系统。

组织机构方面，工业平台围绕用户、员工创造价值，一方面支持项目、团队或者事业部独立面对用户，提升用户的满意度；另一方面，业务平台适应扁平化等新的组织模式，使内外部沟通变得无距离、无边界、无阻碍。

治理机制方面，企业合规和安全等方面的监管机制、财务等业绩评价颗粒度、风险内控等业务都需要进行更新，服务智能化是未来企业的治理趋向。

人才培养方面，业务主要包括网络课堂、在线咨询、XR 教育等。业务平台还能根据学习者的学习行为进行科学聚类，提取行为数、浏览数、完成率和及格率等因子，有针对性地采取措施，提高人才培养的效果。

企业文化方面，得益于业务平台，内控和风控的管理从原有的信息处理模式发展到大数据处理模式，从被动管理向主动管理转变。党建和文化的管理通过业务平台开拓新渠道、新载体和新平台，打造新的战斗堡垒。

五、智库一键送达

随着物联网从现实世界收集越来越多的信息，它将有可能在网络空间中详细地再现现实世界的情况。网络空间信息和现实世界信息的结合，将使我们以不同的战略视角和思维方式，从大数据中提取各种对企业发展有价值的"意义"和洞察力是战略规划的新发展方向。未来，战略和规划的方案将由数据驱动，现实世界和网络空间之间的主从关系可能被颠覆。

业务平台一方面连接行业智库资源，包括行业资讯、宏观政策、专家库、知识图谱；另一方面通过行业标准库、工业机理模型、工业 App 等各类应用分析数据价值，形成支持决策的依据资料。未来的大数据分析决策功能将能够满足跨业务、可视化、可分享互动等要求。

在企业决策权中，传统企业往往采用集中制模式，覆盖范围比较狭窄，所以决策不够科学合理。应用大数据技术后，决策主体随之发生变化，高层管理不再是核心决策主体，基层管理的决策作用日益凸显，很多优秀的员工开始参与决策工作，增加了企业管理决策的多样性。

机械工业的互联网应用如图 7-2 所示。

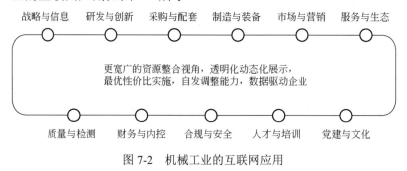

图 7-2　机械工业的互联网应用

第三节　平台作用

一、促进资源的整合优化

资源整合对象不仅是行业内企业，也包括产业链上下游企业、竞争对手及与行业相关联的企业，如软件、检测、数据服务和利用类公司，甚至包括资本投资公司。在资源整合优化的过程中，互联网使我们更容易消化整合四大类信息，为企业战略提供支撑：一是行业发展需求信息；二是企业发展战略信息；三是政策咨询等其他方面资源的信息，新资源考验着企业的学习能力，同时也考验着企业的市场洞察力及用心程度；四是资源整合形式的信息，对各类资源按需灵活设计、整合优化方案，本质上是资源整合战略。互联网技术连接了各种战略信息，方便了各种新资源的合理接入，产生新的"化学反应"，呈现出全新的业态及商业前景。

二、提升企业的应变能力

过去数十年间，计算机应用和通信技术迅猛发展，信息数据量呈指数级增加，企业战略也从计划性、系统性、能力性向灵活性演变。计划性战略主要依托 SWOT 分析，制定三年计划稳步执行，系统性战略主要侧重战略诊断，确保与组织管理系统相匹配，能力性战略主要是提升企业核心竞争力。在当今瞬息万变的环境下，企业愈发认识到信息、客户、创新和敏捷灵活才是制胜的关键，于是战略趋于灵活。企业通过与生态系统中的各单元高度相互支持，借助生态网络中丰富的资源、能力和信息，快速构建和迭代，各种创新能够在最短的时间内得以验证和推进，提升了应变能力。

三、鼓励和孵化应用创新

平台化战略共享信息、数据、工具，鼓励不同单元间协同，鼓励员工跨职能项目合作，激励员工根据市场变化快速构建原型、迅速测试并形成新业态。在"大胆想象、小步测试、快速失败、不断学习"的原则下，频繁的试验永远在路上，只有最好的想法才能蜕变成大规模业务。互联网应用不断革新企业对战略和信息的认识，通过将一个个孤立的想法串联起来，形成革新的系统性方略，从而不断提升企业对外部环境的感知能力、贯穿始终的创新能力和无处不在的敏捷灵活能力。

四、促进商业模式的变革

平台化战略引入了大数据思维，决策依据海量战略型数据信息的处理，而不是以往高层领导的知识和经验。战略信息方面更强调对客户需求的深度挖掘，战略策略方向更注重培养用户的互联网习惯，构建竞争壁垒。基于互联网技术的平台化战略，可以根据市场变化，围绕目标快速组合出各种微服务小团队，加深了产品的市场适应性和快速迭代开发，利用大数据的分析价值和商业逻辑，引导用户扩大消费需求，改造扩大升级模式的需求。总之，互联网技术为企业带来海量的战略信息数据，带来的大数据思维演变出各种新的工业互联网商业模式，带动企业蓬勃发展。

第四节　平台应用

一、吉利集团平台化战略

浙江吉利控股集团（以下简称"吉利集团"或"吉利"）是一家集汽车整车、动力总成和关键零部件研发、生产、销售、服务于一体的全球化创新型科技企业。

行业分工时代，汽车行业面临着资源能力束缚、组合创新缓慢、迭代应变迟缓、规模经济和范围经济难以叠加等痛点。

（1）资源能力束缚。之前汽车行业的能力建设逻辑源于行业之间及产业链上下游之间的专业分工，这种分工又源于厂房、设备、人才等方面的资产专用性，企业的战略基本上围绕某个领域精耕细作。随着数据成为不同行业、不同企业的标准化接口，企业开始有条件地挣脱自身资源、能力的束缚，跨界融合的大规模协作取代过去泾渭分明的行业分工成为可能。企业战略从行业分工型的"我有什么，所以我能做成什么"的层次，演变到平台型的"我要成为什么，所以我需要整合什么"。

（2）组合创新缓慢。传统的汽车行业高度依赖价值链的垂直分工，企业战略更侧重于着力提升不同环节间方向一致、步伐一致的协同能力，组合创新数量较少。随着产业链信息技术的无缝连接，以及大数据形成的透明化治理，围绕客户消费产生的需求数据的跨界组合式创新正在得到更多的关注。

（3）迭代应变迟缓。传统企业更多的是采用"先瞄准、再射击"的模式，先明确定位，通过围绕定位的一套组合拳形成支持定位实现的能力。随着技术迭代加速、需求愈发复杂多变、竞争变得更加广泛，传统模式对高频、高速试错表现出了迟缓的应变能力。企业战略模糊化、业务无边界性等要求，使企业必须在高速行进中边试错、边迭代、边更新战略目标，即采用"边瞄准边射击"的模式。

（4）规模经济和范围经济难以叠加。市场要求汽车企业一方面致力于全球化以寻求单品种销售的最大规模，另一方面依赖多品种的生产与销售来降低企业成本，实现最大的范围经济效应，传统的战略模式无法支持"多对多"时代"规模×范围"的二维模式。

经过35年的风雨洗礼，吉利集团在管理模式和商业模式上发生了巨大转变。集团探索过分散式管理、集中式管理和整合式管理，实现了从产品思维到渠道思维，再到平台思维的蜕变。早期的吉利是一家生产汽车的普通企业，虽然高性价比和线上宣传模式都值得称道，但高性价比意味着过度压价，由于竞争对手在品控、品牌形象、营销渠道、明星代言等都有各自特长，"杀价博眼球"的发展模式根本没有可持续性。面对资源能力束缚、组合创新缓慢、迭代应变迟缓、规模经济和范围经济难以叠加的问题，吉利集团积极引入平台化战略。吉利集团研发制造信息化演进历程如图7-3所示。从1997年的以ERP为核心、面向财务结算的信息化，到2009年开始的面向工厂级全业务链的信息化（各业务系统数据集成整合和业务流程自动化），2016年开始的面向多工厂协作全球化制造的信息化（整合全球资源开展协同制造），再到2018年的业务平台生态化（面向多行业、多领域工业互联网建设），在规模经济的基础上实现范围经济，吉利集团从汽车价格的单点比拼中走了出来，并基于平台化战略思维着手构建万物互联的创新性大生态拼图。吉利集团战略拼图如图7-4所示。

图7-3　吉利集团研发制造信息化演进历程

（一）聚变

在传统的商业逻辑中，同时经营这么多种类的商品，几乎必然失败，但吉利集团站在生态平台的视角进行了思考，未来的汽车与所有智能商品进行信息流通，彼时汽车已经不是汽车了，而是整个智能系统的入口。例如，手机和卫星业务与汽车行业看似没什么关系，但却成了吉利战略的一部分。吉利集团董事长李书福称，手机是电子产品市场验证及软件创新应用的重要载体，既能让用户尽快分享创新成果，又能把安全、可靠的一部分成果转移到汽车中应用，实现车机和手机软件技术的紧密互动，于是手机业务就纳入了平台拼图。此外，卫星工厂也能纳入平台拼图，按照吉利集团官方发布的消息，吉利卫星将围绕未来出行及其空间基础设施建设展开布局，构建天地一体化服务系统，夯实未来出行的底层生态架构，为未来出行、智能制造、无人机运输、城市管理等多领域提供支撑。

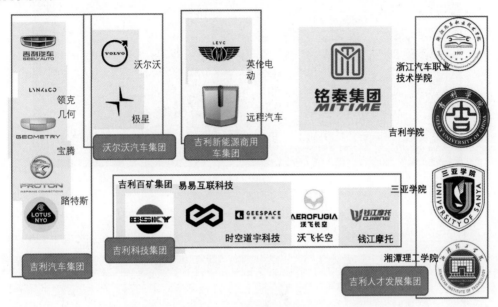

图 7-4　吉利集团战略拼图

（二）裂变

为了更好地适应瞬息万变的市场环境，吉利集团根据不同的发展方向孵化出各类高新技术公司，如专注于工业互联网领域的广域铭岛，专注于新能源科技的常青新能源，专注于新材料领域的吉利百矿，专注于飞行汽车领域的太力飞车，专注于金融领域的众尖投资公司，专注于出行领域的曹操出行公司，专注于教育领域的吉利学院，专注于汽车运动与文化的铭泰体育。吉利集团赋予一线团队更多的决策自主权，激活阿米巴项目机制。孵化的各公司之间建立战略协同，并逐渐构建起金融、汽配、互联网、出行等生态圈。

（三）蜕变

为更高效地释放聚变和裂变的能量（见图 7-5），吉利集团积极打造业务中台、数据中台、移动及算法中台、技术中台、研发中台、组织中台六大中台。业务中台提供"开箱即可重用"的能力，如用户中心、订单中心。数据中台提供数据分析能力。移动及算法中台为帮助子公司各业务提供更加个性化的服务，增强用户体验。技术中台提供自建系统部分的技术支撑，帮助解决了基础设施、分布式数据库等底层技术问题。研发中台提供了自建系统部分的管理和技术实践支撑能力，帮助快速搭建项目，管理进度、测试、持续集成、持续交付。组织中台为集团的项目提供投资管理、风险管理、资源调度等能力。

图 7-5　吉利集团战略布局

在平台化生态型战略指引下，依托"六大中台"，吉利集团的质量、效率和效益得到大幅提升，企业竞争力获得了增长。吉利集团智慧门户平台如图 7-6 所示。

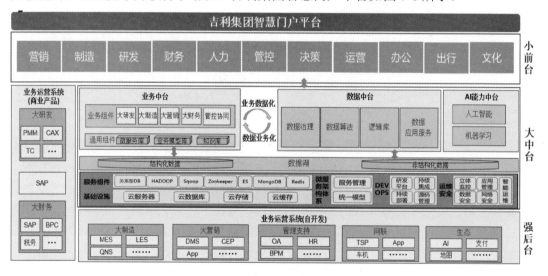

图 7-6　吉利集团智慧门户平台

实现全局"一屏掌控"。一方面，吉利集团协同行业中小微企业、政府等外部资源共谱产业地图，为"补链扩链强链"指明方向，解决了资源能力束缚问题。另一方面，企业内部各类业务数据实时分析，帮助各业务从数据中学习改进、调整方向，为集团企业提供及时的雷达监测能力。

实现监督"一览无余"。一方面，集团各业务和项目群有了横向打通、纵向贯穿的运营监管界面，战略实施过程得到透明化、实时化、动态化展示。另一方面，制造业与现代服务业深度融合，如节能与新能源车辆溯源运营系统实现电池质量溯源、各城市故障率分析、充电桩分布咨询等各类服务，产品和服务全生命周期"一览无余"，衍生出新的增长点。

实现协作"一贯到底"。通过质量协同、联合采购、研发协同、制造协同、产销协同、供应链协同、大数据分析等功能，实现了汽车行业的"整零协同"，打通了产业链全域数据流、信息流、物流、资金流，整合产业链资源，加快迭代和应变，提升了区域一体化作战能力。

实现服务"一网通办"。如供应链金融服务功能，通过打通汽车产业中订货、交付、结算等在线金融服务，结合企业码政务数据，提升信用评级指标质量，为链属企业提供综合授信及融资服务，促进了规模经济和范围经济叠加，发挥了产融协同效应。

实现智库"一键送达"。一方面，行业共性技术、工业 App、机理模型等能力实现了共享，加快了研发、设计、采购、生产、制造、测试、销售、服务等环节的能力复用，加速了组合创新。另一方面，数据从资源变成了资产和资本，使决策更加科学化，实现了企业能力再造。

这就是吉利集团的平台化生态型战略，它宣告了传统以业务为核心的竞争战略的终结，通过互联网技术解构并重构战略信息，开启了一个无边界的创新时代，平台化战略思维为吉利带来了更大的格局。

二、安徽合力"三智一网"数字化战略

安徽合力股份有限公司（以下简称"安徽合力"）系安徽省属国有控股企业，1996 年在上海证券交易所上市，主营业务为 0.5～46 吨的工业车辆及关键零部件研发、制造与销售，产品广泛应用于车站、港口、机场、工厂、仓库等物流转运领域。安徽合力是我国工业车辆研发、制造与出口基地，拥有国家级企业技术中心和工业设计中心，是国家火炬计划重点高新技术企业、安徽省工程机械建设（合肥）基地龙头企业。2020 年，安徽合力整机销量突破 22 万台，销售额约 127.97 亿元，同比增长 26.32%，各项经济指标再创历史新高，连续 31 年蝉联中国叉车行业桂冠。

安徽合力以进入"世界工业车辆五强"为近期目标，立志成为国际一流、基业长青的企业。多年来，安徽合力始终坚持"一张蓝图绘到底"的战略规划（见图 7-7），不盲目发展，遵循行业规律，打造"长、精、专"核心零部件产业基地，构建 24 个省级营销网络和 400 多家销售服务网点，依托自营 4S 店，拓展后市场服务业务。安徽合力始终保持战略定力，专注主营业务，始终秉承"不断创新，持续改善"的风格。

安徽合力信息化建设自 2012 年上线 SAP 的 ERP 系统以来，已建立起以 SAP 为核心的信息化总体架构，先后上线 18 类信息系统，建成 1 个企业私有云数据中心，通过了网络安全等保二级测评。近年来，面对行业利润下滑、后市场服务响应要求敏捷、叉车特种设备作业安全形势严峻等业务挑战，安徽合力积极推进企业数字化转型，制定了"1套支撑、1 个基础、4 个互联、2 个融合"的数字化转型战略（见图 7-8）。"1 套支撑"为企业顶层设计与文化软实力支撑，"1 个基础"就是加大数字化转型基础设施建设投入，"4 个互联"分别是生产制造互联、管理运营互联、叉车产品互联、服务延伸互联，"2 个融合"为"两化融合"与"两业融合"。

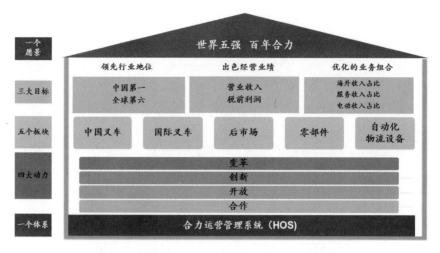

图 7-7　安徽合力"一张蓝图绘到底"战略规划

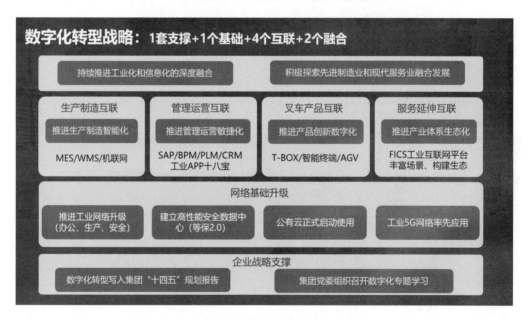

图 7-8　安徽合力数字化转型战略示意图

具体实施路线按照"三智一网"的总体思路开展（见图 7-9），概括而言就是在"智能管理"的企业运营规范下，通过"智能制造"输出"智能产品"，然后以"工业互联网平台"为关键抓手，为叉车用户提供服务化延伸，加强平台运营，构建新模式新业态，创造更大的商业价值。

2021 年年底，安徽合力叉车对技术研发系统进行了全面改革，成立"三院一办"，即工业车辆研究院、智能物流及工业互联网研究院、工程研究院、技术中心办公室。围绕产业、技术、产品、制造能力等角度，将企业研发能力进行了重新组合。安徽合力数字化转型组织架构如图 7-10 所示。

图 7-9 安徽合力"三智一网"数字化转型实施路线

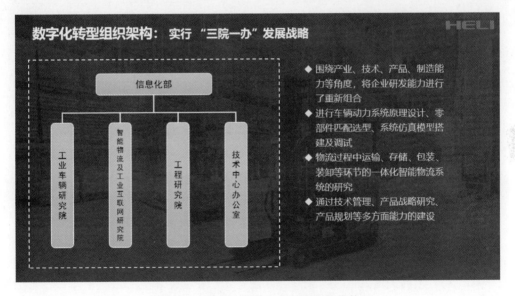

图 7-10 安徽合力数字化转型组织架构

三、共享集团数字化企业战略

共享集团股份有限公司（以下简称"共享集团"）始建于 1966 年，是一家具备全球竞争力的铸造行业企业，主要从事高端装备关键零部件研发、生产及销售，拥有美国通用电气、德国西门子、日本马扎克、中国上海电气等世界 500 强和行业龙头用户 50 余家；提供工业级铸造 3D 打印设备等智能装备、智能铸造服务等，拥有客户 200 余家，涉及军工、航空航天、汽车、工程机械、压缩机、机器人等众多领域。

共享集团长期追寻"铸造强国梦"，多年来始终扎根实业、做精主业。2012年，集团明确了"数字化（智能化）引领、创新驱动、绿色制造、效率倍增"的转型升级方针和推动企业向"技术创新型企业"和"数字化企业"转型的目标，先后编制并下发了《共享装备全面集成的数字化企业（KOCEL-TIDE）建设方案（2012年—2014年）》《智能制造（铸造）解决方案及i-TIDE建设方案（2016年—2020年）》《智能制造实施方案（2021年—2023年）》。构建了基于物联网、互联网的全面集成的数字化企业，实现企业内部业务的纵向集成、上下游企业间的横向协同。

共享集团深入应用ERP/VCS/MES/LIMS/HR等信息化系统，实现系统间的深度集成；通过设备联网，利用智能单元等系统实现信息技术与物理设备的软硬件集成；利用铸造云平台，开展协同制造、供应链管理、远程运维等业务，实现与其他企业的协同应用。共享集团的数字化企业总体架构示意图如图7-11所示。

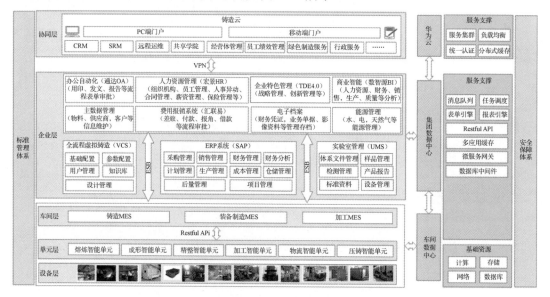

图7-11　共享集团的数字化企业总体架构示意图

共享集团参照国家智能制造标准体系，确定了"铸造3D打印、机器人等创新技术+绿色智能工厂"的行业转型升级路径，以"点线面体"四个层次推进。通过3D打印、机器人等"点"上的关键共性技术创新、实现铸造智能生产单元"线"上集成，形成铸造数字化车间/智能工厂"面"上示范，进而探索确定"铸造3D打印、机器人等创新技术+绿色智能工厂"的转型升级路径，推动铸造行业在"体"上的转型升级，引领行业进步。共享集团的智能制造推进路线如图7-12所示。

共享集团搭建了开放、共享、线上线下相结合的行业平台——铸造云，正在构筑"互联网+双创+绿色智能铸造"的产业生态，为行业企业提供创新资源、制造资源、产品资源、软件资源、人才资源等供需对接服务，推进企业数字化升级。目前累计个人用户数量超11.5万，企业用户近6000家，实现线上交易额超过300亿元。共享集团的铸造云总体架构如图7-13所示。

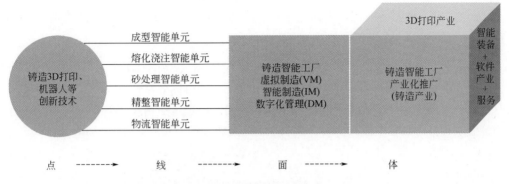

图 7-12 共享集团的智能制造推进路线

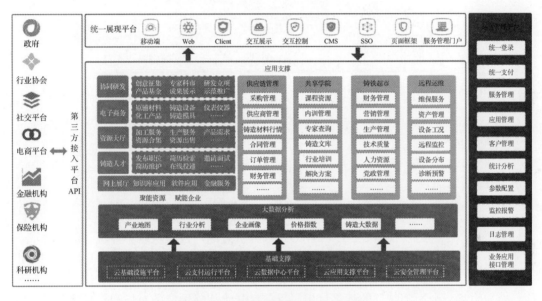

图 7-13 共享集团的铸造云总体架构

经过十年的数字化洗礼，共享集团的数字化企业战略已深入人心，在此期间，企业成为国家首批"两化融合"管理体系贯标企业、互联网和工业融合创新试点企业、国家首批 46 家智能制造试点示范企业，承担了三个国家智能制造专项项目，成为国家智能制造标准化总体组企业成员单位（全国 13 家企业之一）。2017 年，集团公司组建了国家智能铸造产业创新中心，从服务内部企业走向服务行业，正在快速形成企业新兴产业的重要一极。

四、远东控股数字化转型战略

远东控股集团有限公司（以下简称"远东控股"）在健康、持续和快速发展的道路上，不断提高质量和效益，努力把公司建设成为管理先进、技术密集、品牌卓著的国内一流、国际知名的电缆行业标杆，向着成为"全球线缆行业引领者"这一愿景不断前行。

（一）提出"全面智能化、全面数字化、全面国际化、全面对标、全面超越"的战略目标

随着公司的快速发展，业务规模不断扩大，子公司数量逐渐增多，公司内部资源分散、各子公司沟通协调困难、业务系统及流程不统一、业务协同效率低下等问题随之而来。如何有效整合内部资源，实现各子公司业务高效协同，满足日益精益化的管理要求，创造更大的价值成为公司面临的最大挑战。远东控股的战略性业务布局如图 7-14 所示。

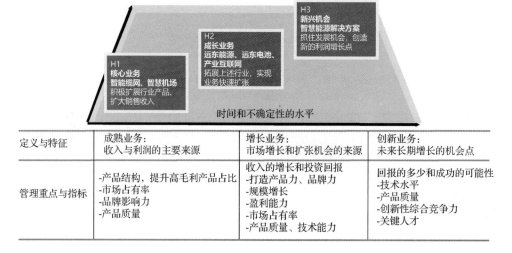

定义与特征	成熟业务： 收入与利润的主要来源	增长业务： 市场增长和扩张机会的来源	创新业务： 未来长期增长的机会点
管理重点与指标	-产品结构，提升高毛利产品占比 -市场占有率 -品牌影响力 -产品质量	收入的增长和投资回报 -打造产品力、品牌力 -规模增长 -盈利能力 -市场占有率 -产品质量、技术能力	回报的多少和成功的可能性 -技术水平 -产品质量 -创新性综合竞争力 -关键人才

图 7-14　远东控股的战略性业务布局

为解决以上问题，根据 PEST、SWOT 等分析方法，公司从政策环境、经济环境、技术环境、社会环境、上下游环境、国际环境等多方面识别机会、威胁和风险，制定相关对策，通过对优势、劣势的分析，公司提出了"全面智能化、全面数字化、全面国际化、全面对标、全面超越"的战略目标。目前已开始战略性业务布局和信息化建设全价值链的数字化目标的落实。远东控股的信息化建设目标如图 7-15 所示。

图 7-15　远东控股的信息化建设目标

（二）数字化全景

为支持公司"全面智能化、全面数字化"的战略目标（见图 7-16），发挥智慧信息平台 EBS 构建的稳态信息架构基础优势（见图 7-17），转型为快速迭代的敏捷信息化建设和开发方式，始终追求用户的移动化、便捷化、自助化及业务的数字化、自动化、智能化目标，不断建立或再造远东控股的数字化系统，赋能业务和运营。

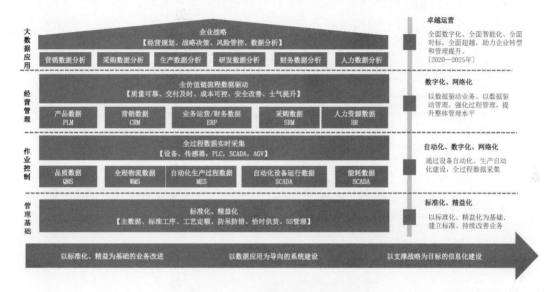

图 7-16　远东控股的数字化全景图

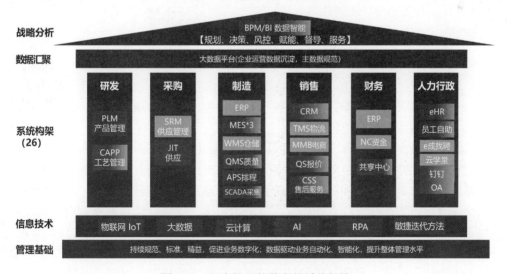

图 7-17　远东控股的数字化系统架构

（三）数字化规划

为切实推进全面数字化和全面智能化战略，加快一切业务数字化/流程线上化，以数字驱动业务发展，一切生产智能化，以智能提升运营效率，加快建成线缆行业的灯塔工厂，助力远东控股业务战略目标的达成，提出了精益智能制造的目标和项目。

1. 三大目标

（1）通过精准设计，驱动精准制造。以精益体系为基础，打通从产品研发、产品工艺设计至生产的全流程，将研发工艺转为生产工艺，并通过设备数字化、互联互通、PLM/ERP/MES/SCADA/PLC 系统集成等手段打通研发至生产流程，将生产工艺自动下发至设备，实现精准设计驱动精准制造，同时建立防呆、防错机制，从而提高劳动效率，降低生产成本，提升产品质量（见图 7-18）。

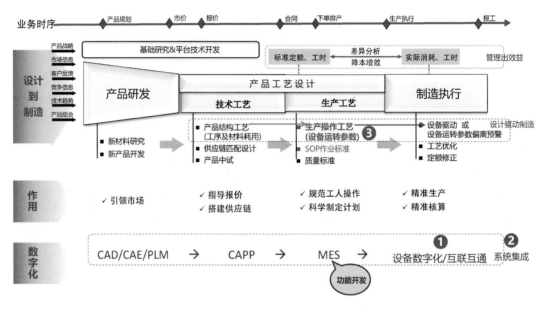

图 7-18　精准设计驱动精准制造

（2）通过生产过程可视化，实现数字驱动业务。搭建工业互联网平台（见图 7-19），通过 IT、OT 数据采集、融合、分析，挖掘数据价值，从而实现透明生产制造过程，提升决策效率，快速为公司赋能。

（3）建立智慧大数据平台（BI）。通过 BI、可视化将数据整合、分析、应用、展示，为业务发展提供战略和经营决策支持（见图 7-20）。通过数据业务化，提供并直接创造价值；通过用户数据化，刻画用户行为画像，为精准营销提供基础保障；通过全量数据挖掘，获取事物趋势或特定行业知识，为公司数字化、智能化建设起着关键作用。具体包括以下内容：一是为了支撑远东控股基于大数据平台商业智能项目的实现，上线 BI 系统，并与现有 CRM 系统、人力资源系统进行集成；二是对采集数据进行分析，提供快速、准确的信息支持，帮助高层领导及时掌握公司运营情况，实现公司内部的信息透明和共享，提升组织的计划性和灵活性；三是通过本期 BI 项目的实施倒逼 ERP 等系统基础数据的规范。

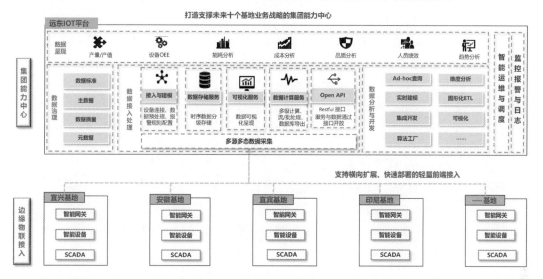

图 7-19　远东控股的工业互联网平台

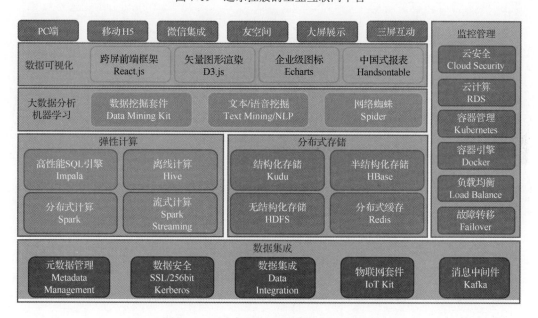

图 7-20　远东控股的智慧大数据平台架构

2. 五大任务

精益智能智造要完成设备数字化改造、网络互联互通、精益体系搭建、工业互联网、生产工艺五大任务，涉及多个专业领域，需要具备不同专业能力的供应商协同工作方能达成项目目标，因此精益智能智造管理模式依据专业领域的不同，由 5 个子项目构成，具体如下。

（1）设备数字化改造。为打通产品研发至生产制造流程，将生产工单及工艺自动下发至生产设备，实现精准设计驱动精准制造，需要对 23 台生产设备、12 台辅助设备、32 台检测设备、23 台计量设备共 90 台设备进行技改。设备智慧连接如图 7-21 所示。

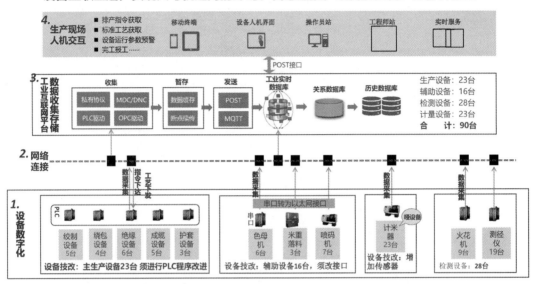

图 7-21　远东控股的设备智慧连接

（2）工业互联网平台。对标国内外知名企业的智能制造经验，搭建工业互联网平台，打造数字化能力底座，通过 IT、OT 数据采集、融合、分析，挖掘数据价值，从而透明生产制造过程，提升决策效率，具体内容如下：工业互联网平台选型/引入：对标国内外知名优秀企业智能制造经验，引入业界知名工业互联网平台，借鉴成熟经验，快速赋能；IT/OT 系统集成：集成 PLM、ERP、MES、WMS 等 IT 系统及 SCADA、PLC、HMI 等 OT 系统及 VGA 等智能物流设备，将生产工艺数据下发至设备，并实现设备数据采集，实现 IT 数据与 OT 数据的融合；智造运营指标/模型制定：在系统中建立机台级、工序级、车间级、公司级智造运营指标，利用数据指标透明生产过程，建立能耗、设备综合效率（设备 OEE）等数据模型，并试点建立电缆行业的工业机理模型；智造数据呈现：实时呈现能耗/设备/物料/制造/检测/视频等生产运营数据，支撑科学决策，提升决策效率，如图 7-22 所示。

（3）精益生产导入。精益生产是通过系统结构、人员组织、运行方式和市场供求等方面的变革，从而使生产过程中一切无用、多余的东西被精简，其核心思想以缩短周期为根本目的，以消除浪费为实现途径；智能制造通过采集生产过程中一系列的标准化数据，并进行结构化分析，从而客观评估远东控股的生产能力、生产特征和生产优势，科学配置资源。

精益生产是智能制造的基础，智能制造是实现精益生产的一种手段，只有落实精益生产之后，将精益生产、信息化、自动化作为一个共通、融合的平台，才能最终实现智能化，因此开展智能化建设需要同步开展精益生产的体系建设，根据业务需求及重要度，推进精益变革，具体内容如图 7-23 所示。

图 7-22 远东控股的智造数据呈现

图 7-23 远东控股以业务为导向的精益变革

生产运营指标体系建立：通过精益咨询项目对标优秀公司，建立能够真实反映远东控股生产管理画像的运营指标体系，能够让机台员工、班组长、生产厂长、生产部相关人员实时查看生产、设备、能耗等相关数据，从而实现透明生产制造过程，支撑科学的资源配置及管理决策。

库存管理辅导：从仓库管理、产品管理、供应链计划管理、生产管理、采购管理、退货等各业务模块对原材料、产成品、半制品、在制品等库存进行分析，包括安全库存、周转库存、多余库存，明确库存改善目标后，从策略、业务、组织、IT 等方面减少物料呆滞及库存水平，提高库存周转率。

（4）生产工艺系统建设。将研发工艺转为生产工艺，通过设计制造一体化，实现精准工艺设计驱动生产精益制造，为科学合理制订计划、规范化生产提供重要依据，通过标准与实际差异分析、改造优化，实现降本增效。生产工艺系统示意图如图 7-24 所示。

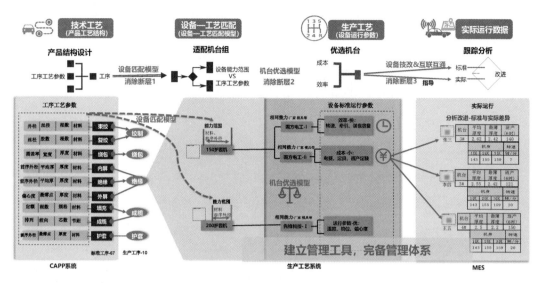

图 7-24　远东控股的生产工艺系统示意图

对产品结构工艺（CAPP）进行改造：工艺参数指标分类化、衔接生产工序、根据生产实际提供具有替代关系的数据（材料、工艺路线、BOM），为生产工艺设计提供多样性需求，更好地支持柔性生产。

梳理设备属性，构建指标体系，形成能力指标库，通过设备能力匹配模型构成从生产工序到末端设备的关系链。

从设计者视角出发，以生产工序为中心，产品层向后聚合形成目标范围和任务清单、设备层向前延展工艺方法的多样性，通过正向、反向路径编制生产工艺，以及状态、版本控制及审批、变更流程实现闭环管理，保障数据的一致性。

根据生产应用需求提供设备适配模型、机台优选模型及相关生产运行参数，通过分析模型进行理论论证与实际差异分析，改进生产工艺，提升质量。

（5）基础设施和网络互联互通。建立工业互联网应用平台、数采平台服务器、边缘计算平台等服务器及车间现场看板等基础设施，并通过全场景、端到端接入，将孤立的设备通过无线网络或有线网络进行联网，从而实现互联互通，为远东控股工业互联网应用提供支撑。具体内容如图 7-25 所示。

IDC 数据中心基础设施：采购 IoT 平台、数据采集、边缘计算等服务器及存储设备，为远东控股工业互联网平台提供硬件支撑。

车间现场网络：通过全场景、端到端接入，将孤立的设备通过有线网络进行联网，从而建立生产过程数据的实时采集通道，将数据传输至数采平台；针对 VGA 叉车、移动 PDA 扫码等移动设备，在复合车间搭建 5G 网络，创新开展 5G+工业互联网应用试点。

MES 终端/车间看板：在绞制、绕包、绝缘、温水、成缆、外护等工序设备及半制品仓新增电子看板，实时显示库存、设备运行信息，透明化制造过程，加快物流流转及异常信息反馈，打造敏捷智能制造车间。

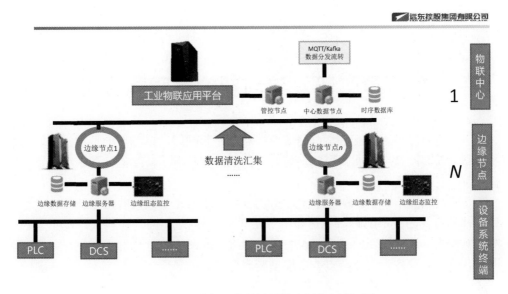

图 7-25　远东控股的基础设施和网络互联互通

第八章 研发与创新的互联网应用

我国经济发展进入了新常态，传统发展动力不断减弱，粗放型增长方式难以为继。必须依靠创新驱动打造发展新引擎，培育新的经济增长点，持续提升我国经济发展的质量和效益。

在互联网大潮下，创新所需的资源得到了极大丰富，互联网时代创新的含义，不仅仅是某种颠覆式的技术创新，更是利用"互联网+"创造新的商业模式。基于互联网的研发创新模式创造了全新的资源组织方式，通过互联网将碎片化的资源组织起来，形成了以资源链接和服务为主要特点的研发创新服务模式。

第一节 业务要素

一、一般研发流程

（1）策划阶段。公司的产品策划部门在经过市场调研后，得出结论——某个产品有很大的市场需求。产品策划部门会编制《产品开发意向书》，把想做的产品描述出来，包括功能、主要材质、参数、成本、上市时间等要求。研发部门接到这个意向书后，会做可行性分析，将技术可行性、成本、专利风险等信息形成书面文件反馈给产品策划部门（如果是 OEM 型开发项目则反馈给业务部）。产品策划部门收到信息后，决定是否进入下一步工作，如果以上分析都满足要求，那么就会出具一份《产品开发任务书》给研发部，这个任务书同样明确了产品的功能、主要材质、参数等信息。

（2）设计阶段。研发部门接到《产品开发任务书》并确认后，开始进行外观设计，通常委托外部专业的设计公司进行外观设计，一般要求提供 3～4 套外观设计方案供客户选择，设计周期大概 15～30 天。外观设计完成并确定具体外观方案后，做进一步的可行性分析，通过后，开始设计产品结构，视产品复杂性，一般 15～60 天可以完成整机设计。设计完成后进行设计评审，由技术人员参与评审，发现问题并提出修改意见。部分公司配置有评审团队，专门审核设计方案。针对评审的问题进行修改、完善后，进入下一阶段。注：如果有需要，也可以做一次或多次手板（CNC、3D 打印等快速成型技术）验证结构或功能。

（3）模具制造阶段。模具制造周期一般为 30～60 天，由企业的模具部门或外包公司完成。模具完成并试模后，进行产品试装，确认产品的功能、性能、装配、结构等符合设计要求。

（4）试制/试产阶段。产品试制阶段通过让生产线员工参与产品的装配，暴露产品存在的问题，便于后续进行整改。试制后进行产品测试，委托品质部或实验室进行各项检测。同时，进行包装设计、认证安排等工作。对试制问题点进行整改，包括结构部分、模具部分、电控部分、功能或性能部分。问题整改后，对产品进行小批量试产，以及一次模拟大货生产的试验，从而再次检验产品。试产并整改问题点后，进行产品鉴定，评审产品是否达到开发的要求、是否具备生产的条件等，通过后进入下一个阶段。

（5）批量生产阶段。鉴定通过后，进入新产品开发的最后一关即批量生产，根据订单按时保质生产出来。

这就是一个自有品牌制造业公司的新产品开发全过程（OEM 型公司与其略有不同），这个开发流程也是 ISO 9001 质量体系的核心部分，是 ISO 9001 中最重要的也是最复杂的部分，走完这个流程少则几个月，多则几年或更甚。所以说，开发一个完整的新产品是科学严谨的。

二、产品、研发、客户

机械企业研发的总体特征可以描述为：以知识为基础、以仿真为驱动、以质量为目标，能够持续创新，不断开发新产品、新服务，基于智能科学的理论、技术、方法和信息，采用自动化和虚拟化技术与工具，利用智能感知、互联网、云计算、大数据挖掘等手段，整合、优化并利用各类内外部资源，实现信息流、物资流、资金流、知识流、服务流的高度集成与融合。

创新是企业实现转型升级的重要手段，是企业的综合竞争力，是企业发展的内在动力，无论是技术创新，还是产品创新，又或者是管理模式的创新，都是企业不断前进的保证，也是企业保持活力的基础。

（一）产品

产品组合管理为管理新产品和现有产品的组合提供决策支持，包括用于日常工作任务协调的项目管理、一次处理多个项目的纲要管理以及理解产品如何共存于市场的组合管理。

产品质量管理在产品设计、采购、生产、销售和服务阶段跟踪质量要素，是企业控制成本和增强产品市场竞争力的关键环节，包括审计管理、质量控制和质量改进。

产品数据管理包括产品定义和设计过程中的所有信息和数据，如企业管理过程中各类与研发和生产相关的材料清单，材料清单最初是在设计阶段产生的，加入其他资源信息后逐步演变成 ERP 中的物料清单（BOM）。

（二）研发

研发项目管理覆盖了产品研发生命周期的各个阶段，向项目经理提供各种信息和决策支持，制订产品开发的战略决策。研发项目管理需要过程管理、测试管理和协同管理的支持。

研发过程管理的主要任务是对整个产品形成的过程进行有效控制，并使该过程在任何时候都可追溯。研发的每个过程由若干活动完成，活动细分为功能，功能由执行者即用户完成，主要对产品设计和生产阶段流程进行管理。研发过程管理通过互联网进行协同作业，使设计组织人员的工作流程更为规范。

研发测试管理是研发过程中的一个重要组成部分，按照渐增构建及测试（IBT）方法，研发测试流程可分为四个阶段（见图 8-1）：构建模块功能确认（BBFV）、系统设计验证（SDV）、系统集成测试（SIT）、系统验证测试（SVT）。测试与开发过程紧密结合，可以缩短测试周期并有效提升交付产品的整体品质。从一个测试阶段进入新的测试阶段，需要建立严格的区隔判定标准。单元部品测试、集成测试、系统测试覆盖了研发测试的不同阶段。

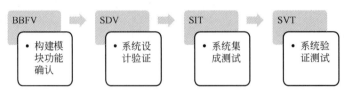

图 8-1　研发测试流程

研发协同管理是实现产品协同设计的基础，主要支持产品协同设计、协同制造、信息共享、集中资源有效利用，使价值链上需求知识的用户能轻松地获取其工作所需的相关产品信息。

（三）客户

通过整合市场销售反馈意见，设计出符合客户需求的产品。

第二节　平台要素

未来的高端机械装备研制模式会越来越开放，研发设计环节和生产装配环节都会和企业外部资源进行高效协同合作。在原来的模式下只有超大型企业集团才能生产高端装备，而基于工业互联网的社会化大协同，有实力的中型企业也可以高效利用社会资源研制出机械装备。社会化协同研制的业务场景主要为以下四种。

一、基于工业云的研发体系

基于工业云的研发体系是基于基础工业云，通过虚拟企业云端总线整合各个企业的工业软件，开发运行于云之上的云应用（SaaS），形成协同化和开放化的研发平台。

二、协同研发功能

平台通过构建统一的系统集成接口，提供给供应商、研发伙伴进行访问，实现协同研发。平台打通内部研发系统和外部研发系统的集成，隔离外部人员直接访问内部研发系统的安全问题，同时保证数据流安全、有效、可控地进行共享，提高研发领域数据协同效率。通过构建模块化的系统集成连接器，打通内部系统和协同平台的集成，同时可以和对方的系统进行集成，从而确保双方业务数据流通。实现对工程数据、过程交付物、流程数据、变更信息进行产业链协同上下游的研发信息共享和交互。通过研发协同，开展在线协同设计，并且将相关数据和供应商、合作伙伴进行交互，形成快速、敏捷的研发体系。传统研发和协同研发对比情况如图 8-2 所示。

三、研发组件库

平台以商业 PaaS 或开源 PaaS 为基础，通过虚拟化和组件化，使工业元素服务化，面向产品研发提供一系列服务中间件，用于快速创建和定制研发应用。中间件包括工业软件中间件、研发中间件和信息物理中间件等。

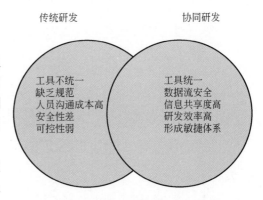

图 8-2　传统研发和协同研发对比

（1）工业软件中间件是对商业化工业软件及企业自有工业软件进行服务化封装，是工业软件的组件化（碎片化）过程，软件涉及 ERP、PLM、CRM、MES、SCM、CAX、ICS、SLM、TDM、TI、BI、AI 等。通过工业软件中间件，可以对企业工业软件进行柔性化集成。

（2）研发中间件是对精益研发、协同仿真、综合设计、知识工程、质量管理等系统进行服务化封装，形成一系列的碎片化构件，包括设计类构件、仿真类构件、管理类构件、流程类构件、知识类构件、创新类构件、质量类构件、数据类构件等。

（3）信息物理中间件是通过物联网和大数据技术将工业元素虚拟化，包括嵌入式软件、传感器、RFID、物料、产品、设备、生产线、机器人、智能终端、增强现实设备、虚拟现实设备、GIS 及其终端、GPS 及其终端、3D 扫描、3D 打印、多媒体设备等。

利用中间件进行研发需要基于企业服务总线（Enterprise Service Bus，ESB）。企业服务总线是传统 SOA 模式在工业云计算框架上的延伸应用。按照 SOA 模式，利用工业软件中间件开发三大集成模式（横向集成、纵向集成和产业链端到端集成），形成集成模式库以便调用。

四、研发数据的安全

平台有严格的供应商准入和退出流程，数据通过系统集成，在平台上进行可控地协同，同时管理整个供应商协同的生命周期，确保研发数据的安全性。平台直接通过集成双方系统的方式，完成业务数据的映射、传递、变更等协同活动，实时追踪和可视化地查询相关数据和协同情况。

第三节　平台作用

跨企业间的协同设计过程需要统一的平台实现产品研发过程中的 BOM 管理、图文档管理、流程管理、电子签名、更改管理、打印管理、阶段控制、机电软一体化设计、系统集成和安全保密管理等服务内容。

一、引入开放式创新研发模式

平台通过工业云技术，从全产业链角度出发，将分散在集团型企业、各研究院所、生产厂商、外部供应商、外部科研机构、政府中的研发资源进行集中管理和调配。开放式创新研发模式允许客户提出需求和创意并全程参与研发；允许更广泛的社会智力为研发提供创新思路，为创新过程提供跨领域支持；允许更加开放的数据交换和大数据应用；允许标准化与多样化并存，为大规模定制提供可行性保障。

二、形成基于大数据的决策能力

平台通过构建完整、高效、安全的基于产业链云和 PLCS 标准的数据采集、管理与协同平台，可以形成基于大数据的决策能力。通过智能化分析模型和方法，对大数据进行分析利用，并针对不同用户提供个性化服务。通过对全行业的大数据进行分析，实现框架性突破，从而获得超乎预期的收获，促进创新。

三、实现大数据驱动的知识创新

平台通过建立基于大数据的知识创新体系，挖掘分散在各类成果、计算机和人脑中的知识，进行全周期视角的知识精准推送，实现基于知识驱动的技术创新。

四、实现基于云计算的开放化协同研发

平台借助云计算、大数据、物联网和信息处理等技术，将各类分散的工业软件、硬件、加工检测设备的分析计算能力，以及它们产生的数据、计算、知识等软资源，整合成逻辑统一的资源整体，实现信息流、物资流、资金流、知识流、服务流的高度集成与融合，打造集团化研发、产业链研发、开源研发、外包研发等开放化协同研发模式。平台基于云计算开放化协同研发效果如图 8-3 所示。

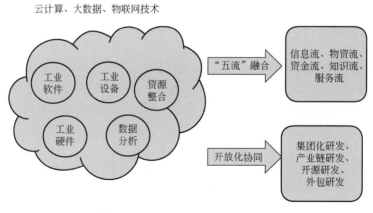

图 8-3　平台基于云计算开放化协同研发效果

第四节 平台应用

一、共享集团全流程虚拟制造协同设计平台

共享集团近几年通过工业互联网为工艺设计部门赋能，从原来的一名员工负责全流程设计转变为现在的专业化分工，每个员工只负责自己擅长的部分，通过全流程虚拟制造协同设计平台，实现了各专业岗位的协同设计。

共享集团使用的全流程虚拟制造协同设计平台（见图 8-4）是专门为铸造企业打造的一款工艺设计平台，包含图文档管理、参数化设计、知识库应用、参数闭环控制和工艺快速优化五大核心功能。该平台结合数字化协同设计、知识库应用、虚拟制造等先进的设计理念和信息技术，与铸造工艺设计的特点紧密结合，打造不同于通用 PDM 系统和 CAPP 系统的铸造工艺数字化设计平台，成为铸件完整、工艺技术数据管理的统一平台，为其他信息系统提供数据支撑。该平台一方面实现工艺设计内部的全面协同，不同工艺的设计人员协同开展工作，保证数据流的一致性；另一方面，实现工艺设计与生产制造协同，在工艺设计阶段确定生产过程所需的关键控制参数并与智能单元、MES 等系统有效集成，实现生产过程的全自动化控制。

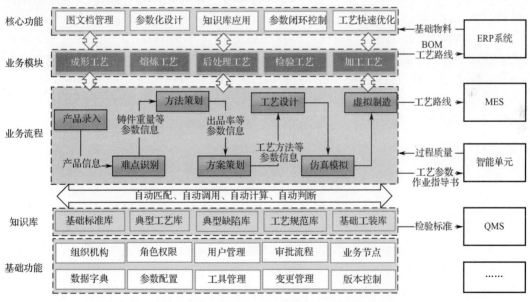

图 8-4 全流程虚拟制造协同设计平台架构

（一）图文档管理

通过工作流驱动铸造工艺设计的流程、参数及图文档等规范管理。平台中，每个产品关联一套完整的设计流程，并在设计流程中的每个节点进行工艺参数和图文档的管理，通过产品→流程→节点→数据建立逐级关联，改变了纯粹依靠图文档管理工艺数据的模式，实现了数字化工艺设计及工艺数据的结构化管理，可实现顾客图纸（产品图纸）、顾

客规范、三维产品模型、三维工艺模型、二维工艺图纸、工序图、作业指导书等各类图文档的快速查阅、快速应用。

（二）参数化设计

结合铸造企业的生产模式和工艺要求，全流程虚拟制造协同设计平台将实现全过程工艺参数规范管理，利用信息化手段实现参数录入、参数处理、参数传递等过程的高效、高质量执行。通过并行设计、参数互联、知识库应用等手段，在保证工艺设计质量的前提下，提高工艺设计效率，避免因流程细化导致的设计周期延长等问题。同时，工艺设计的全过程均通过工作流任务驱动，根据任务类型的不同分为工作任务和审批任务，可实现工艺设计进度的全面跟踪和人员权限控制，帮助业务人员实时跟踪任务状态并快速查找执行。系统将工艺设计规范转化为系统的逻辑算法，帮助工艺设计人员快速进行查表和计算，取代手工计算，降低出错的可能性。在设计过程中，依据工艺设计规范实时检查设计结果的符合性，控制设计质量。

（三）知识库应用

知识库是全流程虚拟制造协同设计平台的核心，基于知识库的自动匹配、自动判断、自动计算及参考指导，不仅保证了虚拟铸造技术的应用效果，而且可以进一步支撑智能设计的应用研究。围绕知识库应用，平台将建立丰富的国家标准库、自定义标准库、典型工艺库、典型缺陷库工艺原则库和基础物料库维护及管理模式，支撑知识库的持续完善和更新。同时，在每个工艺设计节点，依据铸件产品的典型特征从知识库中匹配最具指导价值的数据进行推送，建立自动匹配、自动推荐、自动判断、自动计算的完整应用模式。

依托跨部门的协同工艺技术工作平台，工艺设计过程基于近 1000 个参数的数据驱动，工艺过程判断基于专家库、知识库决策，共享集团的全流程虚拟制造协同设计平台改变了传统铸造工艺设计的理念和做法。

二、安徽合力 PLM 研发平台

安徽合力 PLM 研发平台是以 IPD 理念为核心，运用以 SAP-PLM 系统为纽带的工程设计信息管理系统。2013 年，安徽合力开始全面部署端到端的 PLM（产品全生命周期管理）平台，通过此举构建一套"精益研发体系"，将企业内部的"第五次管理革命"推向深入实践的新阶段。

安徽合力 PLM 研发平台以增强研发核心竞争力为目标，优化和完善 IPD 研发管理体系与产品数据管理体系，以缩短研发周期、降低研发成本（物料、人力、资源）、发展战略产品、加快市场响应速度、有效管理产品数据来降低库存、防范呆料及提升效率，提高研发能力，来推动安徽合力持续快速发展，以长期保持行业领头羊地位。

安徽合力 PLM 研发平台以研发体系和设计平台建设为核心，建立电子化、规范化的产品开发项目管理和工作流程管理体系；以产品技术开发流程为主线，规范产品开发项目的定义、执行和控制，实现产品开发流程的电子化和产品开发项目管理的规范化；搭建研发设计知识库，实现文档的模块化管理，提高研发设计知识的重复使用率，为缩短研发设计周期、加快产品上市进程提供信息技术手段和保障；实现产品结构的通用化、模块化、系列化，缩短研发设计数据向生产数据转变周期，确保数据来源的唯一性和正确性，提高数据转换的精度，加快产品上市的速度。

安徽合力 PLM 研发平台以建立研产供销服一体化的 PLM 管理平台为抓手，集成管理研发中心和生产、采购、销售及成本等业务流程，安徽合力 PLM 研发平台业务范围如图 8-5 所示。发挥集成技术平台的作用，实现知识库管理，减少"信息孤岛"现象。建立统一的基础数据编码体系和管理平台，统一管理企业的数据资源，确保设计、制造、售后服务的资源共享和无缝衔接。建立贯穿研产供销服的协同设计平台，打通部门壁垒，优化资源配置，缩短产品研制周期和减少更改次数。实现设计应用软件和 ERP 系统对接，真正建立产品全生命周期管理的信息系统。

图 8-5 安徽合力 PLM 研发平台业务范围

（一）产品设计的模块化和可组合化

在 IPD 的研发理念下，通过 PLM 研发平台和工具应用，提高产品设计的模块化水平和制造工艺仿真水平，使大量的图文档管理和调用、模块化参数化的选配设计、替代料和生产现场变更管理等瓶颈问题得以解决。

（二）PLM 中基于三维 CAD 的智慧设计

建立安徽合力的智慧库，对产品零部件进行智慧分析，结合 PLM 零部件分类管理和三维 CAD 的智慧参数建模，实现快速设计，设计师通过选择零部件的参数和约束，快速生成三维 CAD 模型和用于生产的工程图纸，极大提高设计建模效率。

（三）研发平台应用情况

PLM 研发平台的应用有利于大量的组件高度集成，使图文档管理和调用更加模块化、参数化、智能化，提高了产品设计的模块化水平和制造工艺仿真水平，选配设计、替代料和生产现场变更管理等瓶颈问题得以解决，提供了大量模块化的仿真工具，既能在生产系统方案设计阶段对方案进行验证，也可以在生产系统使用阶段改善和优化线体能力。平台以数据驱动创新，应用大数据分析验证装配线效率的影响因素，以确认方案合理性，最终达到改进工艺流程和工艺方法的目的。PLM研发平台帮助客户缩短产品生产周期，降低产品试制过程中的成本，提高产品的质量。

三、基于迈迪网的"今日制造"平台

企业产品开发过程不仅包含内部的开发过程，还包含企业与设计外包供应商及零部件供应商之间的基于价值链的协同关系。在信息交互快速发展的今天，企业内与企业间的协同日益受到制造业企业的重视，产品数据管理（Product Data Management，PDM）也随着信息技术的飞速发展在制造业中兴起，成为企业信息化工程的基础，是目前制造业重点实施的项目之一。再加上经济全球化和网络技术的发展，企业的运营模式也发生了巨大的变化，企业对信息共享和业务的整合需求越来越紧迫。

基于迈迪网的"今日制造"平台，应用企业以数据管理为中心，把技术资源库、企业信息、产品设计及过程中相关的信息集成起来统一管理，实现设计过程的优化和资源的共享。该体系可以跨越多个办公地点、多人随时进行协作；可以经济高效地重复使用标准零件数据；可以确保企业设计小组能够立即访问最新提供的产品数据；可以简化工作流程、提高性能，并削减企业范围内的成本，从而缩短产品研发周期、降低成本，使企业赢得主动权和竞争优势。

（一）图文档管理（PDM）的核心价值

（1）图纸版本管理和安全管控。全程记录设计过程图纸版本控制，可回溯、可管理；建立安全有效的授权机制和审批流程，对企业不同的图纸库、项目组、零部件使用人员及部门进行查看、修改、下载等安全授权（见图8-6），在企业局域网内开展协同设计，就像为图纸加了一层层保险，让图纸、资料安全可控。

图8-6　迈迪网的文件权限管理示意图

（2）高效的协同设计。一站式项目任务分发，让所有设计人员均可便捷地使用最新图纸，摆脱传统飞鸽、QQ 传递模式，形成版本记录，跨部门图纸借用不改变原图纸结构，能保证设计数据的唯一性、关联性，积累企业数字化设计资产。

设计师只需关心自己修改的内容即可，修改完成后执行检入，系统自动完成分发，所有使用该图纸的人员即刻获取最新图纸，无须手工传输。而且对设计的修改内容、版本等做全程记录，形成企业知识库。迈迪网的协同设计管理示意图如图 8-7 所示。

图 8-7　迈迪网的协同设计管理示意图

（3）统一管理企业零件库。快速建立企业私有模型库，形成企业标准件的资源化分类管理，模型资源统一调用，规范使用企业内部标准零件，避免重复性创建，提升企业过程设计效率。迈迪网的零件库管理示意图如图 8-8 所示。

图 8-8　迈迪网的零件库管理示意图

（4）集中管理数据资产。图文档统一管理，避免资料缺失、重复、过时；内部资料云端维护，方便授权资料远程查看、修改、同步、分享，并记录所有操作过程，便于信息追溯和安全管理。图纸可分类存储，并能依靠图纸的各种属性信息进行检索；蛛网式链式关联，通过图纸可快捷查询到相关的资料、人员、版本、设计过程等，让检索更加高效。

（二）高效协同的供应链体系

通过"今日制造"平台，企业可以维护自己的供应链关系，完善供应链信息，降低企业间沟通成本。全面连接设计师、供应商、外协厂，让供应链全面互联，充分发挥企业供应链系统资源的潜力，构建高效协同的制造业供应链体系。

企业定型产品图纸直接发至外协厂，其中可限制外协厂对图纸浏览、下载或修改的权限，生产订单创建完成后，第一时间通过聊天窗口的形式发至外协厂技术人员账号，直接在线沟通加工事宜，保证了图纸数据的唯一性；外协厂在待办任务中实时接收任务提醒，保证生产任务下达的时效性。

"今日制造"平台为企业解决了供应商的模型管理、标准件及企业零件库的管理，以及设计图纸的协同设计管理，由于企业一般会担心这些图纸存入云端的安全性问题，所以该平台还为企业提供了本地化的存储服务。

（三）技术资源库

（1）国标件库。迈迪网的技术资源库中现已涵盖《机械设计手册》中几乎全部的国标件三维模型（见图8-9），用户可以直接调用，避免重复模型调用出现遗漏问题，提升设计师工作效率。

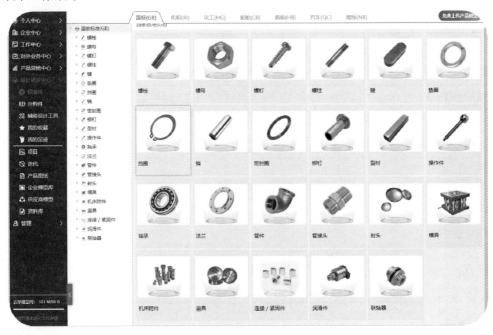

图 8-9　迈迪网的技术资源库示意图

标准件模型库的所有数据实时更新，在选型过程中可以同时查看电子样本图片，对相应的尺寸进行核对，生成可以运用于各种三维软件中的中间格式模型。

（2）外购件资源库。涵盖制造业各领域 28 大类 5000 万个通用零配件，数千家零配件供应商入驻，模型及数据资源实时更新，极大地方便了工程师的选型设计工作，节省设计人员 50%的建模时间，让设计人员把更多精力投入到产品优化设计中，提高设计师的时间利用率。迈迪网的云端超市示意图如图 8-10 所示。

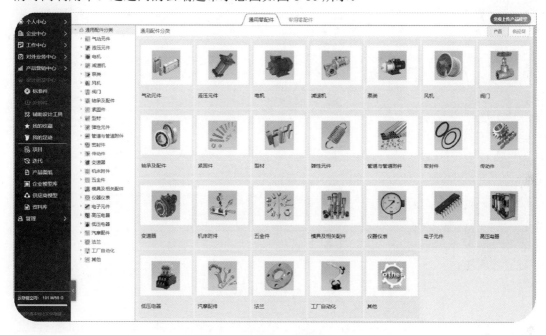

图 8-10　迈迪网的云端超市示意图

（3）工具管家融合了全国众多的二次开发应用小工具，覆盖所有 CAD 软件和一般工作需要，80 款设计插件，方便调用，既为设计师带来实用的工具资源，又为优秀的二次开发人员提供产品分享平台，直面终端用户。迈迪网的插件商城示意图如图 8-11 所示。

（4）参数化设计，节省绘图时间，缩短制造周期。"今日制造"平台提供专业的参数化设计系统（见图 8-12）和三维机械零部件设计工具，该工具提供参数化设计界面，只要输入或选择关键参数，设计工具就可以自动完成复杂零部件的设计建模，并支持对模型的修改。

（四）企业应用情况

1）三益（天津）精密机械股份有限公司

三益（天津）精密机械股份有限公司（以下简称"三益公司"）一直致力于研发、制造、销售工厂自动化精密机械设备使用的各种机械标准件。三益公司在市场营销方面存在如下问题：主要服务于老客户，受市场各方面的影响，拓客渠道单一、拓客成本较高，随之而来的是公司的生产经营规模无法得到进一步的提升。

图 8-11 迈迪网的插件商城示意图

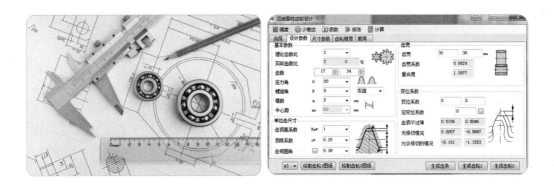

图 8-12 迈迪网的参数化设计示意图

迈迪网"今日制造"平台拥有百万数量级注册工程师，该类群体用户正是零部件企业的潜在客户，在帮助零部件企业做好宣传的同时能够给企业带来新的订单。

三益公司于 2018 年开始入驻"今日制造"平台，在"今日制造"平台上建立了全部产品的三维样本资料库，百万数量级工程师可以在设计选型时快速了解三益公司的产品，进而转化为后续的生产采购。通过产品入驻"今日制造"平台，三益公司提升了自己的知名度，目前已经获得了潜在用户信息 50000+ 条，不仅实现了引流新的用户，拓宽了企业客户源，而且实现了业绩增长 20% 以上。

2）西安航天华阳公司

西安航天华阳公司作为航天技术应用产业化企业，目前已发展成为精密涂布装备、新能源新材料装备、装饰材料装备、卫星式柔版印刷设备、航天军工产品及智能化装备制造五大系列高端装备的制造商和技术服务商。

为减轻西安航天华阳公司采购部管理上百家外协厂的工作量，迈迪网通过实施"今日制造"供应商图纸发放平台，为西安航天华阳公司构建并管理外协供应商，改变了传统的线下一对一工作模式，降低了西安航天华阳公司与外协厂沟通的成本，全面连接了企业生产部门与外协厂，充分发挥企业供应链系统资源的潜力，构建高效协同的制造业供应链体系。

目前，西安航天华阳公司通过供应商图纸发放平台的应用，实现了对上百家外协厂的集中管理、图纸统一管控与安全发放、外协采购工作高效执行，提高了公司内部与外协厂协同工作效率，降低了业务沟通成本；消除了信息孤岛、提高了企业效益。

四、吉利集团高品质 NPDS 全球汽车研发平台

汽车整车的数字化历程分为四个阶段，第一阶段是单点应用阶段，随着 CAD 等软件的应用，由手工绘图转变为计算机绘图。第二阶段是集成应用阶段，随着 PDM 等系统上线，研发流程管理走向信息化。第三阶段是精益研发阶段，随着 PLM、CAE 等软件应用，整车研发的工具、流程、知识实现了数字化。第四阶段是数据驱动阶段，随着 SaaS、AI 等服务的普及，整车研发迈向新的征途。

（一）汽车自主品牌研发体系的痛点

汽车自主品牌的研发体系建设普遍面临接口规范不统一、信息传递不及时、知识经验难利用、文件追溯难管理等痛点。

（1）接口规范不统一。各环节之间的设计标准、模版等没有统一，设计要求的描述也不一致，影响了产品的设计质量。研发计划下发不规范、不标准，内容和工作条目的名称不统一等问题也制约了产品的实现质量。

（2）信息传递不及时。信息传递和反馈不及时，信息的跟踪和汇总不全面，信息传递的效率和准确率有较大的提升空间，协同设计制造等能力有待增加。

（3）知识经验难利用。很多技术标准、历史问题等沉淀下来的经验积累只掌握在少部分人手上，未能得到有效的利用，很多知识技能无法及时或者很难被新员工吸收。

（4）文件追溯难管理。项目的交付物散落在各个环节渠道，缺乏统一的归口管理，历史文件的存放和追溯混乱，难以很好地利用起来。

（二）面向全球化的 NPDS 研发体系

NPDS（New Project Development System）是吉利创新开发的产品开发体系（见图 8-13 和图 8-14），是一个融合所有相关部门的跨职能体系，涵盖规划、造型与工程、财务、供应链、制造、市场销售和售后等各类环节。NPDS 与其他系统的业务架构如图 8-15 所示。NPDS 基于沃尔沃的产品开发体系建立，既保持了北欧工业设计的严谨风格，

又与吉利对中国汽车工业的敏锐适应能力相结合，以更宏观的角度管理公司新产品的诞生过程，强化长期经营战略落实到产品竞争力的效率。

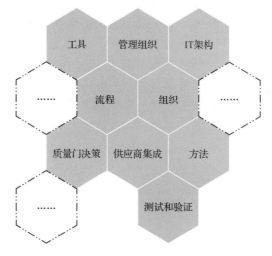

图 8-13　面向全球化设计制造的 NPDS 体系构架

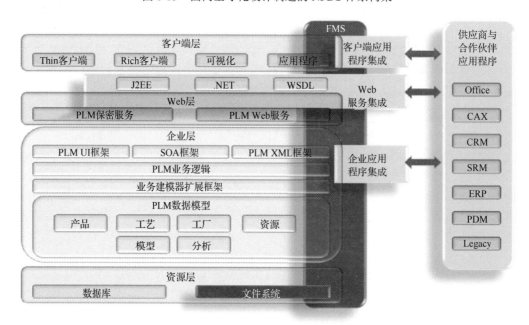

图 8-14　面向协同设计开发的整体架构图

（三）NPDS 功能模块

NPDS 具有五大功能模块，实现了企业内部的纵向打通和产业链企业间的横向打通，解决了接口规范不统一、信息传递不及时、知识经验难利用、文件追溯难管理等痛点问题。

图 8-15　NPDS 与其他系统的业务架构

（1）企业知识管理。通过建立一个安全且适用性强的环境，使分散的多专业团队（包括供应商、合作伙伴和客户）能够在整车产品全生命周期中实时进行合作，减少专门的 PLM 或 CAD 系统培训。

（2）社会协助模块。该模块将产品、过程、制造和服务信息归集到单一的产品知识源中，捕捉产品和开发过程知识，在 PLM 环境中保护这些知识并与流程结合运用这些知识。

（3）生命周期可视化。三维协同语言、开放式 JT 技术驱动，提供一致、可扩展的可视化主干，查看产品在整个生命周期中的演化；用户可以自行决定扩展和实施所需的功能。

（4）物料清单管理。机器可完全显示产品在生命周期过程中的演变情况，从而管理产品的复杂性、维护物料清单信息的准确性。

（5）维护、维修与大修。在产品的整个服务周期中，管理产品知识，优化服务管理，提供完整的 MRO 解决方案，实现服务数据管理与资产管理等功能。

（四）NPDS 价值点

建立 NPDS 体系需要持续归纳共性需求，提炼个性化需求。NPDS 核心的模块化和平台化设计必须要求战略、管理、技术、项目、产品等知识平台化和标准化，能够实现现有技术、客户和管理等能力的"复制"。NPDS 的成功，使吉利有能力在较高标准化的基础上提供个性化定制，意味着吉利的研发从传统的项目型转向了全球领先的产品型、平台型。

第九章　采购与配套的互联网应用

采购是保证企业生产经营正常进行的必要前提，是保证质量的重要环节，是控制成本的主要手段之一，可以帮助企业洞察市场的变化趋势，是科学管理的开端，决定着企业产品周转的速度。企业与供应商达成长远战略合作关系成为企业决策者关注的核心问题。

第一节　业务要素

采购方式有项目采购制的全过程管理，也有"采""购"分离的分工制，通常来讲不同的采购方式，其企业流程内容有所差异，但无论哪种采购方式，采购员的基本工作流程主要包括八大环节（见图 9-1），采购计划、询价和还盘、做采购订单和合同、跟踪货物、组织仓储接货、组织质检验货、货物达到要求后仓储入库、结算。

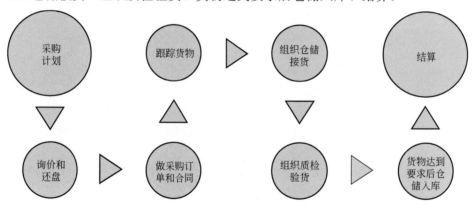

图 9-1　采购流程

很多企业都把降低采购成本作为节省企业运营成本的重要方法。一般来说，采购成本占企业运营成本的 60% 左右，因此降低采购成本就相当于提升企业的盈利额。过去，采购成本的降低主要通过压价来实现。今天，在产品盈利大幅减少的情况下，企业压价的空间就减小了。要想大幅度地降低企业的采购成本，不能再停留在价格上，而是要把采购的所有环节都有效地管理起来。

一、采购计划

采购计划是采购人在了解市场及自身库存管理情况后，明确采购需求，对实施采购活动做出的具体安排。采购计划的主要内容包括采购对象、采购规模、采购预算、采购方式、采购周期等。

二、询价和还盘

询价是指采购人向有关供应商发出询价单并让供应商报价，在供应商报价基础上进行比较并确定最优供应商的一种采购方式。询价多用于采购的货物价格及标准统一、现货货源充足且价格变化幅度小的政府采购项目。还盘又称还价，在采购过程中，主要指采购人同售货人之间就不同意或不完全同意的条件而提出修改，或者就新增限制条件等进行反复协商等。

供应商管理内容如图 9-2 所示。

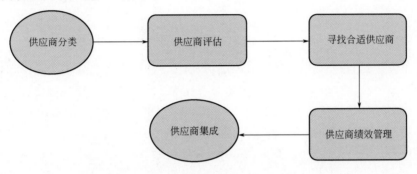

图 9-2　供应商管理内容

三、做采购订单和合同

采购订单详细记录了企业物流的循环流动轨迹，同企业生产过程中所消耗的用料、销售紧密联系。通过采购订单可以直接向供应商订货并可查询采购订单的收货情况和订单执行状况，通过采购订单的关联跟踪，可以很直观地看到采购业务的处理过程。合同制作指采购双方进行谈判后，经协商一致而签订的具有法律效益的文书，这是双方关联的基础。该文书就是合同，文书的制作过程即合同制作。

四、跟踪货物

货物在运输过程中会产生一系列的记录，包含发货人员、物品数量、运输工具、运输路线等。采购双方为确保货物安全、顺利交付，需要对该记录进行检测和确认。

五、组织仓储接货

仓库到货时依照一同到达的货品单据，进行货物临时存入摆放，紧接着进行验货的入库操作。

六、组织质检验货

仓库按货品的规格摆放，确定好库位。按仓库实地要求进行整箱货品的区位摆放；零散货品及时核对明细和数量，确认订货数量与到货数量是否一致。货品数量核对完毕后，及时汇总每款数量和到货总数量是否与来货清单一致，若有差异及时和供应商取得联系。

七、货品达到要求后仓储入库

货品质检完成后，按要求进行入库操作，入库过程中若单据与到货商品不相符，应及时上报相关部门，注意货品包装的完整性，不合格品应隔离堆放或直接拒收，做好与相关部门的沟通并及时处理。

八、结算

结算主要指在采购过程中对货品的收支往来进行核算。

第二节　平台要素

如今，数字化、智能化不断促进企业的发展，企业采购也必然进入数字化管理阶段，采购流程涉及寻源、订单、支付、报销等多个环节，既涉及外部供应商管理、合同管理，又涉及内部采购种类、采购权限等多个管理维度，采购数字化正不断走向深入，其应用效能不仅关乎企业组织的成本支出，更关乎产品研发、生产计划、客户服务、供应链协同等关键环节，最终影响企业战略实施和日常运营效率。

一、采购执行自动化

在采购执行（即从采购到付款）环节中，平台将提供自助式采购服务，自动感知物料需求并触发补货请购，基于规则自动分配审批任务和执行发票及付款流程，从而加速实现采购交易自动化（见图9-3），有效管控风险和确保合规性，大幅提升采购执行效率。互联网平台通过批量执行重复性任务，自动触发请购及审批流程，实现从核心采购到发票管理活动的自动化和标准化，帮助企业全面提高采购效率，持续降低管理成本。互联网平台应用人工智能机器流程自动化技术，通过模式识别和学习逐步消除重复性手动操作，如发票匹配、预算审核等，从而降低采购资源负担，使员工专注于高附加值工作，为企业创造更大的价值。互联网平台应用认知计算和人工智能技术，实时感知物料需求，并自动触发补货请购，从而简化和智能化请购流程。互联网平台结合最佳实践和企业现有流程部署审批工作流，能够自动化分配各环节审批任务，大幅缩短审批周期，并确保审批人正确。

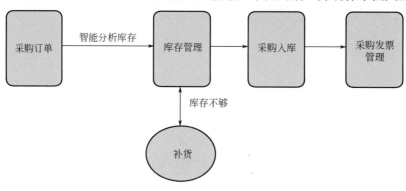

图9-3　采购自动化

二、采购可视化

平台具有先进的采购数据分析功能，并可自动生成采购结果。凭借具有自我学习功能的算法技术，实现采购数据清理和分类的自动化，引入品类层级的基础性关键绩效指标（KPI），在预算和利润表中直接跟踪采购支出情况。

全程监控询价和还盘过程，实时掌握最新动态。平台将建立实时采购管理体系和支出知识库，应用预测分析技术，帮助企业预测采购需求和支出结构，进而定位关键支出，实现可持续降本战略。企业应用智能内容提取技术，实时从合同中提取有价值的信息，实现广泛细致的采购支出分析。

三、供应风险可控化

平台将应用众包全面收集与捕捉供应商数据，构建全方位供应商生命周期管理体系，实现前瞻性风险规避与控制，支持采购运营持续优化，从而提升供应商绩效与能力。平台将建立实时监测和定期评估机制，将数据转化为切实可行的洞察与预测，从而打造前瞻性绩效管理，逐步优化供应商资源；基于大数据进行前瞻性预测分析，实时洞察潜在的供应商风险，及时采取措施，帮助企业建立先发制人的风险管理模式。平台将应用人工智能技术和高级可视化仪表盘，实时监测与定期评估供应商绩效，从而提供全面的绩效洞察和趋势预测，帮助企业识别优质供应商群体，及时淘汰不合格供应商，最终打造前瞻性供应商管理。此外，它还可以结合网络追踪技术及第三方数据源集成整个供应价值链，建立供应商风险评估数据库，主动监测供应商行为与绩效的线上与线下活动。

在决策制定方面，平台将应用智能分析技术，预测供应商对企业成本与风险的影响，为寻源提供可视化预测及业务洞察，帮助企业快速、智能地制定寻源决策；应用数字技术，构建敏感性分析模型，从而更准确地预测供应商对企业的影响，筛选优质合作伙伴；借助高级可视化仪表盘，直观展现寻源洞察与建议，可将寻源执行及决策周期缩短 50%。在供应商协作方面，平台将智能预测供应商谈判的场景和结果，分析并推荐最优供应商和签约价格，同时自动执行供应商寻源任务，最终建立可预测的供应商协作模式；构建敏感性分析模型，预测谈判双方条件变化对签约价格及采购成本的影响，帮助谈判人员识别关键因素与节点，从而控制谈判风险并削减采购成本；基于最佳实践构建全球条款库，自动识别适用条款，提高合同签订效率，并确保合规性。

四、库存管理精细化

库存台账清晰，为库存变化查漏补缺提供有效依据；库存盘点，库存调拨时调整库存差异，提升库存准确性；商品库存管理多元化。从整体上关注货物在仓库中的扭转，提升了货物的质检及入库效率。

五、决策智能化

平台将借助高级的可视化管理仪表盘，简化领导层的决策制定过程，将寻源执行及决策周期缩短，从而大幅提高市场敏捷度。平台将应用认知计算和人工智能技术，基于供应商资质、历史绩效和发展规划等因素，构建敏感性分析模型，从而更加准确地预测供应商对企业成本与风险的影响，帮助筛选优质的合作对象。平台将应用智能分析技术，预测供应商对企业成本与风险的影响，为寻源提供可视化预测及业务洞察，从而提升供应链的整体透明度，帮助企业更加智能和快速地制定寻源决策。构建完备的采购体系需要获取两大类数据，第一类数据用于创建具有参考价值的信息，如供应商基本信息、市场概述、各地区商品或服务平均价格的描述性分析等信息；第二类数据用于分析采购决策与结果之间的相关性，建立预测模型，最终实现人工智能。采购体系内的所有数据，不仅包括采购流程数据，还包括与采购活动相关的其他流程所产生的数据。

采购体系以外的数据如深入而全面的行业和市场信息，其实更为重要。特别是在协商合同的具体条款时，企业需要依据这些数据计算总拥有成本和价格杠杆，从而判断该采购哪些物资，以及从哪些供应商处采购。

第三节　平台作用

从当前我国大多数制造业企业的情况来看，供应链服务体系的短板明显。由于供应链服务体系没有建立起来，对制造业企业的服务是点式的、割裂的、不系统的、低效的，以至于大量制造业企业还处在传统的经营状态。采购部门为找到性价比合理的原材料，要一家一家地比较；物流部门为快速、低成本地组织运输，要花费更多的精力；生产和销售部门的计划很难准确安排，以至于需要前面有原料仓库，后面有成品仓库，无法做到零库存管理；企业董事长、总经理需要花大量时间去考虑资金问题。

随着人工智能、物联网、区块链和供应链金融等众多创新技术在供应链中的应用，要打造高效供应链，提高供应链的竞争力。

一、保证发运计划

按照订单交付周期倒排计划；按照订单交付时间预约装车/装柜；有效装车/装柜，以有效响应客户方的先期交运通知单（ASN）。

二、稳定生产计划

实时监控资源匹配；保证作业执行率，强调均衡生产，减少各类偏差带来的库存增加和断点浪费；推动安定生产、精益生产和精益物流协同；以总装为作业依据，提高计划达成率和直通率。

三、保障信息与实物配套计划

外购件配套计划不再只是保证供应，而是进行有效供应，以作业计划需求的齐套数量作为采购—到货—收货的依据，并且必须具备实施盘点、提供结果且可视化的能力。

通常对于自制件，管理者出于对效率、成本、人员等方面的考虑，倾向于一次性大规模生产。但是，由此产生了失控的库存，形成无效制造，带来各种变数和经营压力。

在平台中，把自制件当作外部供应商，实施严格的协同配套要求，避免由此带来的采购冲击。

信息配套协同实物配套，实时盘点，实时全过程监控，实时预警、响应。

四、拉动供应商到货计划

供应商预约生产，基于采购方的要货计划（ASN）倒排生产，按需生产，不再是自我任性的大批量生产。

第三方物流预约到货，基于采购方的要货计划和既定的运输路线，按照顺序收货，实现循环管理，不再是多拉快跑的模式，全过程都有信息监控。

实时检验与入库，有必要推动"检验放行及时率"，以保证采购物流的及时性和有效性，降低检验库存；实际上，如果检验计划和到货物流计划没有协同好，那么检验将成为采购物流中最大的瓶颈。

五、体现商业价值

传统的信息交流主要通过电话、电报或传真等工具，导致传统采购花费时间较多。基于平台后，信息交流更多依赖于网络，相比之前的交流方式更加清晰，同时信息量也大，减少了双方的沟通成本，降低了企业间的交易成本。对于买方而言，利用平台提供的供应链，可以节约采购费用。同时，借助互联网平台，买家和卖家都是全球性质的，不局限于某个国家和地区，或者某个企业。另外，传统的采购流程比较复杂，使用互联网平台后，企业跟业主之间联系较为紧密，将原材料采购和产品制造过程两者有机地结合起来，形成一体化的信息传递和处理系统。传统的交易受时间和空间的限制，而在互联网模式下，基于平台可以全天候无间断运作，增加商机。网上采购如图 9-4 所示。

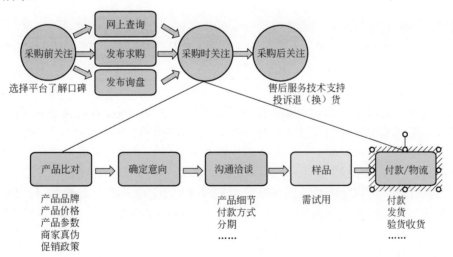

图 9-4　网上采购

第四节　平台应用

一、共享集团铸造云 SRM 系统

（一）背景介绍

共享集团从 2012 年开始实施 SRM 系统，在实施过程中平台兼容性差、平台登录异常、平台登录成本高等问题一直困扰着用户。随着新技术的不断发展，SRM 系统整体升级和功能完善愈发迫切和紧要。因此在 2017 年共享集团决定打造服务于整个铸造行业的云服务平台，围绕铸造产业链实现互通互联、共享共赢，平台提供电子商务、虚拟制造、远程运维等综合服务。供应链管理则作为平台的一个重要的配套模块策划实施，其主要问题从以下五方面进行分析。

（1）信息化平台限制。ERP 平台主要解决了企业内部集成的问题，在向外部供应商集群方向更多地依赖外部系统；

（2）供应商群体地域广阔。数百个甚至上千个供应商遍布全国，如何统一规范和监控采购行为是一个难点；

（3）低价值的采购环节耗费太多采购主管的精力。大量的工作放在了具体采购执行的跟踪和沟通；

（4）采购平台整体规划不清晰。例如，电子采购平台、招投标平台、供应商门户平台或者预算控制平台；

（5）物品品类繁多，某些物品单体价值低，总量金额庞大，如非生产性物资。

（二）解决方案

铸造云 SRM 系统是基于铸造云平台，聚焦铸造行业的一款大数据云端化产品，产品核心功能分为两部分：一是对采购业务全流程的闭环式管控，二是对供应商的线上管理。在 SRM 标准化采购流程下，站在铸造企业应用角度，将铸造云 SRM 系统与铸造云电子商务平台——共享商城数据集成，打通采购需求业务，拓展采购渠道；开发上线铸造材料价格查询系统，及时了解铸造大宗原辅材料的市场行情，采购订单审批环节体现两条价格走势（采购历史价与网络价），为领导的采购决策提供支持。

铸造云 SRM 系统聚集了行业优势供应链资源，建立覆盖采购全生命周期的协同管理体系，面向核心企业提供铸造材料价格查询、采购寻源管理、物流库存管理、合同管理、财务管理、供应商全生命周期管理等业务管理功能，通过对企业信息流、物流、资金流的有效管理及控制，全面优化、提升企业内部供应链业务。

铸造云 SRM 系统总体架构示意图如图 9-5 所示。

铸造云 SRM 系统主要功能如下。

（1）SRM 系统与铸造云平台集成。

单点登录：铸造云平台实现一站式登录与退出，用户在访问平台业务系统时，只需要登录一次，不需要二次登录，SRM 调用统一用户认证服务获取用户登录信息，直至用户会话过期或退出。解决了之前平台经常出现登录异常、登录成本高等问题。

图 9-5 铸造云 SRM 系统总体架构示意图

在线支付：铸造云平台统一提供支付服务。SRM 需要使用支付功能时，调用门户接口生成支付交易单，跳转至门户支付页面，门户根据支付交易单号查询并展示交易信息给用户，用户确认交易信息无误并选择支付方式完成付款。支付成功后门户将交易信息反注给业务系统。

集成店铺：铸造云 SRM 系统支持供方商品的展示，并与铸造云平台商城进行店铺销售业务集成，SRM 系统当前已具备相关的店铺展示功能，支持物料的图片展示信息维护，支持销售目录的创建与展示，支持采供渠道的建立与获取。

（2）铸造网络价格管理。铸造行业是能源与矿产资源消耗较大的行业，能及时了解铸造大宗原辅材料的市场行情至关重要。目前市场上众多的数据来源网站查看成本高，并且交叉查看浪费资源，数据筛选后进行整理又大大降低效率，无法进行铸造大宗原辅材料市场行情一站式查询、分析、结果展示。因此，铸造云材料价格系统整合了铸造用 25 大类原辅材料的价格行情，如生铁、废钢、有色金属及黑金属等，提供价格查询、价格波动曲线、价格分析决策等，一方面为采购人员掌握市场价提供参考；另一方面在铸造云 SRM 系统的核价审批阶段，两条价格走势（网络价走势和历史采购价走势）形成比照分析（见图 9-6），为领导决策提供数据支撑。

（3）供应商全生命周期管理。在铸造云 SRM 系统中逐步完善供应商信息资源库，建立供应商全生命周期管理平台（见图 9-7），在供应商全生命周期的任意阶段，都允许进行降级/淘汰申请，实现供应商淘汰机制；供应商升降级及淘汰需经过审批才可生效，规范供应商全生命周期管理制度和流程。

（4）需求管理。采购业务人员可以从 ERP 系统中抓取采购申请信息作为寻源的数据来源，或者在铸造云 SRM 系统中直接创建采购计划。铸造云 SRM 系统支持各部门项目采购任务、采购计划、采购请购单及其他采购委托单据的汇总确认，并且分配相关经办人员；可以根据需求情况采取不同的采购方案，支持明细采购方案作为附件上传，并且进入相关的审批流程。线上寻源全流程管理如图 9-8 所示。

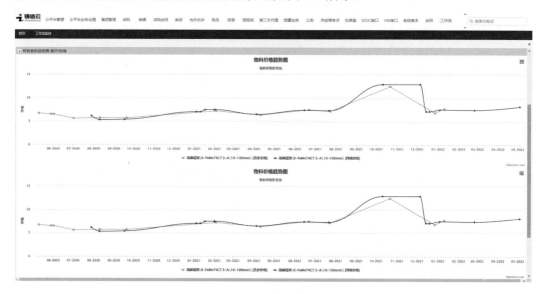

图 9-6　铸造云供应链管理历史采购价与网络价走势对比示意图

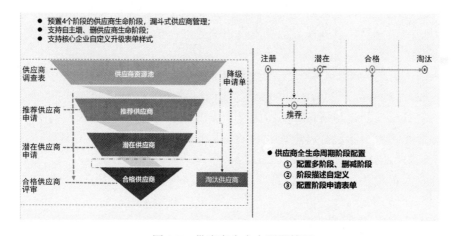

图 9-7　供应商生命全周期管理

（5）寻源管理。

铸造云 SRM 系统将询价模式从线下转移到线上，减少采购人员工作量；同时铸造云 SRM 系统可记录询价、竞价过程中产生的还比价记录、核价记录等信息，充分体现了询价过程的公开与公正，极大地方便了领导审批以及对历史数据的追溯；询价时供应商支持多种维度选择，支持多种询价策略（密封报价、询竞价、竞拍报价等），支持询价单发布到共享商城，多平台同步进行。

询价单发布后，铸造云 SRM 系统通过邮件等形式告知供应商；在铸造云 SRM 系统首页创建寻源公告，同时可以将寻源单据发布到外部平台中；寻源的结果可直接在铸造云 SRM 系统中进行核价选择并审批,该流程与原有的核价结果审批流程相剥离;寻源结果核价审批界面更加便捷清晰,比价小助手功能展示供应商对该物料的历史报价记录。

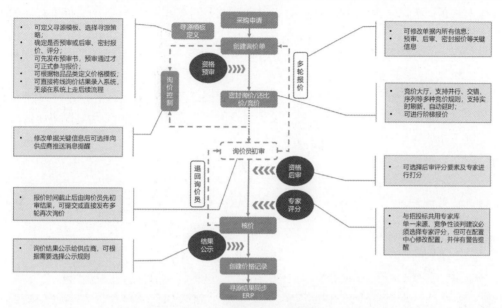

图 9-8　线上寻源全流程管理

当一张单据出现多人可维护的状况时,提供单据操作记录,便于追溯单据的变更历史;原来在线下无法执行询价这种寻源方式,现在可在铸造云 SRM 系统内实现,丰富了寻源方式,降低了作业成本;基于采购申请创建询价单,寻源结果回写至金蝶的采购订单中,与金蝶深度集成,保证了数据的完整性、一致性;铸造云 SRM 系统可记录询竞价过程中产生的主要信息(如报价记录、还比价记录、核价记录),充分体现了询价过程的公开公正,极大方便了领导审批以及对历史数据的追溯;询价单据可发布至外部平台中实现内部系统与外部平台的高度集成;现有的寻源结果审批流程节点提前至询价单核价功能,尽早选择供应商,能够快速实现采购订单创建与同步。

(6)订单管理。

采购人员将 ERP 系统中已批准的采购订单同步至铸造云 SRM 系统并发布给相应供应商,通过短信和邮件通知供应商,供应商需在线确认采购订单,实现采购订单实时同步、及时响应、快速协同;内部用户可以对已发布的订单进行加急,让订单突出显示,通知供应商有紧急需求的订单,以便供应商快速回应、紧急生产发货。

铸造云 SRM 系统将采购寻源结果回写采购订单时,可以同时有选择地对需要刷新价格的采购申请进行刷新;已经发布的采购订单会校验需求日期并在系统中对该类订单做出红色加急提示。

铸造云 SRM 系统与之前使用的采购业务系统相比,不但提高了作业的规范性,同时避免了垃圾数据的出现。

(7)物流管理。

库存管理模块能够处理各种库存转移事务,包括收货、发货、库存转移、物料转移等，实现了集团公司内多个独立核算单位库存的集中管理。

供应商需完成采购订单确认流程，才可进行物流协同流程；供应商基于采购订单在线创建送货单，就各个物品的数量、交货日期等信息进行维护并提交；送货单有问题时（如送货单与实际送货情况不符），可将该送货单关闭，供应商也可将送货单取消；供应商一旦创建送货单，供需双方均可在线查看送货单的相关信息（包括物品提交和接收情况等状态信息）；借此统一供应商的送货单打印样式，以便库管验收货物。

建立统一的供应商送货单格式，可较大程度提高送货接收效率；将供应商从送货至入库的信息纳入系统进行管理，加强了送货记录的可追溯性；采购员无须打印送货通知单，提高了接收入库的执行效率。

（三）实施效果

（1）业务改善。项目实施后业务改善对比情况如图 9-9 所示。

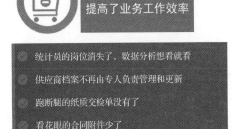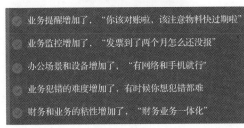

图 9-9　项目实施后业务改善对比情况

（2）绩效提升。确立了以成本为导向的市场价格考核机制；减少了企业领导和业务人员对采购过程的干预；竞价环境更加公平、公正、公开；集中采购，企业议价能力更强，优化了付款方式（货到付款）。

二、吉利集团供应链金融平台

在国家提倡"互联网+赋能传统产业"的背景下，线上供应链金融平台应运而生，平台聚合广大商家，成为重要的信息和资金对接窗口，能够穿透线上和线下，企业增信如消费信贷资产、应收账款资产、融资租赁资产等存量资产能够得以重新盘活。

（一）背景介绍

传统的汽车供应链金融面临着服务对象不够普惠、服务方式不够智能、服务内容比较局限、金融赋能效应有限等困局。

（1）服务对象不够普惠。传统供应链金融聚焦于核心企业，有效辐射和触达的服务半径很短。中小微企业由于自身规模小、财务制度不健全、抵押物缺乏、信用水平差等原因很难从银行获得贷款。

（2）服务方式不够智能。传统的营销一般围绕核心企业以名单式、推荐制开展，形式粗放，对客户需求的洞察不够敏锐，缺乏量身定制推送等综合服务。此外，风险防控环节也无法做到实时获取信息数据，难以对贷后异常行为自动化跟踪预警。

（3）服务内容比较局限。传统的供应链金融主要以解决融资问题为目标，是典型的信贷驱动类业务，难以参与场景化生态圈建设，服务范围无法扩展延伸到投资咨询、渠道搭建、技术研发、电子商务、风险评估、信用体系建设等更广阔的领域。

（4）金融赋能效应有限。供应链金融的数字化转型能进一步加强银行的数据采集、分析和处理能力，使银行能够实时感知、动态把握供应链全景化数据信息，深度挖掘客户新需求。

（二）解决方案

针对以上困局，吉利集团运用标识解析、大数据、人工智能、区块链和物联网等新技术，搭建了供应链金融云服务平台，为产业链创造增量价值，提升金融效率，支持实体经济发展。

（1）平台智能匹配金融机构。平台实现了订单贷、发票贷等金融产品标准化，企业向平台申请授信及融资，系统可根据配置规则，自动匹配银行或其他金融机构，对客户统一报价，提供标准化服务。

（2）平台具有智能授信功能。通过政务、经营、金融、舆情四个维度数据综合评级并生成动态额度，按照各个数据指标的风险系数，换算出金融评级，用于贷前风险筛查、贷中辅助决策及贷后监控预警。

（3）平台支持多种企业身份认证方式。如对公账户小额打款验证、企业法人支付宝刷脸验证，以及基于企业码的身份验证（待对接），确保操作的规范性与安全性。

（三）实施效果

吉利集团供应链金融平台（见图9-10、图9-11和图9-12）为企业提供订单贷、浙税贷、发票贷、存货贷、银票贴、商票融等多样化金融服务，单笔最高借款800万元，超低年利率，有效地支持中小企业供应短期资金需求，缓解中小企业资金链压力。

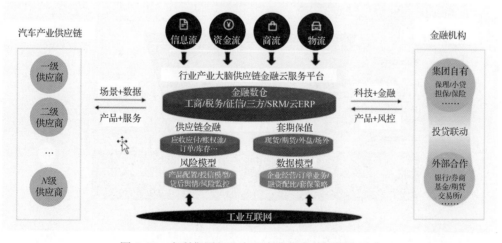

图 9-10　吉利集团行业产业大脑供应链云服务平台

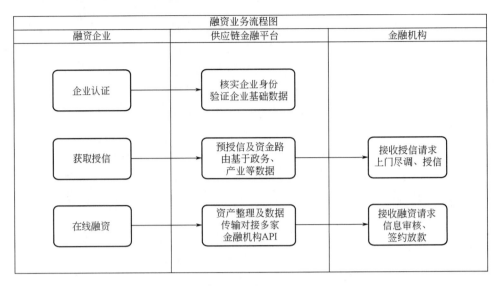

图 9-11　吉利集团供应链金融平台融资业务流程图

图 9-12　吉利集团供应链金融平台企业端应用界面

三、河钢集团供应链物联码数字化管理平台

(一)背景介绍

河钢集团有限公司(以下简称"河钢集团")作为全球化钢铁材料制造和综合服务商之一,以"建设最具竞争力钢铁企业"为愿景,致力于为各行各业提供最具价值的钢铁材料和工业服务解决方案。目前,河钢集团已经成为中国第一大家电用钢、第二大汽车用钢供应商,海洋工程、建筑桥梁用钢领军企业,在 MPI 中国钢铁企业竞争力排名中获"竞争力极强"最高评级,是世界钢铁协会会长单位、中国钢铁工业协会轮值会长单位。

河钢集团供应链公司于 2018 年 1 月成立,注册资本 5 亿元,随着产业金融 3.0 时代的到来,公司借助互联网+、大数据、云计算、区块链等全新技术手段,全面盘整集团产业链中蕴藏的庞大内外部资源,激发产业链价值创造能力,培育"互联互通、共享共赢"产业生态圈,旗下设有"铁铁物联"和"铁铁智运"两个子平台,分别致力于建设工业品"在线超市"和成为大宗商品物流服务引领者。

河钢集团下属子公司众多,物资仓库分散,信息化程度参差不齐,系统之间信息互通困难,缺少从集团层面的统筹规划及统计分析,需通过新的技术手段,进行资产管控的优化,准确知晓物资信息,做到物资管理科学化、高效化、透明化。

河钢集团所属供应商众多,产品品类庞杂,集团缺乏产品使用过程中的有效数据,缺少对供应商的考核基础数据,无法筛选出高质量的供应商,严重制约了集团供应链体系的进一步升级需求。

随着河钢集团供应链平台相关功能的上线,平台可实现对供应商进行分级考核,减少仿冒伪劣产品的出现,并在出现问题时快速溯源明确问题环节。

(二)解决方案

依托国标通用物联码,采用多种信息化手段整合资源,以构建标准统一、数据统一、接口统一、平台统一的物联码数字化管理平台。利用该平台收集包括但不限于采购、生产、物流、仓储、使用、维修、报废等各环节的数据,并与集团下属子公司的全生命周期管理系统进行数据贯通,实现快捷高效、上下联通、横向协同,提升运营效率,降低管理成本。

河钢集团供应链物联码数字化管理平台体系结构如图 9-13 所示,平台包含以下功能。

(1)产品信息溯源。平台通过与多平台多业务的信息互联,将信息与国标物联码进行有效整合,扫码即可查看产品的溯源信息,溯源信息分为公开信息和敏感信息,通过人员权限控制,保证数据的安全性。

(2)供应商产品防伪。国标物联码天然地具有不可破解性,使得市面上只能批量复制部分码值进行仿造,依托河钢集团供应链物联码数字化管理平台对产品各个环节的管控生成的标识大数据,再辅以向扫码者展示部分公开的溯源信息,实现最小代价的产品防伪效果。

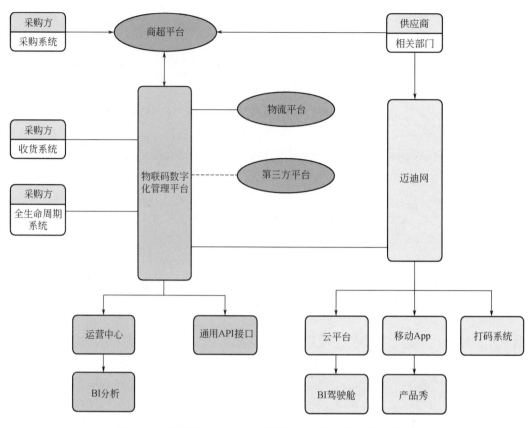

图 9-13　河钢集团供应链物联码数字化管理平台体系结构

（3）备品备件库存管控。通过收集各个子公司全生命周期管理数据，实现物资科学管理、提高物资使用率，监管物资使用周期，做到产品质量和全生命周期数据可查可追溯，促进设备资产全生命周期最低成本采购，杜绝灰色地带，减少浪费。

（4）优质供应商评估。通过供应商物资故障率分析、维修及时性分析等几项内容，系统能够协助筛选出优质供应商，帮助企业建立稳定的优质供应商体系。

（5）与其他平台集成。与商超平台进行紧密集成，打通供应商及采购方的企业身份体系、产品物料体系、订单体系、收发货体系。

（6）运营中心及 BI 分析。运营中心作为整个平台的管理者，可监控整个平台运行数据并进行管理，同时形成 BI 分析数据，为整个河钢集团提供数据分析。

（三）实施效果

该项目已经完成平台开发（见图 9-14），目前处于供应商集中上平台的阶段。根据规划，河钢供应链合作供应商的产品须赋上唯一的"身份证"，"一物一码""一机一档"，伴随产品信息、出厂信息、物流信息、出入库验收等跟踪产品全生命周期信息，实现设备信息数字化交付，"一物一码"打通设备全生命周期各个环节，通过对基础数据采集汇总，为集团数字化、智能化供应链管理提供数据依据。

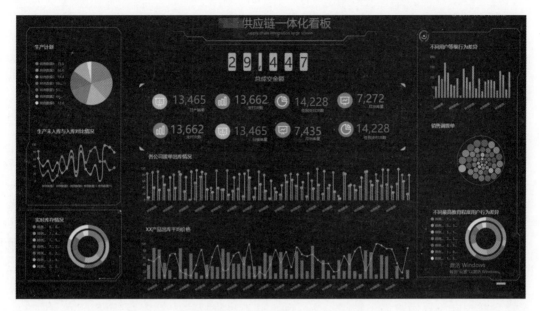

图 9-14　河钢集团供应链物联码数字化管理平台示意图

第十章 制造与装备的互联网应用

制造业企业的运营过程一般都是由不同的价值创造活动组成的，如研发、供应链、产品销售、售后服务等，这些活动的串联构成了价值链。互联网时代，装备制造业传统意义上的价值创造和分配模式正在发生转变，借助互联网平台，企业、用户及利益相关方纷纷参与价值创造、价值传递及价值实现等生产制造的各个环节，形成新的商业模式和竞争优势。

物联网、大数据、人工智能、5G 为装备制造业带来了模式的变革创新，单纯依靠硬件产品已难以获得持续的竞争优势，软件、服务和解决方案在制造业中的作用不断凸显，装备制造企业已逐渐开始利用"软件"和"全面解决方案"来获取新的竞争优势，从满足市场需求向引导用户需求转变，从"硬件式"思维模式向"软件+服务解决方案"的思维转变。

工业互联网是互联网发展的新领域，是在互联网基础之上、面向实体经济应用的演进升级，其连接对象以物为主，强调人机物协同。这里的物就是指生产制造过程中的装备，如图 10-1 所示。

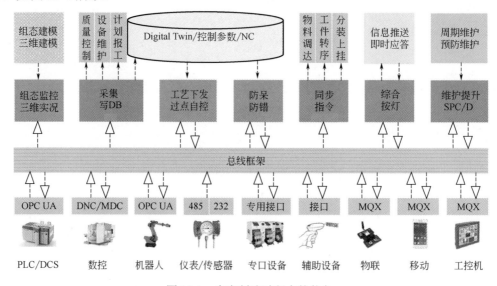

图 10-1 生产制造过程中的装备

第一节 业务要素

企业制造应从人、机、料、法、环等多个方面入手，系统性为企业生产提高现场管理水平，优化生产制造业务流程，自动执行制造过程，全面共享车间现场的信息流、物流，实现订单拉动式生产、生产计划智能排产、生产执行、设备管理、质量管理、工艺防错管理、智能仓储及物料配送管理，保证企业的订单周期平衡、产能平衡，质量管控、产出效率、即时协同、跨地区协同等，让企业敏捷响应市场变化的同时，降低成本。

一、生产管理

随着大数据、云计算、移动互联网等技术的蓬勃发展，生产制造类企业利用互联网构建安全可靠的智能产品研发生产管理体系，通过应用各类互联网产品方案管理生产所需的资源，协调劳动者、生产设备、工具和物料的分配并使之最优化，同时跟踪当前工作状态及完工情况。完善的资源分配与状态管理不仅可以确保设备正常生产运行，大大提高车间运行效率及资源利用率，还能满足生产计划要求对资源所做的预定和调度。

二、设备管理

在企业生产过程中，设备是生产的主要载体，设备的运行状况、维护状况、故障状态等是生产得以顺利进行的保障，合理的设备管理是提高生产质量、降低生产成本的有力措施。

建立具有现代管理理念的设备管理模式是解决传统静态管理模式的必由之路。变静态为动态，提高信息的时效性。当前，最有效的手段就是以计算机管理、传感技术、自动控制技术等为基础，充分利用互联网技术的动态、实时性等特点，将设备管理放置到互联网状态下，实现在生产企业内部设备状况的实时共享。构建设备监控与管理的信息平台，面向设备用户实现设备基本信息、生命周期维护、故障预警和故障维修的综合平台。

三、质量管理

为促进传统产业转型升级，基于物联网、大数据、工业互联网的质量管理及其技术的探索，催生互联网环境下全面质量管理的新理念、新技术、新业态、新模式。

基于工业互联网的质量管理是指对从制造现场收集到的数据进行实时分析以控制产品质量，实现对工序检验与产品质量的过程追溯，对不合格品及整改过程进行严格控制并研究提出产品优化改进方案。

四、成本管理

企业的成本结构中均包含增值部分成本和非增值部分成本。企业可以借助已有的大数据平台，减少或消除非增值部分的成本。在企业运营的很多环节，如前期的市场需求分析、预算资金的数量，中期的融资成本控制、产品库存占用、产品销售，后期产品和服务的客户满意度调查，都可以充分利用大数据平台有效控制成本。企业利用大数据平台进行数据分析，搜集成本行为数据和成本关系数据，精准定位增值的成本信息，优化成本结构。利用大数据平台，还可以更直接了解客户需求，提高客户满意度。

五、物流管理

"新零售"经营模式将商品在线上、线下的销售与物流进行结合，依靠大数据、物联网、云计算建立物流管理系统。物流管理有三种方式，一是优化企业库存管理，控制库存，提高物流管理效率；二是优化仓储管理，由 FRID 技术与人工智能相结合，加强商品物流检查与监督；三是优化运输管理，通过大数据计算整理优化运输途径，减少运输时长从而确保商品质量。以互联网为基础对现有物流管理模式进行创新，使其更符合企业实际情况，应用新物流管理模式提升自身竞争力。

第二节　平台要素

一、数据驱动制造过程管理

机械企业将生产管理系统（包括工厂业务与生产管理软件、监控软件、ERP 系统、MES、PLM 系统、PDM 系统、SCADA、QMS 等）与网络化的智能装备（增材制造设备、智能传感与控制装置、高档数控机床与机器人等）通过互联网集成并进行交互，实现智能化、网络化的分布式管理，达到企业业务流程与生产工艺流程的协同，并扩展至供应链、订单、资产等全生命周期管理。

机械企业需要在生产线层、工厂层、企业层和协同层实现数据驱动制造过程管理。

（一）生产线层

生产线层是指生产现场设备及其控制系统，主要由网络、传感器、执行器、设备、人员、工具等组成。对机械企业而言，互联网在生产线层的应用主要为数据采集、人机交互及机器间的通信等。通过物联网技术，将设备的数据采集到云端及边缘层，由云计算及边缘计算服务器实现人机交互。基于服务器的计算能力拓展，提高生产线层的管理效率。

（二）工厂层

工厂层是指车间/工厂的制造执行系统以及物流仓储系统，包括现场网络配置、生产数据采集与分析、制造执行系统（MES）、资产管理系统（AMS）、车间物流管理系统（LMS）、仓储管理系统（WMS）等。

（三）企业层

企业层是指产品全生命周期管理及企业管控系统，通过工业互联网技术，将制造装备与客户管理（CRM）、企业资源计划管理（ERP）、供应链管理（SCM）等系统集成起来。智能决策是基于模型的系统工厂及企业内纵向集成。其中，智能决策主要为制动排程、动态调度、订单、质量管理等决策支持；基于模型的系统工程主要是对于标准的产品模型数据定义、数据管理并维护模型之间的传递与关联；并通过企业内纵向集成 MES

即 ERP 系统,实现企业级的智能制造。

(四)协同层

企业协同层是指由网络和云应用为基础构成的覆盖价值链的制造网络,其关键要素是跨企业的资源共享及全价值链的关键制造环节协同优化。其中,跨企业资源共享是指企业之间通过共享平台和共享规则,实现创新、研发、设计、生产、服务、信息等资源的共享;然后通过全价值链的关键制造环节协同优化,实现企业间设计、工业、制造、服务等环节的并行组织和协同优化,以及制造服务和资源的动态分析和柔性配置。

二、生产管理可视化和智能化

将设备联网采集的各类设备工况数据与工厂其他系统数据集成,通过数字孪生、数据清洗、大数据应用等技术构建智能化三维组态大屏(见图 10-2)、生产看板、数据图表等解决方案,实现数据可视化、生产可视化。

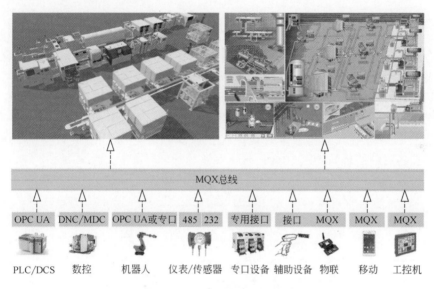

图 10-2 智能化三维组态大屏

通过生产线、设备等相关的历史数据分析,企业可以准确地判断生产线上不同设备的自动化投入的紧迫性和合理性,据此制定更加合理的生产管理方案。如根据订单需求以及相关资源利用率等制订产品的生产计划,对生产过程有提前的认知。通过可视化的生产过程图表,动态显示生产计划的调整,进行仿真并辅助决策。特别是在生产计划发生变化和出现异常生产状况时,可视化的生产管理(见图 10-3)是科学决策的重要依据。对计划、执行、物料、设备、质量等数据进行全方位、多维度地查询、分析与展示,为公司管理人员、相关使用人员提供各种统计分析报告。

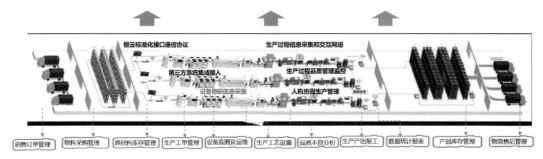

图 10-3　各类数据可视化应用

三、设备管理网络化和智能化

　　设备管理信息系统能够为每台设备配置不同的运维参数；可以对设备的巡检、点检和保养制定明确的方案以进行更好的日常维护；能够自动生成详细的计划表，如周报、日报等，对设备日常工作状态进行记录，最大程度保障设备的正常运行，避免在生产过程中出现异常状况；实现对设备零部件及备品备件的安全库存管理；通过设备联网进行设备采集监测，同时根据监测的结果，对设备进行维护管理，实现可视化管理；通过设备联网实现设备加工参数、检测参数等数据采集控制，通过参数下发、控制指令等操作对设备进行过点控制，改善技术规范，优化产品/工序，从而提高设备的综合利用率（OEE）。设备联网的目的如图 10-4 所示。

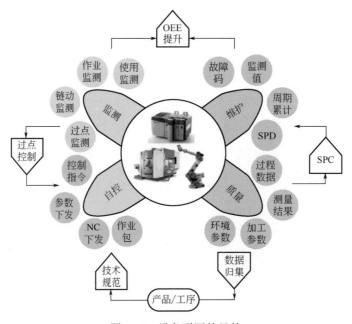

图 10-4　设备联网的目的

第三节　平台作用

一、文档管理水平提升

平台可实现制造过程文档的数字化管理，主要包括对产品的高级信息进行加密和权限管理；对设备工艺技术参数、原料配方及质量技术参数进行数字化管理；提供新生产线快速部署支持工作，如相关设备工艺技术控制、质量技术控制及原材料配方控制等；支持 PDM 软件集成；实施 SOP 作业指导书管理等。文档管理数字化使物料基础信息更详细，BOM 信息更专业。除此之外，平台还能为设置工艺和工序提供基础数据信息支持。文档管理数字化一方面便于信息、知识的共享和快速流动，成为科学管理、便捷决策的依据，另一方面促进企业管理知识形成并沉淀，是实施智能化管理的基础。

二、质量管理水平提升

平台可以对生产过程中的产品进行实时监控和跟踪，当出现不合格产品时，会立刻出现提示并显示原因。平台还可以提供过程质量控制与数据采集，可确保采集数据精准无误，同时还能检测设备集成接口，实现质检数据记录和存档自动化。平台对产品的全生产周期进行记录，包括产品批次、各工序开始和完成的时间、操作人员、加工设备、品质检测数据、用料批次、序列号、维修历史记录等。通过平台，能够对发生异常的产品进行退回，查看原因并进行维修更新。

三、设备管理水平提升

平台实现设备和生产线统一的实时监测和控制，实现人员与多台设备、设备与设备之间的数据交换。平台能够把人、设备、软件系统联网并自主控制，这些实体可以与生产相关的软件系统交互，相互协同，真正实现个性化制造，能够适应定制化生产对计划、协同、物流等的要求。同时，平台可以远程对设备进行配置、监控、排除设备异常信息等，设备可实现自主控制、自主适应，极大地提升生产效率。

基于物联网的设备健康监测，提高了设备管理的信息化水平，实现了设备维护的计划调度科学化，做到了计划平衡和资源平衡，提高了资源利用率，保障了设备的顺利使用，实现设备集中化管理及维修保养及时性，降低了设备故障率，合理降低了维修保养成本、能耗和其他各种损耗，提高了经济效益。

第四节　平台应用

一、共享集团铸造智能装备远程运维平台

（一）背景介绍

随着共享集团铸造砂型 3D 打印机等智能装备的销售数量不断增大，为解决设备提

质降本增效、迭代优化及售后服务能力亟待提升等问题，集团建立了基于铸造云工业互联网平台的铸造智能装备远程运维平台（见图 10-5）。平台围绕铸造业行业痛点，基于工业互联网技术贯通 3D 打印大型模具的线上线下 O2O 模式，采用区域分布式生产线，在线上接单并把打印模型远程下发到 3D 打印机上进行生产的模式。通过铸造云能够在线承接 3D 打印和铸造需求，并通过远程运维管理 3D 打印设备以及 3D 打印的生产过程，从而满足最终客户高质量、低成本、快交付的需求。

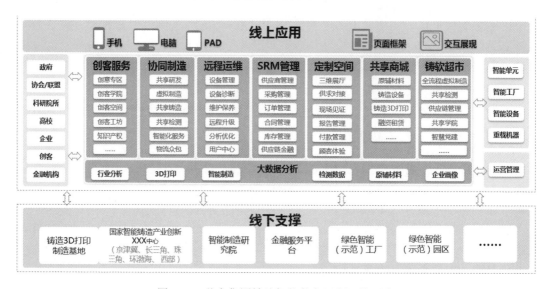

图 10-5　共享集团铸造智能装备远程运维平台

（二）解决方案

共享集团铸造智能装备远程运维平台系统架构主要包括以下几个层次。

物联接入层：通过自主研发物联云盒，依据 PLC/MQTT 等主流通信协议对接设备工况数据，以 5G 网络、IP 网络等形式将数据传入平台 IaaS 层大数据库中。

IaaS 基础层（Infrastructure as a Service，基础架构即服务）：平台依据腾讯云建立各类设备工况大数据库、业务数据库及负载均衡器以节省维护成本。

PaaS 联名层（Platform as a Service，平台即服务）：平台将共享集团自主打造的硬件及软件托管在平台基础架构上，并通过互联网集成解决方案、解决方案堆栈或服务的形式将该平台交付给用户及各类合作企业使用。

SaaS 应用层（Software as a Service，软件即服务）：共享集团依据多年铸造行业经验，将适用于整个铸造业的设备精益管理、设备资产管理、生产运营等软件 SaaS 化部署于平台，方便向铸造行业推广。

共享集团铸造智能装备远程运维平台业务架构如图 10-6 所示。

（三）平台功能

随着设备数据的深度应用，共享集团铸造智能装备远程运维平台已建立设备全生命周期管理、预测性维护、解锁机、设备 KPI 指标分析报告等特色业务，通过平台远程监控设备状态、工况，保证设备稳定性，提高产品质量；实时监测设备报警信息，避免设备长时间停机，提高设备效率；通过设备维保业务管理，实时掌握设备维保进度，提高设备恢复效率；通过关键备件寿命管理，优化备件采购存储，减少资金占用；通过各类电机、轴等负载参数的算法分析，提前预测设备故障，减少故障时长。共享集团铸造智能装备远程运维平台智能装备运维方案如图 10-7 所示。

图 10-6　共享集团铸造智能装备远程运维平台业务架构

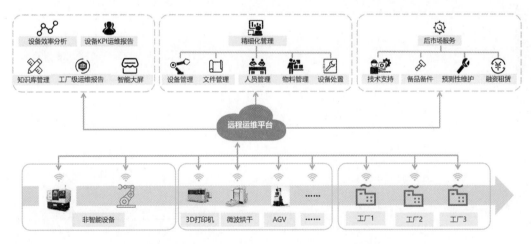

图 10-7　共享集团铸造智能装备远程运维平台智能装备运维方案

设备管理应用（见图 10-8）集成各类设备状态、工单业务、备件更换提醒等数据，及时提醒相关人员处理业务，规范管理设备维保计划。

图 10-8　共享集团铸造智能装备远程运维平台设备管理应用示意图

平台设备工况应用（见图 10-9）可以实现工作人员远程查看设备状态，监控产品完成进度；历史设备工况应用可追溯产品生产过程质量问题，方便及时调整设备参数，改善工艺。

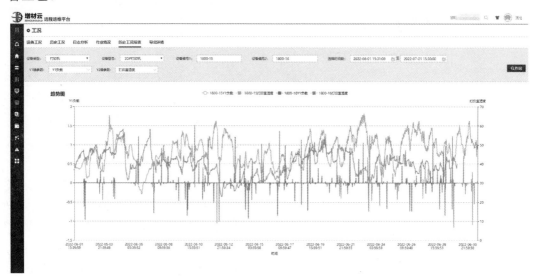

图 10-9　共享集团铸造智能装备远程运维平台设备工况应用示意图

平台配套手机 App 应用（见图 10-10）可方便售后工程师及客户随时查看设备状态并完成业务单据流程处置，对于设备异常报警由 App 第一时间发送提醒消息，并告知相关人员处置，降低废品率，提高产品质量。

图 10-10　共享集团铸造智能装备远程运维平台手机 App 应用

（四）实施效果

通过铸造智能装备远程运维平台实现对智能设备的在线监测、故障预警、设备精益管理及设备运维报告定期推送等业务应用，简化设备管理程序，预知设备故障，共享集团实现设备维修费用下降 10%，故障时长下降 10%，效率提升 15%。基于铸造智能装备远程运维平台实现共享外销打印机等各类设备售后维保服务，为共享 3D 打印机产业化应用赋能。

二、基于工业互联网标识解析体系的生产制造

工业互联网标识解析体系是工业互联网网络体系的重要组成部分，是支撑工业互联网互联互通的神经中枢，其作用类似于互联网领域的域名解析系统（DNS）。工业互联网标识解析体系的核心包括标识编码、标识解析系统和标识数据服务。

标识编码：机器、物品的"身份证"。

标识解析系统：利用标识编码，对机器和物品进行唯一性的定位和信息查询，是实现全球供应链系统和企业生产系统的精准对接、产品的全生命周期管理和智能化服务的前提和基础。

标识数据服务：能够借助标识编码资源和标识解析系统开展工业标识数据管理和跨

企业、跨行业、跨地区、跨国家的数据共享共用。

标识解析技术是指将对象标识映射至实际信息服务所需信息的过程，如地址、物品、空间位置等。例如，通过对某物品的标识进行解析，可获得存储其关联信息的服务器地址。标识解析是在复杂网络环境中，能够准确而高效地获取对象标识对应的"信息转变"的技术过程。

标识解析技术通过建立统一的标识体系将工业中的设备、机器和物料等一切生产要素连接起来，通过解析体系连接割裂的数据和应用，实现对数据的来源、流动过程、用途等信息的掌握。

从纵向可以打通产品、机器、车间、工厂，实现底层标识数据采集成规模、信息系统间数据共享，以及标识数据得到分析应用。

从横向可以连接自身的上下游企业，利用标识解析技术按需查询数据；中小型企业可以横向连接成平台，利用标识解析技术按需共享数据。

从端到端可以打通设计、制造、物流、使用的全生命周期，实现真正的全生命周期管理。

三、吉利集团工业互联网智能制造解决方案平台

企业在进行产品生产初期，通过增加配套的设备和工人实现产量的增加，随着工人工资逐年增加，企业引进数控装备通过提高成品率来提升利润率，但是数控设备需要专业人员操作，并且技术型主管不可或缺，但工资是普通工人的至少一倍以上。人们开始探讨"一键定制"的智造解决方案，从订单、原材料、设计、工艺、包装、服务等流程全方位考虑，一切基于云端驱动，订单来的时候，启动智能引擎计算模型，自动分配数据到智能机器上，机器自动识别工件，机器从云端拿到工艺数据后进行加工，整个过程如行云流水，一气呵成。智能制造的核心要素是人工智能、大数据、云计算，在智造时代，企业雇用的不再是普通的工人，是智能云大脑和智能机器，人是支持者和服务者，负责维护和保养好机器。吉利集团工业互联网智能制造解决方案平台让企业的梦想变成了现实。

（一）背景介绍

信息化技术、智能技术与制造技术的不充分融合是限制当前汽车产业发展的主要障碍之一，突出表现为"异构异质系统融合困难、虚拟现实技术与生产系统的无缝对接障碍、工业互联网仍需深度开发、系统和数据的安全"。

（1）异构异质系统融合困难。工厂的软硬件设备广泛存在不兼容、网络难对接、数据不通用等问题，只有突破异构异质问题的制约，才可能实现超高速、自组织、自管理、自修复、自平衡等功能。

（2）虚拟现实技术与生产系统的无缝对接障碍。在制造和装备领域孪生镜像出一个能够实时动态响应、海量设备接入的虚拟物理生产系统，是实现无人工厂和远程控制的关键，但目前无论是场景再现的真实性、及时性，还是精度，都有待创新。

（3）工业互联网仍需深度开发。"云、网、端"的新型基础设施仍在推广阶段，5G

通信、虚拟现实等关键技术仍未大面积铺开，稳定、可靠的高速工业互联网平台存在新技术过多、技术难度过大的风险，很多平台企业怕陷入成本失控、精度无法保证的困境，不敢迈前。

（4）系统和数据的安全。无论是传统制造业的智能化改造，还是数据安全技术都存在巨大的缺陷，万物互联的智能制造体系对现有的网络防护技术提出了新的挑战。

（二）解决方案

吉利集团工业互联网智能制造解决方案平台（见图 10-11 至图 10-14）通过聚焦汽车行业基础共性问题，重点解决异构数据管理、工业数据建模分析、工业机理模型与微服务开发、工业 App 创新、平台互联互通等问题。基于工业互联网平台标准 4 层架构，吉利汽车行业工业互联网平台建设了试验测试环境、独立安全管理和测试管理子模块。平台集成上游的主机厂、零部件商、运输商，采集下游的经销商、客户数据，按照研发、采购、物流、制造、营销、财务等业务模块进行业务集成，梳理完善业务流程，建立标准体系。通过与信用机制进行资源集成，优化过程管理，平台实现了企业资金流、信息流、物流、商流一体化，提供了高可靠的产品、低成本的运营、短周期的交付、高质量的服务，形成了吉利集团产业链大协同。

图 10-11　吉利集团工业互联网智能制造解决方案平台特色

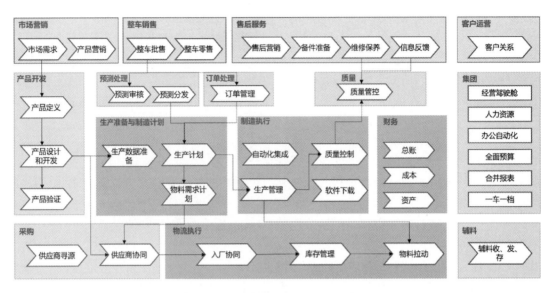

图 10-12　吉利集团智能工厂业务框图

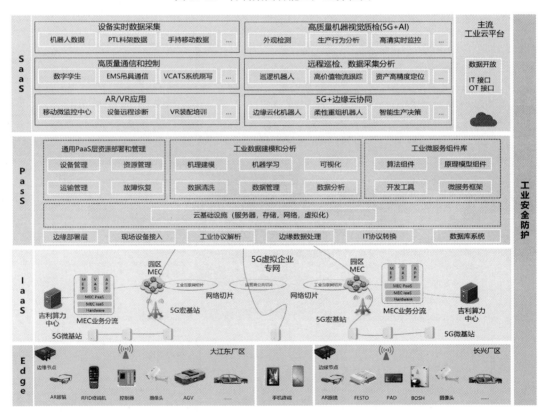

图 10-13　吉利集团工业互联网智能制造解决方案平台架构

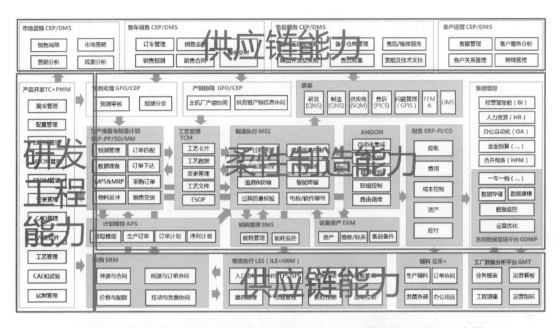

图 10-14　吉利集团工业互联网智能制造解决方案平台各系统的应用交互示意图

平台主要有以下几个应用场景。

（1）数据采集场景。基于吉利集团工业互联网智能制造解决方案平台，可实现机器人数据实时采集、物流 PTL 料架数据传输、手持 PDA 移动数据采集、设备能源监测、叉车智能化改造等功能，通过对工业数据的深入挖掘，实现吉利生产过程优化和智能决策。吉利集团工业互联网智能制造解决方案平台的数据采集系统架构如图 10-15 所示。

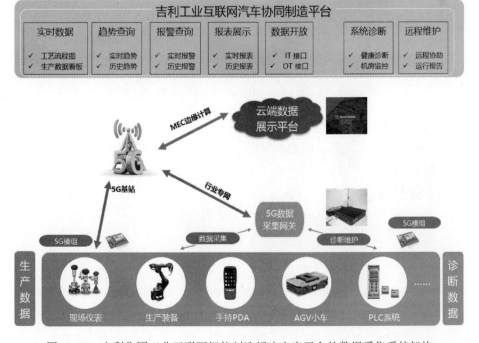

图 10-15　吉利集团工业互联网智能制造解决方案平台的数据采集系统架构

（2）AR/VR 场景。吉利集团工业互联网智能制造解决方案平台，可实现 AR 眼镜设备故障远程诊断、AR 课堂培训、VR 复杂装配指导、AR 辅助设备巡检、透明工厂示范车间等功能，利用 AR/VR 技术能获得汽车制造设备的检测和诊断数据并可视化，可以提供操作实时信息指导，规范员工作业流程等标准化功能辅助生产。吉利集团工业互联网智能制造解决方案平台的 AR/VR 系统架构如图 10-16 所示。

图 10-16 吉利集团工业互联网智能制造解决方案平台的 AR/VR 系统架构

（3）高质量机器视觉检测场景。吉利集团工业互联网智能制造解决方案平台可实现对吉利汽车制造过程中外部图像视频信息的采集与处理，以及外观检测、尺寸测量、视觉定位与识别计数等功能，能够显著提高吉利汽车生产过程的柔性和自动化程度。吉利集团工业互联网智能制造解决方案平台的机器视觉检测系统架构如图 10-17 所示。

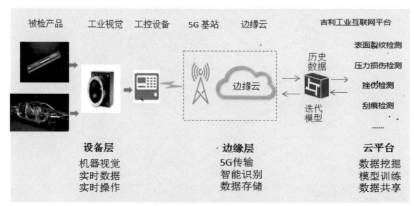

图 10-17 吉利集团工业互联网智能制造解决方案平台的机器视觉检测系统架构

（4）边缘云+AI 应用场景。搭建吉利集团厂内边缘云，并集成 AI 算力中心、数据中心，通过 5G 网络和终端形成端到端的低延迟、大带宽、高稳定性、高安全性的连接，实现边缘云化机器人、柔性重组机器人、"零"时延设备故障自修复、边缘云智能生产决策等功能，提高工厂运营管理效率。吉利集团工业互联网智能制造解决方案平台的边缘云+AI 应用系统架构如图 10-18 所示。

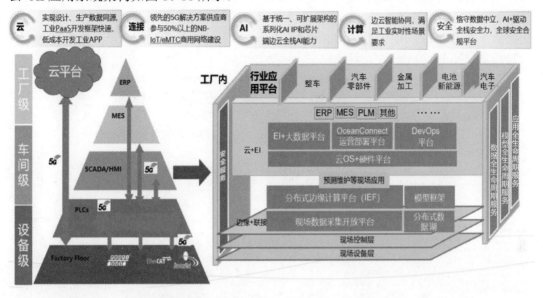

图 10-18　吉利集团工业互联网智能制造解决方案平台的边缘云+AI 应用系统架构

（5）跨域协同生产场景。基于吉利集团工业互联网智能制造解决方案平台，跨域协同办公、跨域协同生产、重点物流追踪，实现吉利园区内部及跨园区间的设计、制造、生产、办公等协同的新型模式，最终通过改变传统生产模式达到资源高效利用的目的。吉利集团工业互联网智能制造解决方案平台的跨域协同生产系统架构如图 10-19 所示。

图 10-19　吉利集团工业互联网智能制造解决方案平台的跨域协同生产系统架构

（6）高质量通信和控制场景。基于吉利集团工业互联网智能制造解决方案平台，实现 EMS 吊具输送线通信控制、移动工装通信无线化、VCATS 系统集群远程刷写、现场极速查看设计模型指导装配、5G 无线 Andon 方案、焊枪群控系统移动化、AGV 群控边缘层数据高质量交换等场景，高并发、高灵活、高运行频率的生产设备直接实时交互、协同操作，助推数字化转型。吉利集团工业互联网智能制造解决方案平台高质量通信和控制场景如图 10-20 所示。

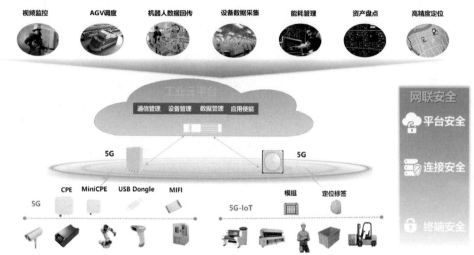

图 10-20　吉利集团工业互联网智能制造解决方案平台高质量通信和控制场景

（三）实施效果

吉利集团工业互联网智能制造解决方案平台，是吉利集团在多年专注于制造领域信息化服务经验积淀的基础上，运用云技术、工业物联网及智能装备终端等技术，整合各行业多种优秀解决方案，为企业打造的新一代"零缺陷，零浪费，零干预"工厂智能制造执行管理系统平台。平台为解决当前制造和装备产业发展的四大堵点痛点问题提供了解决方案，产品稳定、性能高、功能全，部署快速，并有研发团队不断创新功能应用，不断提升用户体验。

第十一章　市场与营销的互联网应用

现代营销学之父菲利普·科特勒指出：市场营销管理是通过创造和交换产品价值，从而使个人或群体满足需要的社会过程和管理过程。

互联网作为一种支持新业务模式的技术有新的应用：互联——与顾客连接，内联——与公司内部其他部门连接，外联——与战略伙伴、供应商、其他交易者连接。互联网营销观念，指企业的营销活动既要满足消费者需求，实现企业目标，又要兼顾消费者长远的利益，关注社会成员的社会环境和生活环境。互联网营销观念主要关注的要点为：目标顾客、环境、社会三位一体。做到企业满意、顾客满意、整体社会群体满意。互联网营销观念的实现途径为：通过注重环境保护、绿色产品、绿色营销、资源节约、互联网营销来实现营销目的。

第一节　业务要素

随着新技术的发展，全球制造商的产品营销方式将呈现新的特点和趋势。无论是产品本身，还是商业模式、营销模式、营销流程与内容，制造业变革的速度正在不断加快。高绩效企业能适应新技术和机遇带来的变革，这种变革需要有人掌握新的营销技术。市场营销主要包括营销领域、销售领域、售后领域等要素。

一、营销领域

营销是企业为满足消费者或用户的需求而提供商品或劳务的整体营销活动，是企业使命、企业哲学、资源配置能力和竞争优势的完美展现，主要包括市场调研与营销诊断、营销战略规划、营销 4P 策略规划、整合传播策略规划、新产品上市推广策划、招商策划、样板市场打造、广告诉求策略与定位、公关策划与实施、新闻与软文策划等内容。

二、销售领域

销售是指实现企业生产成果的活动，是服务于客户的一场活动。销售领域包括洽谈签约、订单服务、门户管理、经销商管理、产品供应、发货运输、货款结算等内容。

三、售后领域

售后指的是完成商品销售交易过程以后的行为。售后领域包括售后不良维护、客户档案录入、维修管理、维修经验库建设、产品档案查询、旧件返还管理、索赔管理、备件及仓储管理、售后质量统计分析等内容。

第二节 平台要素

一、产品沉浸式

随着整个营销渠道和客户旅程中出现注重端到端体验的客户营销机会，传统做法可能不再奏效。营销人员必须重新思考自己的品牌在消费者的生活中所扮演的角色，以及他们应如何在不同的平台和接触点上将这些角色演好、演活。为了有效地实现这个目标，营销人员需要一种方法，能够为不断在不同数字化设备间转换的目标消费群提供无缝的、与他们相关的、对他们有意义的体验。他们需要更深入地了解本品牌在消费者身上所产生的情感、情绪，还需要对这些洞察做出实时的反应。在上述过程中，以 3D、AR 为表现形式的用户交互或体验方式将会得到快速发展。在数字营销中的应用能够全面提升营销科技感，为用户带来沉浸式体验。例如，通过 CG 影像营销，可以更立体地展现产品的独特卖点；通过 VR 互动汽车驾驶体验，能够更真实地展示产品的性能、场景等，吸引更多受众关注。AR、VR 技术在提升用户体验的同时，也将助力品牌声量和产品销量的双增长。

二、精准营销化

在以往的技术背景下，营销人员只能做一对多的推广和营销沟通。5G 技术的赋能会带来更加海量的数据，同时如本书前文描述，产品的智能互联化也会带来海量的数据。通过大数据帮助精准营销升级，在营销过程中根据反馈实时调整，不断优化和修正，做到真正的精准投放，实现广告内容原生化。同时，基于大数据构建的数据中台可以将企业营销继续深入。通过数据中台，企业能够全面洞察用户的每一个行动，对用户有更深刻的了解，更精准地触达想要的用户。因此，营销将变得更加精细化。

当今的产品营销已经分为线上和线下两个方面，同时无论线上还是线下都有很多细分场景。产品营销需要通过整合和互换资源，尽可能地保证可以覆盖更多的用户，解决目前营销活动中的信息碎片化、分散化问题。同时，产品营销需要革新传统的营销理念，从以销售数据为核心转变为以用户为核心。我们需要引导用户从想看产品、对产品有意向、选择和定制产品到下单购买，以及追踪用户的产品使用过程，在全场景中为用户创造价值。

企业可以根据大数据来做信息推送和促销方案。数据分析会告诉企业，优惠券及优惠信息是推送给非会员还是高等级的会员，从而获得相对较高的销售成绩，也会告诉企业不同年龄群体的消费习惯和偏好，从而更加精准地帮助企业做市场信息推送。

三、自分析化

在以用户为中心的理念指导下，厂商和数字营销服务商将更加重视用户洞察，在基于小样本问卷调查的基础上更多地转变为通过大数据的方法进行用户洞察。"90 后"已经成为社会消费的主力军之一，研究"90 后"在购买决策、生活行为、消费理念等方面的特征，有助于企业及时调整产品和营销策略，提升品牌在"90后"中的知名度、美誉度，进而带来更多的销售转化。

企业可以利用大数据技术对潜在用户进行多维度画像，分析活跃粉丝的互动内容，设定消费者画像的各种规则，关联潜在用户与会员数据及客服数据，筛选目标群体做精准营销。而且，企业可以使传统客户关系管理结合社会化数据，丰富用户不同维度的标签，并可动态更新消费者生命周期数据，保持信息及时有效。最终，企业将通过数字化技术构建完整的数据驱动的市场分析、产品评价、用户洞察。企业的营销也终将从数据中获得更好的销售成绩。

四、自执行化

基于大数据的分析与预测，为企业洞察新市场与把握经济走向提供了极大的支持。例如，通过市场车辆营销数据更精准地了解消费者购车需求，如果消费者换车需求强，汽车主机厂可以据此在拉美等新兴市场以及我国一线城市投入高端车型，以满足二次换车的消费升级需求，从而取得更好的销售成绩。

大数据分析与预测内容更全面、速度更及时，结合企业销售历史记录的大数据，必然对市场预测及决策分析提供更好的支撑。

大数据按照人群社会属性分析，聚类事件过程中的观点，识别关键人物及传播路径，进而可以保护企业、产品的声誉，抓住源头和关键节点，快速有效地处理危机。大数据也可以有针对性地提升企业品牌形象和品牌影响力。

第三节　平台作用

一、改变传统营销的观念和策略

工业互联网平台改变了人们的生活方式，以及接收产品信息、购买的方式，同时也影响着传统的营销观念和策略，将传统营销以单向"推"信息传播为主改变为以用户为中心的双向互动式传播。企业与用户的关系也不再是一次性的。借助智能互联产品，用户可以随时与企业分享使用反馈，并在此基础上继续购买耗材、备件等。同时，数字化技术的发展也催生了许多新的营销方式，如在线商城直播带货、微信营销、微博营销、社区营销等。

二、构建以数据为驱动的营销环境

借助工业互联网技术，企业可以更好地构建以数据为驱动的营销环境，将营销领域的系统"孤岛"打通。打通从市场宣传到销售线索、从销售线索到销售商机、从销售商机到最后成交的完整端到端数据链，制造业企业可以更好、更方便地了解用户需求，并对市场进行预测、对相关数据进行整理分析，从而采取更多的营销手段。例如，利用微信、微博、短视频、网络直播等工具推广产品。同时，工业互联网也拓宽了企业的营销渠道，节省了企业营销过程中的时间和成本。例如，通过大数据应用，减少了企业的市场调查成本、宣传成本、产品流通成本，从而大大降低了传统营销带来的人力、财力、物力消耗。

营销对象精确化。基于工业互联网，大量的企业集结在网络销售平台，将消费者作为开展市场经营活动的核心对象，通过制定合理的产品营销策略，让更多的消费者关注企业，满足消费者选择产品的自由性，并根据消费者的喜好进行相应的调整，以此拉近与消费者之间的距离，构建起牢固的用户关系。不断扩大企业用户群，扩充平台关注人数，抓住目标客户，形成精确化、有针对性的消费群体，确保消费者关注企业、信赖企业，是企业构建与消费者良好关系的重要过程。通过工业互联网，不仅提高了消费者的购物欲望，还提升了产品的浏览成交量，也为企业的市场营销转型提供了良好契机。

三、通过工业互联网平台提升用户体验

企业通过工业互联网平台建立了自身和用户之间随时随地的双向沟通渠道，用户可以不受时间、地点限制地了解产品的功能特性、价格及配置等。通过工业互联网平台，营销人员可以足不出户与用户进行沟通，帮助用户做出决策。这样的工业互联网平台可以让企业缩短与用户的距离，了解用户的消费心理和偏好以及用户对产品的建议或意见，从而实现更有针对性的营销。

传统机械制造工业的市场营销手段无外乎以下几种：参加展会、通过媒体（电视、杂志、户外）打广告、建立渠道体系分销、雇用大量的销售人员推广。随着互联网和移动互联网的兴起和发展，以上传统营销手段显得越来越落后。相比之下，借助工业互联网平台的市场营销在广度、宽度和精准度上更胜一筹。

四、更好的商业价值

基于工业互联网平台，使企业由过去面对区域市场转向更广阔的空间。在市场经济环境下，企业要随着市场的变化而不断改变自身，使其适应、把握经济发展的大趋势。借助工业互联网平台企业重构经营逻辑，实施战略转型，保持竞争活力，把握核心需求，具备自我变革的驱动力，进行创新。借助工业互联网平台，企业可以重塑商业发展模式，打造特有的企业价值观。根据工业互联网发展的要求，在企业的发展过程中，制定一套合乎自身发展逻辑的规则和方法，使企业融入互联网发展的浪潮中。互联网技术还会给企业带来如渠道扩展、供应链整合、优化资源配置等方面的便利。所以企业要根据时代的发展而发展，把握现今市场原则，合理且高效地利用互联网的优势，从而为企业带来更多的效益，提高生产率，创造更多的价值。

第四节　平台应用

一、安徽合力"整车宝"云平台

（一）背景介绍

安徽合力拥有国内叉车行业完善的营销服务网络，目前在国内建立了 24 家省级营销

公司和 370 多家二级、三级代理销售服务网点，在 85 个国家和地区发展了 130 余家代理机构。安徽合力从 2013 年起，在销售体系中全面部署以整车管理系统（VMS）为核心的信息化建设体系，推进营销网络信息化建设，范围覆盖安徽合力整个营销网络，以整机交付周期管理为主线，重点实施 24 家销售网点，向下辐射至供应链下游的代理销售服务网点，向上辐射至供应链上游多家整机工厂。至 2016 年年底已实现整车管理平台在安徽合力营销网络的全面覆盖。

（二）解决方案

安徽合力在工程机械行业率先使用以 VMS 为核心，基于移动端产品自由选配的 OTD 解决方案，建设了安徽合力营销网络的"两个中心、三个平台"。"两个中心"——订单共享服务中心和财务共享服务中心；"三个平台"——整车销售管理平台、供应商协同平台和产销协同平台。

同时，为了缩短整车销售的环节，提高销售达成率，提升客户体验，与 SAP 进行数据共享，实现数据同步，全面提升安徽合力的营销水平。安徽合力研发的"整车宝"云平台是面向市场营销互联网应用的典型工业平台。安徽合力"整车宝"云平台主要功能如图 11-1 和图 11-2 所示。

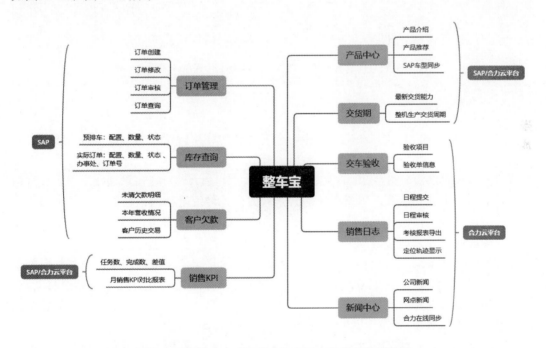

图 11-1　安徽合力"整车宝"云平台主要功能示意图

安徽合力"整车宝"云平台基于 SAP ERP 系统和 VMS 业务模型，销售人员通过"整车宝"完成整车销售的全过程，围绕客户订单，对整车报价、自定义配置、客户下单、生产、物流及销售报表进行全方位的跟踪。

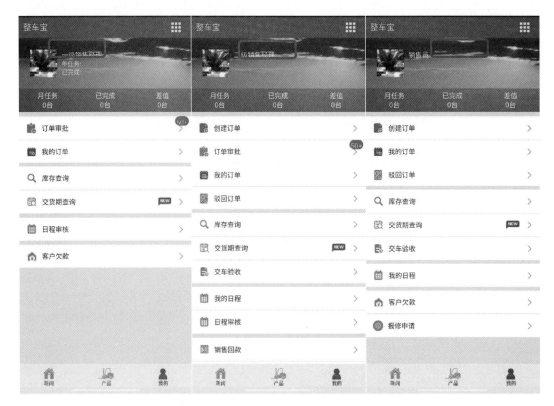

图 11-2　安徽合力"整车宝"云平台主要角色菜单

（三）实施效果

（1）2014 年 10 月，"整车宝"云平台在安徽合力广东营销公司首次上线，随着全国 24 家省级营销公司的 VMS 逐步建立，2016 年 12 月，"整车宝"云平台覆盖安徽合力在全国所有的销售网点。截至 2021 年 6 月，用户数 950 余人，月点击量逐年上升，成为销售人员的好帮手。安徽合力"整车宝"云平台改变了传统营销的销售理念，并利用数字化技术构建良好的营销环境，从而获取更高的商业价值。"整车宝"云平台用户点击量统计示意图如图 11-3 所示。

（2）通过 VMS 功能的实施，实现总部与网点的整车信息双向透明，做到整车配置信息实时可查，整车业务数据全程可追溯。同时，将整机业务状态等信息延伸至移动端，让一线销售员掌握整机最新动态，把握交货期，指导销售，为用户提供更好的体验，从而提升客户服务质量。

（3）建设安徽合力营销网络"两个中心、三个平台"，从根本上改变传统营销的观念和策略，并且利于数字化技术构建以数据为驱动的营销环境。通过"两个中心"促进职能转变，推动财务集中管控向业务集中管控的延伸，提升财务对业务的洞察和分析能力，促成财务关注点的转变；通过"三个平台"，统一订单需求传递入口，强化供应链上下流的数据传承性，消除公司间、部门间信息交互屏障，简化业务处理流程，加快业务处理响应速度。

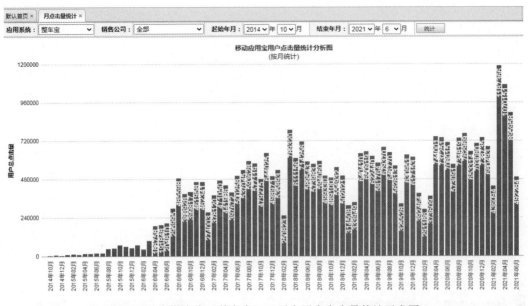

图 11-3　安徽合力"整车宝"云平台用户点击量统计示意图

（4）通过客户关系管理系统，获取一手资料，进行分析预测，定点掌握客户需求。举办差异化的市场服务，提供客户咨询服务，及时反馈洽谈内容，提供强大的订单制订功能和客户的参考指标，做定制化的营销方案。创造多点销售机会，进行识别分配、预算制定、监控流程。对发现的机会进行跟进，对过程进行记录。

（5）建立网点一站式快速下单通道。支持多供货渠道选择，选配件相关性从企业 ERP 延伸到销售终端，提高销售员对整机可选件的知识储备，提高客户服务质量。同时，为总部与营销网点间构建高效的业务协同平台，网点 DP 订单可通过协同平台直接转为网点销售订单和总部销售订单，实现集团内销售业务的无缝连接，信息高度共享，使订单得以快速从销售流转至生产、采购。

（6）对接物流发货系统，对订单进行全流程监控，及时反馈物流信息并通知相关方。结算方面，通过分析财务管理需求明确各营销公司的财务核算体系，实现灵活的费用、主营业务收入、应收账款核算方式，解放复杂的核算工作，增强财务决策能力。提供多财务视角的预警功能和跟踪功能。通过系统技术实现营销公司货币资金赤字预警功能，规范账务处理，完善和补充营销公司货币资金内部控制制度；通过未清项管理和清账功能实现"往来账"的跟踪管理和监督作用，使得"往来账"管理更加精细化、清晰化。安徽合力"一站式"数字化营销流程如图 11-4 所示。

通过深化销售业务变革，将信息化触角延伸至一线的销售员，将产品信息、销售信息推送至销售端，强化销售员知识储备，有效提高服务质量；通过整车交付生命周期的共享，一线销售员实时掌握整车状态，真正做到销售过程中的知己知彼，有效优化销售策略，提升营销水平；通过多维度管控指标，规范终端销售，为营销网点的管理层提供重要的决策支持，提升管理水平；通过业务财务高度集成，简化财务人员冗杂的工作内容，实现财务数据审核的无纸化和高效化；通过总部与各分子公司之间的信息共享，打破公司间、部门间业务壁垒，提升供产销一体化水平。安徽合力叉车整车全生命周期管理系统如图 11-5 所示。

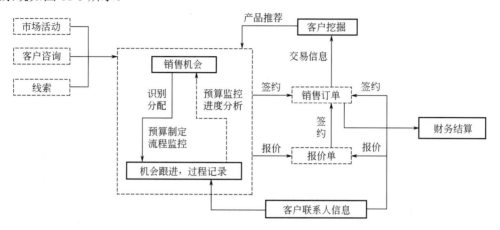

图 11-4   安徽合力"一站式"数字化营销流程

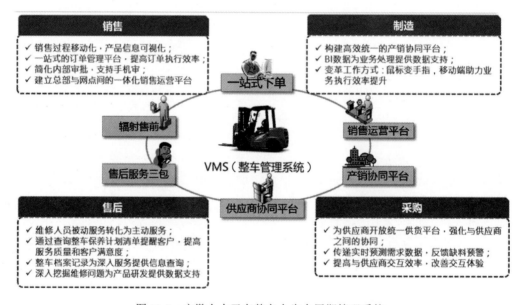

图 11-5   安徽合力叉车整车全生命周期管理系统

二、远东控股基于 SCOR 模型的采购和供应商管理平台

（一）背景介绍

为了提高远东控股的客户服务水平、供应链整体协同运作水平、资金和资源的高效利用水平，提升品牌优势、供应链管控优势，支撑集团"全面智能化、全面数字化、全面国际化、全面对标、全面超越"的战略目标的实现，远东控股集团打造了基于 SCOR 模型的采购和供应商管理平台。

（二）解决方案

（1）确立目标。

提升市场竞争能力。通过推进"两化融合"及打造新型能力，使公司产品交期不断缩短，产品在高端市场占比持续增加，国际化管理水平和产品质量不断提升，产品所占的市场份额不断扩大，以宜兴为基地，布局全国业务网络，产品远销全球 60 多个国家和地区。

提升客户满意度。通过系统数据分析，时刻了解采购、生产、销售等信息，及时优化，提高客户满意度，形成长期合作伙伴、战略客户。

加快新产品的推广速度。通过提升协同创新的研发管控能力，大大缩短了设计周期和产品开发周期，新产品生产后及时推广给集团合作伙伴、战略客户，实现与客户共同创新、合作共赢。

（2）模块选择、执行过程。确定目标后即可制定总体流程（见图 11-6）。

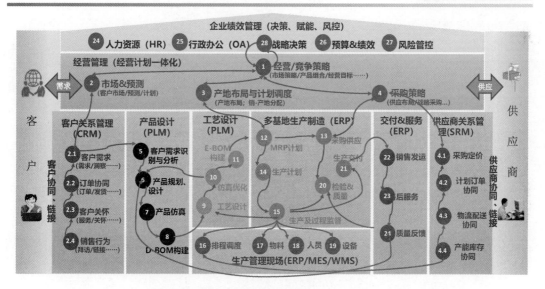

图 11-6　远东控股基于 SCOR 模型的采购和供应商管理平台的总体流程图

形成了 S&OP 流程（见图 11-7 和图 11-8）。

图 11-7　远东控股基于 SCOR 模型的采购和供应商管理平台的销售和运营计划流程

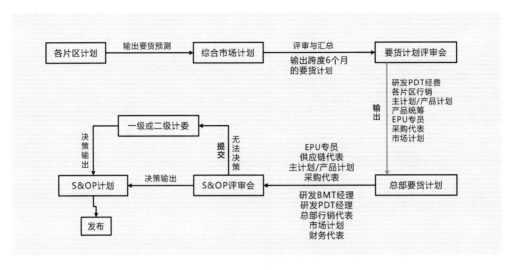

图 11-8　远东控股基于 SCOR 模型的采购和供应商管理平台计划制定流程

2018 年，根据公司整体 IT 规划及实际业务需求，远东控股提出并计划建设一个符合采购与供应商之间沟通和采购业务的信息化管理平台。2019 年，远东控股开始规划，从业务实际需求及管理痛点出发，为实现规模性采购、降低采购成本，建立供应商全生命周期管理，实现从需求到订单，采购过程透明可追溯，实现采购方与供应方的协同，提升采购效率，建立集团化的采购业务管理平台的目标，搭建起集成统一的采购和供应商管理平台——SRM 系统。2020—2021 年，公司根据业务需求，新增更多业务流程，并持续推广使用。

针对业务流程和组织结构优化，通过"两化融合"管理体系提供的方法论，公司对现有业务流程和组织结构进行梳理、评审、优化，实施管理变革的机制，有效解决了以往业务流程和组织结构调整优化不规范的问题，与数据要素、技术要素的互动创新，将所有内控纸面上的流程通过信息化得以落地（见图 11-9 至 11-25）。

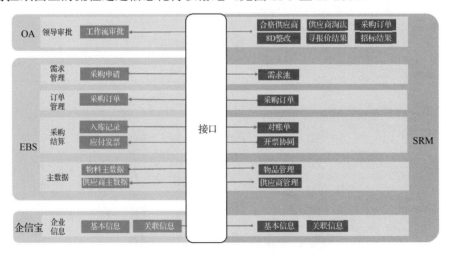

图 11-9　远东控股基于 SCOR 模型的采购和供应商管理平台与其他系统的接口描述

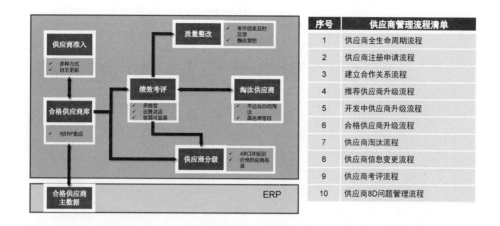

图 11-10　远东控股基于 SCOR 模型的采购和供应商管理平台的供应商管理

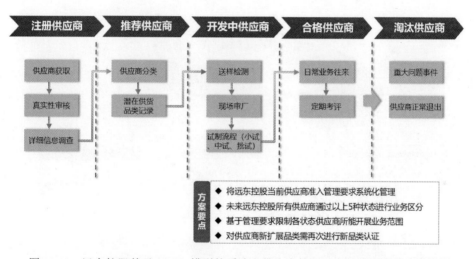

图 11-11　远东控股基于 SCOR 模型的采购和供应商管理平台的供应商管理泳道图

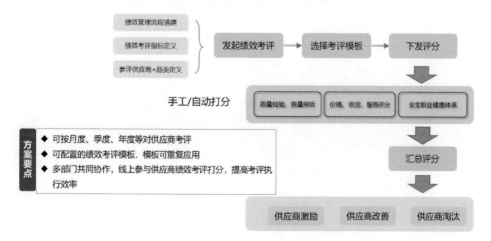

图 11-12　远东控股基于 SCOR 模型的采购和供应商管理平台的绩效考评流程

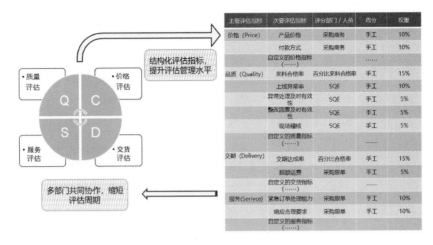

图 11-13　远东控股基于 SCOR 模型的采购和供应商管理平台的供应商评估体系示意图

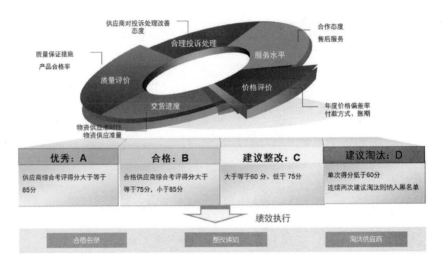

图 11-14　远东控股基于 SCOR 模型的采购和供应商管理平台的供应商评估结果输出

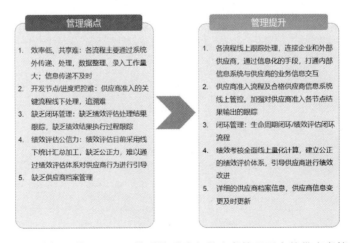

图 11-15　远东控股基于 SCOR 模型的采购和供应商管理平台的供应商管理总结

图 11-16　远东控股基于 SCOR 模型的采购和供应商管理平台核心解决方案

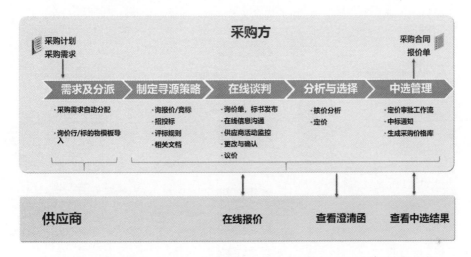

图 11-17　远东控股基于 SCOR 模型的采购和供应商管理平台需求至定标流程

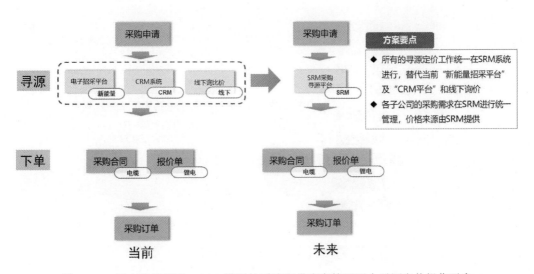

图 11-18　远东控股基于 SCOR 模型的采购和供应商管理平台寻源定价操作平台

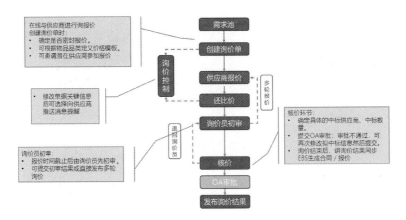

图 11-19　远东控股基于 SCOR 模型的采购和供应商管理平台的 2 询报价管理流程

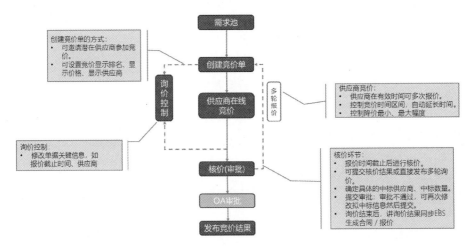

图 11-20　远东控股基于 SCOR 模型的采购和供应商管理平台的引入新型寻源模式

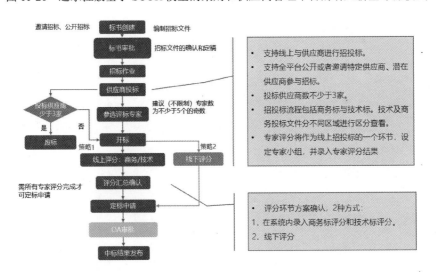

图 11-21　远东控股基于 SCOR 模型的采购和供应商管理平台的招标流程

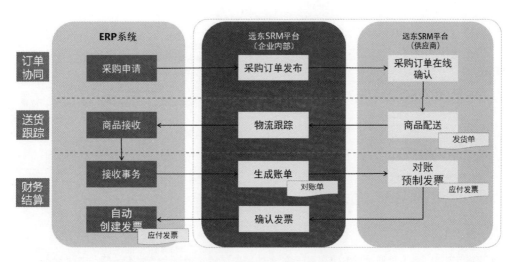

图 11-22 远东控股基于 SCOR 模型的采购和供应商管理平台的订单—物流—账务流程

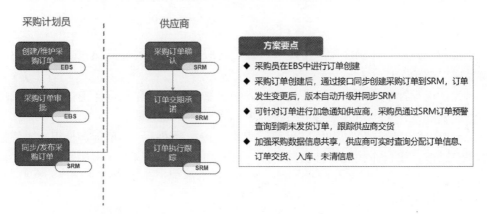

图 11-23 远东控股基于 SCOR 模型的采购和供应商管理平台的采购订单协同流程

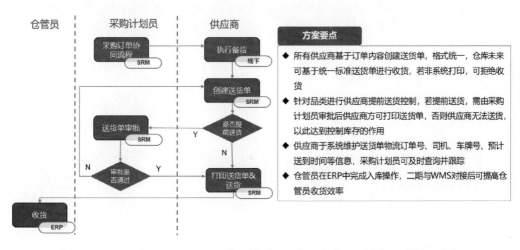

图 11-24 远东控股基于 SCOR 模型的采购和供应商管理平台的送货协同流程

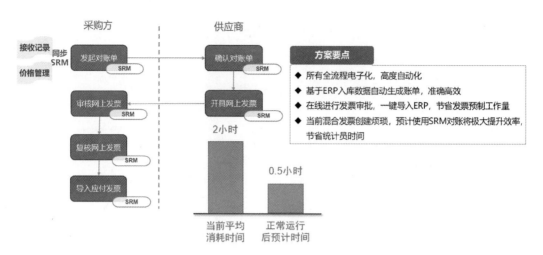

图 11-25　远东控股基于 SCOR 模型的采购和供应商管理平台的对账—开票在线管理

（三）实施方案

平台部署完成后，供应链服务中心、数字化服务部等相关职能部门之间相互协作与支持完成对应的工作。

（1）功能设计确认及测试。关键用户需参与系统功能设计并进行确认，避免功能开发后的反复修改，关键用户需参与系统的单元测试及集成测试。

（2）EBS/OA 端开发支持。OEM 业务替代 CRM 系统后，订单创建使用现电缆采购计划平台功能，需远东控股内部顾问协助完成此功能调整与培训。申请同步、寻源结果导入 EBS 端技术支持。与 OA 对接审批流，审批流配置、接口等工作需远东控股 IT 协调资源以协助完成此部分工作。

（3）培训。用户培训面向最终用户，涉及面广，需要占用较多时间，更需要给予足够的重视。内部最终用户培训完成后要进行供应商培训，到时需安排好供应商的参与人员和时间（见图 11-26 和图 11-27）。

图 11-26　远东控股基于 SCOR 模型的采购和供应商管理平台实现及最终准备要完成的工作清单

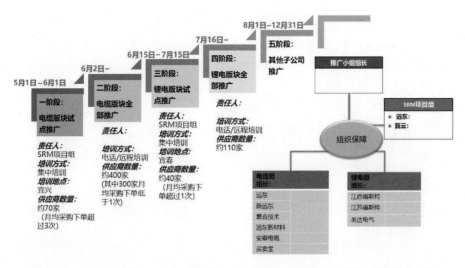

图 11-27　远东控股基于 SCOR 模型的采购和供应商管理平台的供应商推广计划

（四）实施效果

基于全球通用、融合了最佳实践的 SCOR 模型，远东控股电缆产业系统重组了组织架构，成立了客户服务中心、供应链服务中心、安全生产服务部，系统梳理和优化了 LTC（从发现商机到回款）流程、ISC（集成供应链）流程、采购和寻源管理流程、库存管理流程、生产计划和调度流程、实时发货物流管理流程，建立了 S&OP（供应和运营计划）流程；上线了 CRM、SRM、WMS、TMS（物流运输系统），实施了战略客户的数据共享项目，所有系统与 EBS（Oracle ERP）集成，实现了供应链全流程一体化管控。

能力建设的成效如下。

（1）客户服务水平：交货周期 17 天、到货及时率 89%、客户满意度 85.15%，达到了行业领先水平。

（2）供应链管控水平：库存周转次数（年化）9.0 次、供应链管理一个月风险预测准确率 93%、平均交期 17 天、合同按时履约率 89%、常规物料供货及时率 93%，以上指标均处于行业领先水平。

（3）资金和资源的利用水平：总体库存水平下降 30%。库存管理效率在行业内处于领先水平，库存水平比行业平均低 50% 以上。

率先在电缆行业实现了供应链管控的一体化，成为行业标杆，带动了整个行业服务水平的提升，实现了端到端流程的集成，实现了基于客户订单的全链条拉动、柔性化生产和高效交付，具有较好的创新示范作用。

三、基于工业互联网的精准营销

（一）背景介绍

由于互联网所带来的信息传播效率是无法想象的，其覆盖潜在用户的广度、深度和精准度也是人力所无法达到的。传统的营销手段很难搜集用户信息，无法快速精准的为企业提供辅助决策依据，更加无法沉淀有价值的用户数据和市场数据。互联网营销可以节省大量的人力物力财力，同时提升营销效率，提高投入产出比，捕捉精准用户。

如今，互联网几乎改变了所有行业，形成了各种各样新的业态。"互联网+商场"形成了电商，"互联网+教育"形成了在线教育，"互联网+社交"造就了腾讯，"互联网+出行"造就了滴滴，"互联网+吃喝玩乐"造就了美团。但是，与消费服务业积极拥抱互联网形成鲜明对比的是，工业品严重缺乏互联网营销手段。

（二）解决方案

通过多年的实践摸索，迈迪信息技术有限公司基于统一的工业互联网技术，建立起机械工业基础零部件三维模型通用设计平台，极大促进了工业企业之间供应链的快速建立，实现工业领域市场营销的互联网化。

（三）实施效果

首先，工业零配件企业可以通过工业互联网应用服务平台，上传产品技术参数、二维样本和三维模型数据。企业通过统一的工业互联网平台加入云端的零部件超市，其产品数据和三维数字样本方便地被用户设计师直接调用，并且设计师可以通过"今日制造"软件系统与配件供应商进行线上业务沟通。如此一来，零配件企业通过统一的工业互联网平台开拓了市场，主动连接了潜在用户，利于数字化技术构建以数据为驱动的营销环境，最终帮助企业进行精准线上市场拓展，带来更好的商业价值。

其次，工业企业可以通过其产品进行数字化营销。使其产品作为广告的载体，让产品会"说话"。产品数字化之后，宣传内容可以变得更加丰富，用户通过微信扫码查看产品资料，方便传播，拓宽销售渠道。同时，产品品牌知名度也得到了提升。出厂之时，产品数字化档案生成，其内容包括产品配置信息、规格参数信息、电子档案资料、产品知识库和故障诊断库等全生命周期数据。由于产品实现了数字化展示（见图11-28），其信息方便用户获取，所有隶属该产品的信息集成化，使产品数据易于采集，生产过程、流通过程、使用过程、服务过程、产品追踪、使用反馈都可形成平台的数据分析。

图11-28　产品全生命周期数据

市场与营销的互联网应用就是将传统低效的市场营销模式通过互联网的手段深度改造，尤其是机械行业的企业通过统一的工业互联网平台进行有别于消费服务业互联网模式的产品宣传推广、精准连接客户、延伸销售服务，改变了传统营销的观念和策略，以数字化为媒介，达到为企业提质降本、开源节流的目的。

第十二章　服务与生态的互联网应用

制造业服务化将价值链由以制造为中心向以服务为中心转变，在产品附加值构成中，制造环节占比越来越低，而服务增值却越来越高。相关资料表明，国际巨头产品生产创造的价值仅占总价值的 1/3 左右，而基于产品的服务却占 2/3。服务化促进了制造业在发展模式和产业形态上的根本性变革，为制造业企业提供了更广阔的生存发展空间。制造业企业必将由提供"产品"向提供"产品+服务"转变，在制造中积极融入服务，向价值链"微笑曲线"两端延伸，从而提升产品核心竞争力，并实现更高的附加值。既然如此，那么延伸服务最有效的手段就是"互联网"。现代制造业服务与互联网相融合是一种必然的趋势。

服务生态可以让企业为客户提供"一站式服务"，让客户能在一个地方选择、购买到自己所需要的各种产品和服务。利用互联网技术可以将产业链上各企业服务通过云市场、云平台等手段聚合在一起，将客户所需要的各种应用和服务在产业链生态上实现共享、集成与整合，同时实现数据集成，甚至流程集成、业务集成、组织集成，打通产业链上下游服务，提供一体化应用服务，从而形成一个开放的生态化平台，赋能并推动企业服务产业的发展。

第一节　业务要素

制造业服务化是制造业转型升级的发展趋势，服务化是提升制造业竞争力的重要途径。制造业服务化是实现制造业创新发展的必由之路，是制造业升级提质的必要手段。以生产制造为基础，以服务延伸为导向，使制造业由提供"产品"向提供"产品+服务"转变。制造业服务化已成为引领制造业产业升级和提升竞争力的重要途径。很多制造业巨头通过产业链重组，逐渐将加工制造环节转移出去，从而集中人力、财力、物力开展产品研发设计、市场营销、品牌铸造和客户服务等，使企业从制造型企业转型为服务提供商。

服务与生态的业务要素有且不仅限于以下几点。

一、数字内容和电商管理

数字营销管理需要针对官网、微信、App、微博、第三方（站点 Cookies）进行内容的发布、流量统计等工作。电商管理需要针对第三方、自建电商、App、微信、服务交易开展交易管理、多方式支付等内容。

二、合作伙伴管理

合作伙伴管理分为全渠道管理和相关业务伙伴管理。全渠道管理需要针对直销、零售、批售、其他特殊渠道进行订单匹配、状态监控等业务工作。相关业务伙伴管理需要对各类线下资源进行整合、协同工作。

三、用户运营和衍生服务

用户运营管理主要是针对客户做全生命周期触点管理，涉及产品认证、商城生态、洞察、个性化服务等工作。衍生服务包括金融、租赁、代办、分享、互联等各类服务。以汽车行业为例，衍生服务涉及"享、租、代、卖"等业务。

第二节　平台要素

一、重叠竞争

平台是一个共享资源的聚集地，为企业制造提供了大量的可用资源，同时，竞争随之而来，并且是以一种重叠竞争的方式。众多制造业企业依据或者占用相同的资源，企业之间会展开不同程度、角度的竞争，这也是互联网发展给服务生态带来的必然变化。只有不断深化自身的产业链，才能突出重围。

二、互补合作

互联网是个开放的平台，融入了众多的制造厂商。伴随着每家企业发展，实现企业之间的资源共享，可以为制造业发展的各个阶段提供宝贵的经验。互补合作使双方都能抓住机遇，实现共赢局面，拓展新的领域。融入新的思维方式，创新途径增多，摆脱产业之间合作难以持续的困境。加快"互联网+服务与生态"发展的新机遇，构筑制造业的新高地，不断做大做强制造业。

三、宽度扩展

通过平台可以实现服务与生态的宽度扩展，达到互联、互通和互动，并协调产业链上资源的分配和共享。平台中各主体之间的联系和转化通过"四流"（物质、能量、信息、资金）来实现。让"四流"顺畅流动，实现和维持生态系统的平衡和可持续运行。

在企业协同、用户交互以及产品服务优化方面形成闭环，其核心是基于数据收集、整合供应链、用户需求、特色化产品与分析，实现企业资源组织和商业活动的创新，形成网络化协同、特色化服务、售后服务延伸等新模式。

对企业宽度扩展而言，涉及内、外部的管理协调。内部管理主要涉及与自身生产相关的一些部门，如采购部门、生产部门、运维部门、财务部门、销售部门等。外部管理涉及设备承接单位、设计机构、施工单位、外包单位等。总体上看，企业的宽度扩展还面临着相当大的挑战，这就需要企业全体人员的参与和积极配合，共同建立有序、科学化的管理制度。

第三节　平台作用

服务生态不仅是参与者与资源的简单聚合协作，还是一种特定的应用程序组合和工作的方式。企业生态主的项目吸引到合作伙伴和服务供应商，这个基础就会成为一个丰富的合作伙伴生态系统的锚点，从而使各方受益。生态涵盖了满足当今客户需求的全部资源和产品，并填补了服务或产品特性无法解决的空白。对于许多规模较小的企业来说，这也是他们的商业模式的重要组成部分。互联网生态圈能给企业带来更宽的发展渠道，降低企业成本，让企业焕发新的活力。

"平台+生态"是头部企业服务的战略选择，是将产品和服务持续扩大的重要手段。平台一般由企业生态主打造，平台的作用有且不仅限于以下几点。

一、为客户数据保驾护航

企业的信息资产包括数据资产、软件资产、实物资产、人员资产、服务资产和为其他业务提供支持的无形资产。由于传统威胁检测技术的局限性，其并不能覆盖这6类信息资产，因此，能发现的威胁也是有限的。而通过在威胁检测方面引入大数据分析技术，可更全面地发现针对这些信息资产的攻击。

二、为客户提供更低的价格

无论哪种商业模式，同样品质的商品或服务，谁能够向客户提供更低的价格，谁就更有竞争力。平台经济就是一种能够提供高性价比的商业模式，其价格优势主要来自对产业价值链扁平化塑造的能力，通过去掉产业价值链条中冗余的中间环节，使企业的商品或服务可以直达用户。

三、为客户分享更多的选择

给客户更多的选择，则是平台经济竞争力一个体现。通过平台，客户可以轻易地找到同一个产品的多个供应商，并根据自己的需求进行选择。

四、为企业创造共赢的生态圈

平台是将垄断和共赢有机融合在一起的商业模式。这也是平台模式对众多企业家或创业者有巨大吸引力的重要原因。生态共赢是平台"垄断"的基础，任何一个成功实现"垄断"的平台，无不拥有强大的生态系统，无不帮助众多合作者实现了价值创造。

五、帮助企业灵活应对变化

平台模式是一种可以自我进化的分布式决策系统。在应对环境变化和复杂性方面具有效率优势，那些变化和复杂性既包括技术上的，也包括市场需求方面的。平台模式在应对环境变化和复杂性方面的灵活性造就了一种能够有效激发创新的商业模式，更为重要的是，平台能够有效降低企业参与经济活动的成本。

六、提供全生命周期服务

随着制造业产业链的不断丰富完善，客户需求已从单一的产品向"产品+服务"方向升级。能否为客户提供全生命周期的服务，已成为制造业企业核心竞争力的重要影响因素。随着互联网的深入发展和应用，制造业企业进一步创新服务模式，向客户提供研发设计、生产制造、安装维护、人员培训等一体化服务及系统化的产品整合，进一步扩展业务，实现竞争优势逐步转向于产品全生命周期向顾客提供全方位的服务。按照客户需求，构建专业的客户支持和服务体系，并根据行业特点构建垂直化服务解决方案，根据渠道整合能力和资源构建联合专业服务解决方案，满足复杂场景的客户需求。

七、发展平台化服务

依托互联网发展平台化服务。为提升核心竞争力，许多制造业企业将内部有关产前、产中或产后的部分服务功能独立出来，外包给其他企业完成，由此，产生各类平台型服务机构，专门为制造业企业提供研发设计、加工制造、人员培训、市场销售、融资租赁等服务。互联网的深入应用为平台化服务提供更为便捷的渠道和更加丰富的内容。

第四节　平台应用

打造自己的平台，发展生态圈，是企业发展的重要战略决策方向。服务与生态的平台应用的一个经典案例是重庆的忽米网为企业搭建了一套"三位一体"的服务体系，包括忽米工业互联网平台、忽米工业互联网生态圈及忽米工业互联网应用场景。通过忽米工业互联网平台为用户提供核心技术产品，包含工业物联网、工业大数据、工业知识图谱、工业应用商店、工业设备智能维保及产业链服务交易，并提供聚焦大交通、电子信息等行业场景的应用类产品。通过平台聚集的完善生态体系为企业用户提供通用型产品，形成跨行业跨领域服务能力。在线下构建工业互联网生态产业园，聚合地方制造产业，为其提供基于地方优势产业的工业互联网赋能服务。

一、太仓科技忽米工业互联网平台

（一）背景介绍

重庆太仓科技有限公司（原重庆蟠龙压铸有限公司，以下简称"太仓科技"）始建于1999年，是一家专业从事摩托车发动机缸体、无人机缸体、通用机械气缸研发、生产、销售的民营企业，产销量居行业前列，产品远销欧美及东南亚市场。

近几年，随着机器人的广泛应用和制造业信息化技术的发展，传统的工业正在进行智能化的转型升级，太仓科技从2018年开始投入大量资金对机加设备升级、实施机器人在压铸生产中的应用。为进一步提升公司产品质量，满足客户需求，太仓科技在2019年年底规划建立数字化车间，实施高端品牌战略，开启建立数字化车间之路。

（二）解决方案

太仓科技通过与忽米网合作，所有生产设备均接入忽米工业互联网平台，打造了"云端工厂"。忽米工业物联网平台面向制造业数字化、网络化、智能化需求，构建基于边缘计算、设备管理、数据采集的服务体系，支撑制造资源泛在连接、弹性供给、高效配置、包括边缘、平台、应用化三大核心层。

（1）整体规划。采用 AI 及数据处理最优解等技术，把所有功能控制测试集中于一个核心处理器，设计开发域控制器自动化测试设备，将传统分布式测试系统升级为域控制器自动化测试。

（2）智能测试。利用先进的工业互联网及 5G、数字孪生、工业 AI、机器视觉、大数据等新基建技术，打造体系化产品和服务；结合工业 AI 及大数据技术创建装备制造相关的算法模型及组件，高效进行功能逻辑处理。

（3）运用"云端工厂"模式。在"云端工厂"里，设备运行情况、实时生产状态都以数据的形式，在车间和后台指挥中心的大屏幕上呈现。例如，设备的运行温度、压力等指标一旦有异常，系统会立即报警，通知工作人员停机检修，避免设备"带病"运行生产次品，造成不可挽回的损失。同时，"云端工厂"整个生产过程透明化，利于生产进度和产品质量管理，也便于生产工艺流程的优化乃至整个供应链管理。基于生产大数据的几轮生产管理调整后，太仓科技效能大幅提升。云网边端部署架构如图 12-1 所示。

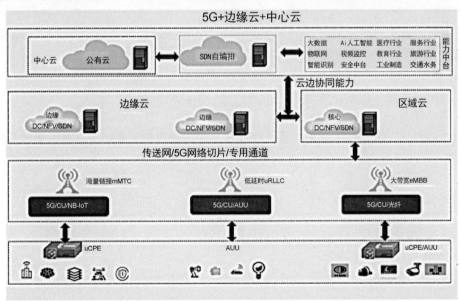

图 12-1　云网边端部署架构

（4）平台功能。"云端工厂"通过设备运行管理、设备养护管理、设备档案管理、资产管理等模板，对整个厂区的设备及运作流程进行管理，从而达到提质增效、绿色安全生产的目的。

设备运行管理着重对厂区的设备运行数据进行记录，并分析预测。发现问题会把数据传输到相应的 MES 或者 SAP 系统，同时接受反馈，对故障进行分析，从而制定合理的维修计划，并产生对应的公告，下发到相应的人员手中。

设备养护管理主要针对设备的检修和技改。根据设备说明，制定对应且合理的养护计划，定期提醒人员进行养护。对出现问题的设备会给出警告，同时把检修信息发送到预先设置人的手中，提升效率。

设备档案管理主要对设备的基本信息进行维护管理。建立设备的基本档案，包含文字及图片，这是基础数据存放处。对设备的操作规范、养护周期、养护部位等都进行设置。同时关联相应的功能模块，云端进行实时监控，确保有效执行。

资产管理模块主要管理设备资产的增加、调拨、转移、报废、折旧、盘点等，时刻掌握设备资产状况，同时更有利于生产。

（三）实施效果

接入忽米工业互联网平台后，太仓科技通过工序报工准确反馈计划在车间的执行情况，全面提高了产品追踪追溯功能，为公司创造灵活的应变空间；通过排程管理，将计划进一步分解到设备及人员，合理安排工单，提供了全生命周期的服务，从而提高生产效率。通过智能化手段监测生产的各个工序，运用工业互联网平台上的故障监控、初判及实时运行参数等功能，将故障状况及时传输给设备生产方，由后者远程进行维修技术指导。

"云端工厂"一期工程建设按照产品工艺一个流的生产新模式，采取边建设边生产的方案，大量引进先进智能设备，导入生产信息化管理系统、产品全生命周期管理等软件管理系统，实现了生产环境恒温恒湿、制造过程全监控、工艺数字化、批次可追溯和 OEE 监控目标，具备了月产 1.5 万只高端产品的能力，获得了客户的高度关注和大力支持，国内外客户纷至沓来，初步实现了"筑巢引凤"的战略目标。

一期建设的完工，只是太仓科技转型升级的开始，下一步将在一期建设的基础上，投入 OA、WMS、新 ERP、自动物流、在线检测（质量分析）系统、机器人集成系统等，同时投入 20 余台高端加工中心，提升产能，使月生产能力达到 5 万只。通过整体"云端工厂"的建设，达到国家对"数字化车间"标准的要求，实现运营成本降低 15%、生产效率提高 10%、产品不良率降低 10%、能源利用率提高 10%的目标。

二、景津工业互联网标识解析体系平台

（一）背景介绍

景津公司是全球规格最全、产量最大的压滤机专业制造商、销售商和服务商，专业生产料浆搅拌、滤饼输送、滤饼粉碎等压滤机配件及附属设备，为用户提供整体过滤方案。近年来业务发展不断壮大，但目前企业的信息化程度较低，工作流程复杂，企业内部人力成本不断增高。随着销售体系和服务网络不断完善，目前在全国划分为 17 个销售及售后区域，12 小时内到达用户现场；在国外有 63 家专业代理服务商，能够满足不同地域客户的技术与服务需求。

（1）行业现状。

装备制造业是国之重器，涉及门类广，其转型升级对于我国整个工业体系的优化提升具有基础性、决定性作用。数据管理工作滞后于其他行业，数据基础还远远不能支撑信息化、智能化的需求，亟待"补课"，同时，工业数据安全、流通等问题也亟待解决。装备制造业现阶段面临最大的问题在售后服务阶段，当压滤机出现问题时，需要及时高效地为客户解决问题，如果问题不能及时解决，会导致其他问题出现，如污水处理不达标、项目延期交付等。

设备出现问题时，如何将故障原因、故障视频、故障信息及时传送给厂家，并将传送的故障信息永久性保存，也是压滤机行业现阶段的问题之一，如果这些问题不解决，会导致售后服务质量下降、品牌信誉下降等连锁反应，也无法实现压滤机产品的全生命周期管理。

（2）亟待解决的问题。

痛点一：装备制造业产品故障复杂多样，远程服务响应困难，影响维修效率，增加维修费用。装备制造业大多属于重工业，施工环境比较偏远，维修人员的路途耗费时间远远大于维修时间，严重影响维修效率。

痛点二：无法对售后维修服务进行管控。维修完成后，用户无法对服务进行评价，售后维修情况也无法回传给公司查询评价结果；无法判断维修人员是否存在过度维修现象，宰客时有发生，从而影响公司信誉。

痛点三：售后备品备件防伪溯源问题。随着品牌保护意识的增强，越来越多的企业意识到防伪的重要性，开始使用一些技术性、功能性防伪措施，但是由于伪造根源无法杜绝、监管手段跟不上或者成本巨大，防伪问题始终无法彻底解决，给很多注重品牌保护的企业造成了巨大损失。

痛点四：设备管理效率低、无法达到最大化的利用率，维修成本高。生产设备日益机械化、复杂化，设备在生产中的作用和影响也随之增大，生产过程对设备的依赖程度越来越高，设备一旦故障停机，损失严重。

（二）解决方案

搭建统一的工业互联网标识解析体系平台（见图 12-2），创建完整的企业资源信息库，提升公司整体管理水平；借助先进的信息化平台，加强过程管理，全面提升业务处理效率，通过景津供应商入网，实现主带配模式的全面应用、固定资产数字化管理、体现售后服务功能的真实价值。

（1）典型应用场景 1：售后服务。

售后服务典型应用场景如图 12-3 所示。

产品打码：管理员在后台录入产品信息，并打码到铭牌上，赋予每一个产品唯一的"身份认证"方便管理。

设备安装调试：压滤机到达设备现场后，售后人员调整设备参数保证压滤机能正常工作；

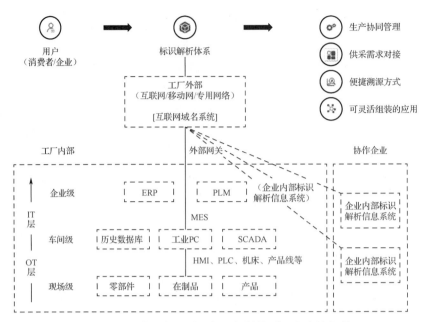

图 12-2　景津工业互联网标识解析体系平台实施架构

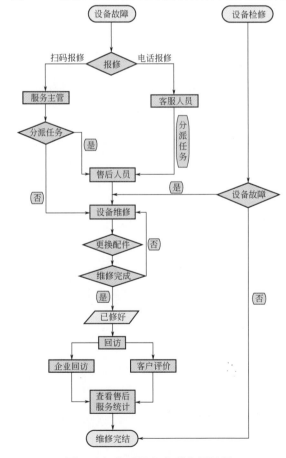

图 12-3　售后服务典型应用场景

设备故障报修：用户报修后，对设备自动定位，有效将维修信息发送至本区域的售后经理处。

区域派工维修：收到维修任务，派工维修，对整个售后服务进行跟进，并且可查阅设备的具体故障原因。

维修人员上门维修（见图 12-4）：售后人员预约上门服务，通过扫描物联码进行签到；维修完成后维修记录会自动汇总至企业私有云，方便形成企业的维修档案，进一步形成企业的学习平台。

图 12-4　维修系统功能

用户评价：维修任务完成之后，用户对维修人员进行评价。

零配件更换统计：准确对需要更换的零配件进行有效追踪，通过在零配件上打码，由于物联码唯一性的特点，零配件在出库时，通过扫码录入该零配件的使用状态，直至追溯到用户使用现场。再通过企业私有云对零配件更换进行汇总分析，在市场反馈中确定零配件供应商的优胜劣汰。

数据统计分析：完成维修后，记录本次故障原因及维修经验数据，同时汇总至企业私有云，形成企业的维修档案，售后部门领导可以随时查看当天、月度、季度及年度的维修记录，并可生成相应报表，进一步形成企业的学习平台；可分析设备故障率，对设备技术改进提供参考性数据。

（2）典型应用场景 2：固定资产管理。

设备信息统计：统计所有设备的数量、基本信息、质保期、使用场景、报废年限等。

设备维修：可查询所有设备维修的记录、可视化管理，并对设备进行全生命周期管理。

设备巡检、设备保养：设备巡检、设备保养为计划保养，需设置保养计划和保养标准，每类设备的保养或巡检计划都会定时通过万企链推送给相对应的工作人员。

（三）实施效果

（1）降低成本：有效管控售后服务流程，实现了售后信息记录的无纸化数字化管理，有效降低 30%以上的成本。

（2）数据统计可视化统一管理：截至 2020 年 12 月，故障维修数据共有售后故障维修工单 7000 余条，故障维修数据上万条。安装调试数据 2 万余条。参与售后服务人员 200 余人，通过企业云平台，可有效统计出每个员工的工作量及历史数据，便于大数据分析。

（3）提升工作效率：标识解析的应用提高了企业售后服务信息化程度，提高了售后服务响应速度和服务水平，提高了售后服务人员的工作效率；截至 2020 年 12 月，产品打码总量为 2 万余个，通过打码数据可以方便统计每个月度压滤机出货量，同时，通过打码系统可以直接记录激光打印铭牌参数，减少打码人员的参数录入工作，提高工作效率，节约大量人力成本。

（4）品牌价值影响力提升：防伪防窜提高品牌价值，景津的互联网+，走在了同行业的前面，用户在不增加任何成本的情况下，增高品牌的附加价值。

物联码服务系统如图 12-5 所示。

图 12-5　物联码服务系统

三、厨壹堂工业互联网标识解析体系平台

（一）背景介绍

浙江厨壹堂厨房电器股份有限公司（以下简称"厨壹堂"）是一家专注于集成灶自主研发、制造、销售的大型高科技企业，是入选工信部"能效之星"的集成灶品牌。作为最早从事集成灶生产研发企业之一，厨壹堂参与了多部行业/团体标准的起草制定，技术水平始终处于行业领先位置。公司拥有百余项国家专利，产品多项指标达到全球领先水平，并在全国各地建立了复杂的经销体系和售后门店服务体系，以满足不同地域客户的技术与服务需求。

（1）行业现状。

目前，家电生产企业在中国的家电市场肩负着三大责任：生产、销售、售后。因为我国的家电市场没有一个完整的商品流通和配套的售后服务体系，所以厂家在生产的同时，为保证销售量，面对市场竞争，不得不建立起自己的销售和售后网络，承担起这个关系自身利益的社会责任。目前，家电的售后服务方式主要有两种，一种是作为纯生产：质量、技术延伸服务通过流通企业的售后服务代理，提供给终端消费者，很多企业都采取这种办法，也就是厂家提供一定的技术资料、维修配件、售后服务资金（按照销售比例提取）给销售商家，由商家通过自己的维修站向用户提供该产品的售后服务。随着经济的发展，社会分工肯定更加明确，这种时限性的售后服务（只对保修期内的事件负责）不能填补终身服务的缺陷，无法满足消费者们的需求。产品的更新换代、企业转型、倒闭等多种因素，使社会上出现了很多无售后的产品。另一种是家电生产企业把售后服务当做市场竞争的重要手段，向用户提供售后服务，这种售后网络属于企业投资，一般隶属于销售管理。鉴于售后服务网点规模不断扩大和管理成本不断增加，以及竞争的高速升级和服务体系的多重投入，各大家电生产企业根本没有把服务点发展到乡镇的能力。但是为了扩大农村市场的占有率，又不得不考虑通过其他环节节约维修费用，降低成本。

据了解，有一定规模的企业及商家都有一个完善的售后网络，该网络一般由内部网络管理系统支撑，连接厂家、各级代理商、各地售后服务中心及各地市特约维修网点。当总部或各服务中心接到顾客的服务热线后，可直接解答，需要上门服务的就由该服务中心将信息通报给最近的售后网点，由该网点派遣服务人员上门提供售后服务。事后，该网点要向服务中心反馈服务情况。同时，服务中心通过电话对客户进行回访，既能体现对客户的关照，也是对服务人员的监督。事实上，很多厂家的监督基于形式，由于受监督成本的限制，不可能掌握每一件产品售后服务的所有情况，很容易忽视一些小问题。未来的家电维修行业将会越来越趋向团体化、企业化。高科技带来的产品技术含量越来越高，个人维修缺图纸、缺资料，越来越跟不上产品的更新换代。而企业化的好处是集合各类人才，还可以让用户拥有更加快捷方便的家电维修服务。

（2）主要问题。

一是产品数据资料信息管理分散。企业的产品数据资料保存分散，使用说明书依然是以纸质方式提供给客户，制作成本高、使用效率低，数字化维护产品数据资料可有效避免此类问题。

二是产品经销出库信息管理混乱。企业的经销网络复杂，难以对产品经销情况进行统一的管理和记录查询，归档化记录产品的经销出库信息可有效避免此类问题。

三是产品安调质保信息管理不规范。企业的产品安调信息和质保信息繁杂混乱，无法有效管控各区域的产品安装工作进展情况，对产品的质保情况难以及时统计。规范化操作产品的安调质保信息可有效避免此类问题。

四是产品售后服务信息管理无序。企业的售后门店数量众多，人员变动频繁，难以及时调配人员跟进产品的维修服务。有序化调配产品售后服务过程可有效避免此类问题。

（二）解决方案

通过统一的工业互联网标识解析体系平台（见图 12-6），打通企业内部生产管理系统的数据交互，完善企业的产品资源库；以标识体系平台为依托提供对产品的经销出库、安调质检和售后服务管理。

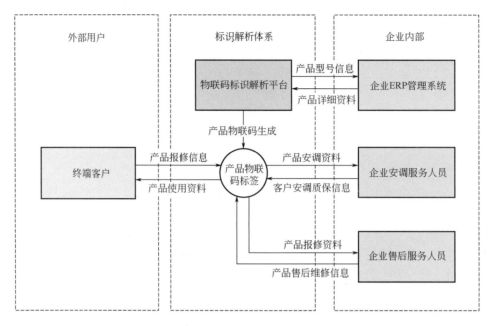

图 12-6　厨壹堂工业互联网标识解析体系平台架构图

用户通过标识解析平台选择产品后，与企业内部管理系统进行数据交互，通过产品的基本型号数据，企业内部管理系统给出产品的详细资料数据信息，从而生成产品物联码。以产品物联码标签为业务的数据交互入口，为外部用户和企业内部服务人员提供各项业务的棘突数据交互服务。

（1）应用场景 1：产品信息展示。产品数据维护（见图 12-7）：管理员在系统后台维护产品的名称、型号数据信息。

图 12-7　产品数据维护界面示意图

产品电子资料维护（见图 12-8）：管理员在系统后台对于不同类型的产品添加对应的电子说明书等电子档案资料。

图 12-8　产品电子资料维护界面示意图

带码标签打码：打码人员通过打码软件选择产品与型号，使用标签机生成包含产品唯一物联码的三联产品标签，分别贴在产品本体和内部流转单上。

扫码查看信息：客户通过扫码标签上的物联码，查看产品基本信息、产品说明资料和质保情况。

（2）应用场景 2：产品经销出库。

产品经销出库（见图 12-9 和图 12-10）：出库人员通过 PC 端或移动端 App 进行指定产品的经销出库，形成产品出库记录。

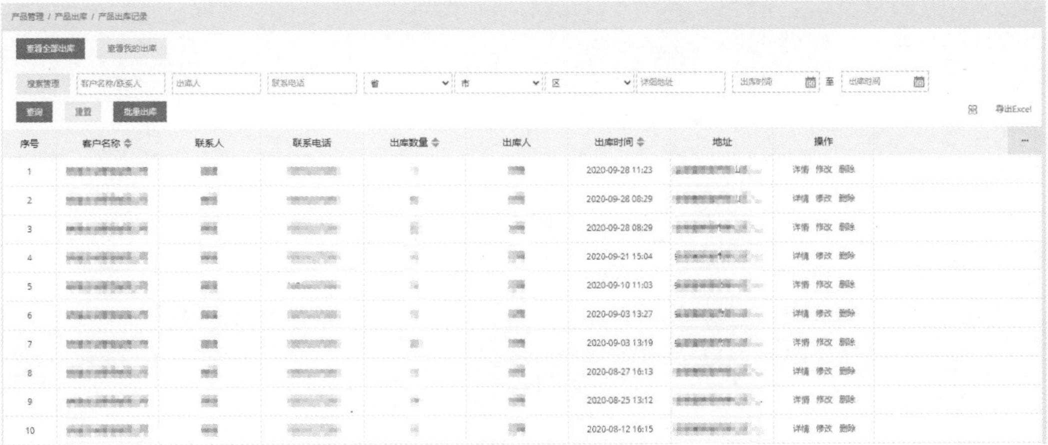

序号	客户名称	联系人	联系电话	出库数量	出库人	出库时间	地址	操作	
1						2020-09-28 11:23		详情 修改 删除	
2				有		2020-09-28 08:29		详情 修改 删除	
3						2020-09-28 08:29		详情 修改 删除	
4						2020-09-21 15:04		详情 修改 删除	
5						2020-09-10 11:03		详情 修改 删除	
6						2020-09-03 13:27		详情 修改 删除	
7						2020-09-03 13:19		详情 修改 删除	
8						2020-08-27 16:13		详情 修改 删除	
9						2020-08-25 13:12		详情 修改 删除	
10						2020-08-12 16:15		详情 修改 删除	

图 12-9　PC 端产品经销出库界面示意图

图 12-10　移动端 App 产品
经销出库界面

（三）实施效果

（1）优化服务流程：有序化的企业产品服务流程实现了企业对产品全生命周期的掌握，做到产品各阶段操作记录实施可查，使整体服务流程有序高效。

（2）降低服务成本：规范化的售后服务流程，实现了对产品安装调试、售后维修信息的无纸化记录，同时对产品的质保信息进行统一记录，产品维修情况清楚明了，降低企业产品服务成本。

（3）提高工作效率：依托标识解析体系对产品的安装调试、质保信息和售后维修情况进行电子化记录，各环节之间的数据随时可查，省略了无用的信息传递情况，信息传递高效迅速，提高了企业服务人员的工作效率。

（4）数据统计可视化：通过工业互联网标识标识解析体系平台数据，可有效统计每个员工的工作量及区域性服务密度情况，便于企业进行大数据分析，进一步优化售后服务人力配置。

第十三章　质量与检测的互联网应用

21 世纪是质量的世纪，供应链上任一环节的质量问题都会造成产品的质量隐患，在生产环节，产品的生产工艺流程也决定了最终的产品质量，故而，质量管理对企业发展至关重要，对中国制造业的发展也至关重要。

质量管理理念经历了从传统质量检验、统计质量管理、全面质量管理到精益六西格玛、卓越运营的迭代和升级，而"基于数据的决策"在其中所起的作用越来越重要。在工业 4.0 及大数据时代，明智、及时的质量管理和改进决策越来越依赖于对质量数据的收集、管理和有效分析。如果需要提高数据分析的效率，并用分析的结果为质量管理与持续改善提供有力的决策支持，就需要从数据收集的源头着手进行数字化检测，对质量数据进行格式化收集和管理，建立一整套涵盖抽样/取样计划、质量控制计划、检验计划、质量监控、变异源分析、质量报表、风险跟进和反馈的系统和机制。

第一节　业务要素

一、质量标准

以相关的国标及国际质量体系标准，作为相关质量活动中的质量管理和质量保证模式，确保各种质量活动始终在受控状态下进行。

二、质量计划

质量计划是工艺人员结合工艺信息对加工零部件建立质量规范信息，形成工序级质量控制规范和控制参数表，质量规范信息包括零部件的检测项目质量要求标准、检测方法、检测设备等。这些信息被零部件工艺信息所引导，以 BOM 形式存储，建立一次后可反复调用。

三、质量检测

在制造执行系统中，根据当前生产情况，检验员选择合适的检验方式，在质量管理系统下依照在制品编号选择要进行检验的在制品，系统会列出该零部件所有的检验条目和检验标准，这些是以质量 BOM 形式存储的。根据检验员采集到的数据，系统根据质量特性标准自动进行质量合格与否的判断，对不合格品会激发不合格品处理流程。

四、质量数据采集

质量数据采集可分为自动采集、半自动采集和手工采集，系统通过接口程序实现对三坐标测量机测量数据的自动采集；还可利用数显测量设备、无线传输设备、数据服务器构成半自动数据采集系统，检验人员在检测零件时，检验结果不需要手写记录，而是自动送入数据处理装置存储起来，供上位计算机按各种统计数据处理方式进行数据处理。

五、质量分析

统计分析图表可以直观地反映产品的质量问题，该系统可以对相关数据自动分层处理，绘制直方图、排列图、因果图和散布图。

六、质量报表

可对车间生产的质量情况按日、月、年、人、设备、日期等条件或复合条件自动生成报表文件，存储或打印，交上级部门或其他相关部门参考利用。

第二节　平台要素

在利用互联网技术的过程中，可以建立完善的产品质量信息安全平台。第一，运用云计算技术，具体包括计算、储存等，为做好数据分析打下良好的基础。第二，数据层主要包括数据库和大数据分析工具，在实际计算过程中，可以提供基层数据管理服务。第三，功能层可以实现全部业务的功能，满足实际在线服务的要求，做好实验室管理和检测管理，推动检测行业的良性发展。第四，用户接口层主要连接了用户和平台，包括多种形式，如门户网站、App 等，用户可以结合自身实际情况，利用计算机和智能终端进行信息交流，获得优质服务。第五，在互联网技术迅速发展的背景下，数据作为重要的资源，需要做好安全、保密工作，防止出现泄漏和篡改等问题，损害客户利益，泄漏客户隐私。利用互联网技术的产品质量检测平台，可以在网络层和数据层提供全面的安全保护，自动识别用户的信息，做好日志的管理，防止病毒入侵，提升安全性。

一、统一管理

当今，随着互联网技术的发展，对产品质量的检测更是多样化、全面化。将智能传感器、移动终端、工业系统、视频监控、射频工具等连接在一起，对产品的全生命周期进行检测、定位，可以及时发现问题。结合人工智能进行远程监控、诊断，把问题留在初始阶段，为后续的解决方案提供依据。通过平台可以进行统一管理，使资源集中化、合理化、完善化。

生产资源集成管理通过对生产资源建立规范、统一、完整的生产数据库，可以将各个生产模式、多个生产线、跨部门、多员工等环节数据互通，生产设计的机械设备、工作中心、工序工艺、制造过程等进行一体化处理。实时掌控生产动态，能够有效解决生产零部件浪费、仓库材料堆积过多等资源限制和浪费问题。快速提升协作效率，有效预防生产问题和故障。

生产进度可视化，不但可以查看生产进度及生产的具体情况，而且生产进度汇报自动关联生产数据，实时传递生产进度，无论是生产一线的员工，还是工厂管理者，甚至用户，都可以一键查看生产订单的所有执行过程，从生产任务下达、派工、领料、补料、退料、返工、委外到质检，均可看到详细情况，实时跟踪、掌控订单进度，及时调整、安排生产活动，进度一目了然。进度查询功能使订单编号、开始日期、截止日期、产量进度、工时进度、订单状态、产品信息、订单流程、计件工资及发放状态尽在掌控。

成本核算集中管理，在生产管理系统中建立科学全面的成本核算规则，自动统计生产相关间接费用，同步核实生产相关直接费用，生产订单成本核算完毕，订单关联业务数据实时同步。全面记录订单生产过程中的耗费，全面协同生产数据，订单成本自动更新，生产成本一键核算，真实反映企业利润水平，切实提升企业效益。

二、技术基础

平台是技术的结合体，为制造业的发展提供技术支持，从而使质量与检测更加专业化、智能化、具体化。

生产自动排程，生产计划和物料清单自动匹配核算，对物料生产预测单安排采购，通过生产订单核算，自动进行时间推算与生产能力平衡，并且快速应对插单/急单，自动根据排程规则，安排生产订单的开始时间、生产车间、生产线及结束时间。这样能够有效解决生产计划表徒具形式、物料清单不清、紧急订单和插单导致生产混乱的问题。自动调度代替人工排产，能够减少错漏，避免生产车间管理混乱，提高生产效率。

生产流程控制，帮助工厂从订单到排产、生产工艺、工序流转、过程管理、物料管理、质量检查、订单发货和数据统计分析的全流程信息化管控，通过工厂信息化、可视化和生产管理水平提升，降低成本、增加效益，大幅提升中小制造业企业的市场竞争力。

生产质量智能控制，将产品进行分类，提供生产质检和委外质检，自定义设置质检字段、编号、类型、等级、支持质检单跟进、合格品入库、不合格返修、降低废品率，为企业节省成本。为每个产品创建唯一标记，支持抽检和全检，支持每道工序和产品质检，严控产品质量，做好预警处理，减少退货、索赔风险，追踪产品问题根源并及时改进。

三、组织支撑

质量管理体系的实施、运行和改进，需要投入人力、物力等资源。组织在确定资源时，应考虑到组织现有内部资源是否足够，是否需要从外部获得资源。例如，为增强新产品的开发能力，可能需要从外部引进人才或购买专利技术；为保证产品质量、需要改进现有制造工艺，可能需要采购高精密数控加工中心设备。再如，为了测量精密零部件，组织购买先进的三坐标测量仪和电动轮廓仪，配备专门的检验和仪器维护人员等。

组织建立关于改进控制的方法，将改进作为组织的常态化工作。改进的目的是满足顾客需求和提高顾客满意度。改进的内容不仅有产品和服务的改进，还包括对质量管理体系的绩效和有效性的改进，具体有下列方法。

（1）对所发现的不合格产品采取纠正，以减少不利影响。

（2）采取预防措施。质量管理体系的主要理念之一就是预防为主。

（3）持续改进、突破性变革、创新和重组等。

四、绩效评价

为达到预期的结果，组织需要进行监视和测量，要求组织策划监视、测量、分析和评价内容、方法和时机，以确保结果有效，能正确地评价质量管理体系绩效和有效性。组织应对通过监视和测量获得的数据和信息进行分析，利用分析结果评价以下几个方面。

（1）顾客满意程度，如顾客满意度、顾客报怨程度、交货及时性、市场占有率、顾客流失率等。

（2）产品和服务的符合性，如产品合格率、产品不合格情况及严重程度、与产品和服务要求的差异及差异程度、顾客反馈的有关产品和服务质量方面的信息等。

（3）外部供方的绩效，如供方产品的合格率、供货的及时性、过程能力等；根据这些信息，可以决定是否对外部供方绩效再评价或更改。

根据上述几个方面的评价，进而评价质量管理体系的绩效如何、是否适应情况变化、是否达到预期策划的结果、策划是否得到有效实施，以及针对风险和机遇所采取措施的有效性；帮助识别问题、寻找质量管理体系改进的需求。使产品的质量逐步完善，起到防微杜渐的效果。要求企业做到全面质量管理，越早发现质量管理中的问题，造成的影响就越小，同时能加快处理问题的速度，在一定程度上保证了企业和客户的利益。

第三节　平台作用

一、提高企业质量管理水平

实施质量管理平台是现代化管理思想在企业管理中的运用和体现，是提高企业质量管理水平的一次实践和飞跃，也是企业在内部结构和管理机制上的改革和创新。此外，质量管理体系的实施，要求全员包括企业领导的参与和积极配合，对提高企业的整体质量管理意识和管理水平具有重要的作用。

二、提高质量管理的精准度

平台通过细化质量管理过程节点，实现质量管理过程信息的完整记录和快速查询，提高质量信息的完整性和质量问题的可追溯能力。

平台设置了统一、标准的专业质量检测分类、质量检验结论、质量术语，实现了质量管理系统对产品及其生产流程的质量管理问题的分类及质量报告内容的统一，提高质量问题分析的准确性和针对性，使企业的质量管理工作得以有序进行。

针对质量信息的集成管理、统计与分析工作的复杂性，平台系统开发了统一的数据库，使质量管理平台能够实现质量业务相关的数据充分共享和关联，进一步支撑数据统计分析和精细化质量管理。

三、持续改进产品质量

通过对所建体系不断地进行符合性、适应性及有效性的判断，进行纠正预防措施的实施和验证，及时发现体系运行中存在的问题，保证所有的不符合项和质量问题得以快速有效地纠正。内部审核能够不断检验质量体系文件的先进性、适应性，并加以纠正。通过企业总经理亲自组织和主持管理评审活动，评价企业的质量方针目标的适宜性和质量体系的有效性。简而言之，先预防问题的发生，出现问题时立即采取措施去改正这些问题，并确保其不再发生。此外，认证机构定期对企业进行监督审核，更好地保证了产品质量稳定、有效并得以不断改进。

四、支持企业决策

质量管理信息沟通平台使企业各层级之间可以实现内外部业务信息、缺陷意见的及时反馈和处理，具有提升问题处理速度和企业形象的作用；保证质量信息可以即时地统计、分析、反馈，为企业管理层提供决策支持。

五、帮助企业增强竞争力

随着新兴技术、现代管理和知识经济的飞速发展及经济贸易多元化、多层次、多形式的激励竞争，质量挑战越来越突出、严峻。因此，建立适宜、高质量的管理系统，有助于改善和提高企业的质量管理水平，从而增强企业竞争力。

六、促进企业自我提升

质量管理平台促进了企业的管理变革，实现质量责任及绩效管理，依据准确的统计指标实现质量考核的科学化，促进全员参与质量管理的意识，起到了促进质量管理向事前预防及自我主动提升的方向转变的作用。

七、促进企业可持续发展

实施质量管理平台的目的是提高产品质量，提升客户对企业的满意度、信赖感与忠诚度，从而促进企业的可持续发展。因此，企业在实施质量管理平台时，应当同时建立反应灵敏的自我完善机制，进行质量管理评审、质量审核和纠正、异常情况预防措施活动等。

第四节　平台应用

一、吉利集团质量与检测管理系统

（一）背景介绍

中国的传统制造业经过几十年的快速发展，质量管理已到了管理水平及能力提升的关键时期。摆脱传统粗放型发展的管理模式，向现代化、精细化管理的方向发展，是企业质量管理的大趋势。随着互联网技术的快速发展，质量管理数字化是企业的必然选择。

传统汽车行业的质量检测数字化存在"数字化程度低、数据采集质量差、数据对接难度高、数据利用能力弱"等方面的挑战。

（1）数字化程度低。之前汽车工厂生产线上多处环节的检测还依赖人工目测、手检，虽然不同程度应用了信息化、数字化管理手段，但仅有简单的 OA、文件管理等功能，大部分仍然停留在业务留痕等基础层面。

（2）数据采集质量差。检验检测环节众多，数据采集量大，来源众多，关系复杂。但汽车工厂目前对于数据的处理能力仍较为落后，即使从仪器端采集的数据，也很可能在传输、处理、存储等环节受到外来因素影响，从而降低数据本身的一致性、完整性和可信程度。

（3）数据对接难度高。由于机构间、仪器间、系统间、地域等不兼容，不但单个实验室需要对接大量不同的仪器接口，不同机构间的数据更加难以互联互通。

（4）数据利用能力弱。绝大部分检验检测机构的数据，都是以纸质版或电子文件等非结构化形式保存的。其中的数据难以进行归类、提炼和挖掘，分析利用更是无从谈起。

（二）解决方案

面对质量检测数字化转型挑战，吉利集团建立了质量与检测管理系统。整体部署工作分为三个阶段：透明化、控制智能化、敏捷化。

（1）透明化。系统通过网络、大屏幕展示厅、展板等多种发布手段，使设备和能耗的任何异常（绿色、黄色、红色）实时显示、生产线质量情况实时显示，评审自动化、问题处理流程化。

（2）控制智能化。通过收集设备状态和外部环境情况，建立数据模型，智能判断设备健康状态，自动发起设备维修或保养请求。产品质量信息发生变化时，交叉对比工艺、设备或模具的状态，建立数据模型，智能判断是否需要调整设备参数或提出设备和模具的维保需求。

（3）敏捷化。市场反馈实时反映到研发质量、制造质量及零部件质量。能实现辅助质量检验，通过对检验数据的分析、统计实现质量控制图，能实现自动对检验结果判断和预警，基于制造大数据给出纠正措施。

吉利集团质量与检测管理系统典型应用场景如下。

（1）焊接质量管理解决方案。

焊接质量管理通过焊点质量管理系统，实时获取生产过程中的海量焊点数据，基于焊接过程电热平衡和焊接参数模型应用。

焊接尺寸管理通过尺寸管理系统整合焊装设备在线测量、蓝光测量、三坐标测量、DTS 测量、内间隙测量的五维数据，基于公差传导模型，结合算法与大数据分析尺寸失效原因。

工业机理模型应用示意图如图 13-1 所示。

（2）涂装质量管理解决方案。

色差管理系统：色差管理系统通过色差识别、色差预警、色差预测、色差目视评审等内容，对色差管理实现自动化、智能化、透明化和精准化，为涂装漆面外观管理提供数据支持，提升涂装外观管理质量。

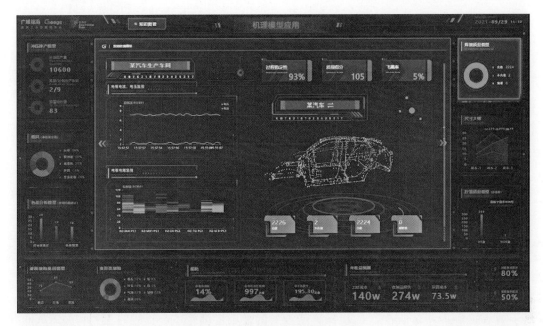

图 13-1　工业机理模型应用示意图

缺陷识别与根源分析：利用工业视觉技术自动识别缺陷位置及类型，高效精准；结合 NLP 技术与联邦学习技术构建知识图谱，自动进行缺陷分析，指导工程师进行缺陷整改并沉淀为知识库。

缺陷识别与根源分析解决方案示意图如图 13-2 所示。

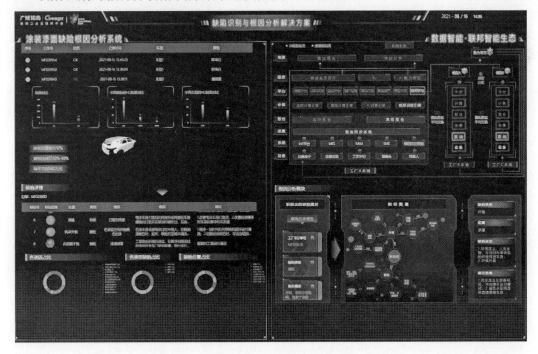

图 13-2　缺陷识别与根源分析解决方案示意图

（三）实施效果

通过质量与检测管理系统，企业产品质量提高了 25% 以上，生产效率提升了 10%，直接经济效益提升 10%，准时交货率提升了 15%～40%。吉利集团质量与检测管理系统覆盖汽车冲压、焊接、涂装、总装四大工艺，解决了质量检测数字化面临的四大挑战，该系统能全方位、多角度、全链条的监测，是吉利实现质量变革、效率变革的典型。

二、容知日新智能运维工业互联网应用平台

（一）背景介绍

现代制造设备的结构日趋复杂，自动化程度也越来越高，许多设备综合了机械、电子、自动控制、计算机等许多先进技术，设备中各种元器件相互联系、相互依赖，这使得设备故障诊断难度增大。由于制造现场存在很多不确定因素，使设备在运行过程中，不可避免会出现各种各样的故障，一旦出现故障，能否对故障进行快速诊断并排除故障，对于制造业企业来说非常重要。机械再造设备的使用者都是生产一线的工人和技术人员，他们一般只能解决一些简单的问题，当系统出现较严重复杂的故障时，就需要相关专家的帮助才能解决问题，但如果每次出现故障时都将诊断专家请到现场是不太现实的，这就对机械制造设备的故障诊断提出了新的要求，即如何克服地域和时间的限制，实现远程专家的协作诊断。

安徽容知日新科技股份有限公司（以下简称"容知日新"）成立于 2007 年，是一家工业互联网领域的高新技术企业，为客户提供设备智能运维平台解决方案和设备预测性维护产品及服务。容知日新的产品和服务已覆盖电力、石化、冶金、水泥、煤炭、煤化工、轨道交通、市政、水务、港口等十多个行业的近千家大型企业，且建立了全产品矩阵，实现服务纵横贯通，拥有核心传感器、采集单元、智能算法、软件系统等核心技术的自主知识产权，在设备智能运维领域持续保持技术领先。

（二）解决方案

（1）容知日新风电发电机组智能监测整体解决方案。

通过安装在风电机组上的各类传感器，将采集的设备数据上传至系统服务器，系统通过智能报警体系触发报警，数据第一时间传送至容知远程诊断中心和服务机组现场，诊断工程师立即介入分析故障位置、程度及原因，给出检维修建议，使设备管理人员能够实时、准确地掌握设备运行状态，保障生产安全、可靠和设备稳定运行，实现预测性维护，提高风场设备管理水平。发电机组智能监测整体解决方案流程如图 13-3 所示。

提供涵盖传动链、齿轮箱润滑油、叶片、塔筒、螺栓等多部件、多技术手段的监测解决方案，为用户在设备（见图 13-4）监测范围的选择上，提供了更多的可能性和更大的灵活性，并通过多种先进传感技术的使用，达到全面评估机组状态的目的。

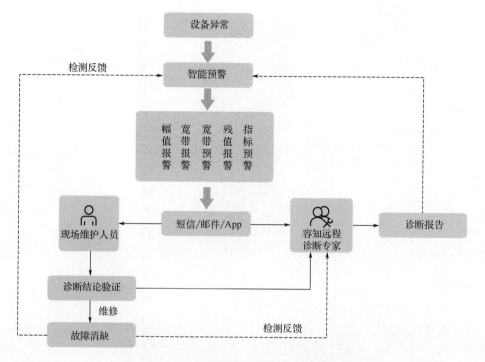

图 13-3　发电机组智能监测整体解决方案流程

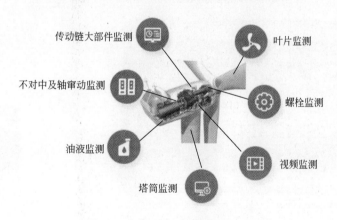

图 13-4　发电机组智能监控设备

（2）容知日新化工行业智能监测整体解决方案。

通过传感器（见图 13-5）的布置搭建物联网来解决数据获取问题，通过运用大量智能算法进行数据的共享和分析，从而帮助客户实现设备的全方位智能监测，有效降低设备过失、失修风险，减少非计划停机；进行全生命周期管理，提升部件可利用率及运营效率。

容知日新立足于解决化工行业重要设备看护，提供涵盖机泵群、大机组的预测性维护，切实保障化工行业的安全生产，提升设备管理及生产效率可监测水平。

图 13-5　RH712 精密点检仪

（3）容知日新冶金行业智能监测整体解决方案。

通过部署相应的传感器（见图 13-6 和图 13-7）及物联网设备，经过人工智能计算及大数据分析，帮助客户实现设备的全方位智能监测，有效降低设备过失、失修风险；进行冶金设备的全生命周期管理，提升部件可利用率，高效管理备件，提升运营效率。

图 13-6　RH812 无线频谱分析仪

图 13-7　RH505 无线检测器

（三）实施效果

容知日新 CIDC 云智能诊断平台打破了时间、空间、地域上的限制，形成了基于工业物联网、云计算、AI 算法、故障知识体系的设备智能运维综合平台。

每月定期为在线监测设备进行综合健康状态评估，定位故障部位、分析故障根因并对故障设备严重程度进行科学判断，动态预测设备使用寿命；设备报警时，出具故障诊断报告，对故障部位、故障根源、后续劣化路径等给出检维修建议；对于客户指定的异常设备，可指派诊断专家开展现场测试与故障诊断分析服务。

通过云智能诊断，将设备有效运行时间提升了10%~20%，维护检修成本降低5%~10%，显著降低了设备突发功能性故障频次，大大减少了因设备故障引发的次生事故。

三、共享集团铸造云 LIMS

（一）背景介绍

当前，铸造实验室的业务量不断增多，实验室检测能力、检测设备、业务能力面临诸多考验，大量的检测数据需要靠人工整理、人工计算、人工修约，耗费时间且容易产生误差。合同、交接单、通知单、原始记录、报告等报表依靠人工编制，严重影响办公效率，日常数据的统计、台账记录等同样耗费大量信息时间；系统之间的数据无法互通，数据调用难度大，无法保证数据的真实性、时效性。

（二）解决方案

共享集团铸造云 LIMS（见图 13-8）是铸造业检测业务与互联网深度融合的"互联网+检验检测"平台，于 2018 年上线，包括业务管理模块、客户管理模块、设备管理模块、检测管理模块、质量管理模块等功能单元，实现了云上检验委托、数据录入、客户管理、设备管理、报告出具、统计分析、系统间数据互通等功能。

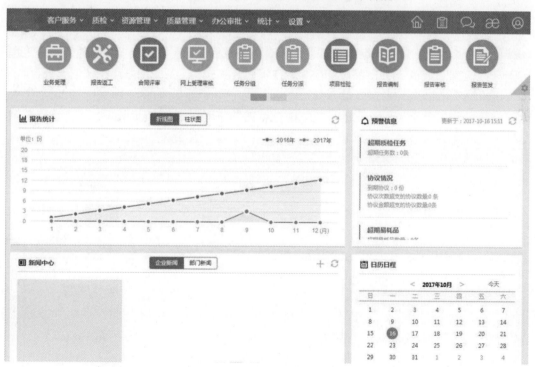

图 13-8　共享集团铸造云 LIMS 示意图

LIMS 是以数据库为核心的信息化技术，整合了铸造实验室的业务流程和一切资源及行政管理等关键环节，并通过数据接口的方式，实现与多个铸造相关系统集成；系统涵盖了铸钢、铸铁产品的标准信息，用以对产品检测执行状态的监控，适用于生产制造业企业的质量管理要求。

（三）实施效果

共享集团铸造云 LIMS 界面友好、操作简单、步骤简洁且功能完备，操作人员可根据委托订单号、报告号等信息，查询任务流转进度，可在系统中查看及打印检测报告，并可对部分质量参数进行统计分析及报表导出，为用户提供方便。

四、钢研纳克的纳克云平台

（一）背景介绍

钢研纳克检测技术股份有限公司（以下简称"钢研纳克"）是专业从事金属材料检测技术的研究、开发和应用的创新型企业，提供的主要服务或产品包括第三方检测服务、检测分析仪器、标准物质/标准样品、能力验证服务、腐蚀防护工程与产品，以及其他检测延伸服务。公司服务和产品主要应用于钢铁、冶金、机械、航空航天、核电、高铁、汽车、新材料、环境、食品、石化等领域。

钢研纳克是国内钢铁行业的权威检测机构，也是国内金属材料检测领域业务门类最齐全、综合实力最强的测试研究机构之一。钢研纳克拥有"国家钢铁材料测试中心""国家钢铁产品质量监督检验中心""国家冶金工业钢材无损检测中心"三个国家级检测中心和"国家新材料测试评价平台——钢铁行业中心""金属新材料检测与表征装备国家地方联合工程实验室""工业（特殊钢）产品质量控制和技术评价实验室"三个国家级科技创新平台。

钢研纳克的纳克云平台（见图 13-9）是一站式综合业务系统，平台于 2020 年年初上线。通过数据中心实现了业务系统之间数据的共享，打通内外部系统，统一基础数据标准，促进业务与信息化的深度融合。当前，纳克云平台会员数量已超过 15000 名，有近万家检测机构，日均访问量 IP 数 300～400 个。

图 13-9　钢研纳克的纳克云平台示意图

（二）解决方案

平台质量检测符合 ISO/IEC 17025 要求，面向专业第三方检测机构。集委托管理、任务管理、检测数据管理、报告管理、标准管理等诸多模块为一体，帮助机构打造规范化、自动化、透明化的高效检测平台。钢研纳克的纳克云平台架构如图 13-10 所示。

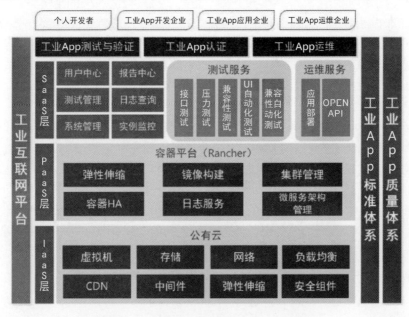

图 13-10　钢研纳克的纳克云平台架构图

委托管理，包括委托单登记、样品信息录入、检测项目添加、委托评审、委托单整改等功能，是检测业务的开端。

任务管理，检测项目自动流转到实验室后支持自动及手动分派检测任务，支持多级任务分派。

检测数据管理，提供检测数据单个录入及批量录入两种方式，支持数据"三审"、原始记录及图谱上传、再线预览签章等功能。

报告管理，提供报告编制、审批、整改、驳回等功能，支持报告模板自定义，支持打印电子签章报告（CMA/CNAS）。

标准管理，支持按客户的检测能力资质表生成检测项目标准库，支持自定义检测项目模板，支持标准库数据客户自己维护。

质控管理，提供人员档案管理、培训、监督、考核管理等质控功能，支持各种受控文件表单自定义，支持文件归档。

设备管理，包括设备台账、维修、送检、期间核查、申购、预警等功能子模块，支持设备对接系统。

消耗品管理，包括试剂耗材管理和标准品管理两个功能模块，提供库存管理、出入库、领用、申购、期间核查、技术性验收、预警等功能。

统计分析，包括委托、样品、报告统计、差错率统计、高值设备统计、消耗品统计、人员工作量统计；支持自定义统计内容自动生成详细的数据报表，使设备统计简单方便，并可以根据需要导出不同报表。

（三）实施效果

平台整合了钢研纳克所有的业务资源，涵盖了材料检测服务的全链条，集成了中国标准物质标准样品信息网、能力验证平台两个在线商城，搭建了仪器/备品备件商城，整合了原有商城用户，实现了单点登录，使用一个账号可登录钢研纳克外网各业务系统，给客户带来全新的使用体验。

纳克云通过数据交换平台，完成了实验室检测及校准能力的数据结构化，支持按照多个字段组合检索，客户筛选到所需的服务后，直接在线委托，后台会有专人处理订单。只要拥有合同号，均可以在纳克云平台进行委托服务进度查询，及时了解自己的检测需求的服务情况，实现了"互联网+服务"。平台可按照预先制定的准则评价参加者的能力，涉及化学分析、物理测试、力学测试、无损检测、校准等专业领域；测量审核支持"一对一"的能力验证。特点是周期短、可定制，是经过能力验证参加者共同验证的样品，具有一种或多种足够均匀特定参数的指定值及其不确定度，每种样品附有一份证书。

平台的建设不仅实现了内外部各业务系统之间的数据共享和融合，更重要的是通过纳克云平台更好更高效地服务所有客户。

第十四章　财务与内控的互联网应用

"互联网+"时代下，互联网在各个行业生根发芽，带动我国科学技术的进步，推动了各个行业的改革发展。经济的快速发展带来的市场竞争变得尤为激烈，这让更多的企业开始寻求数字化转型。数字化、数智化成为新一轮全球生产力革命的核心力量。数字化智能时代给企业的财务工作带来影响，具体而言从财务对象、组织形式、方式方法等方面给财务工作带来了巨大变化，财务管理需要从"核算反应型"向"智能决策型"转变，从"管理控制型"向"决策支持型"转变。财务数字化转型是企业在财务领域运用云计算、大数据等技术重构财务组合和再造业务流程，提升财务数据质量和财务运营效率，更好地赋能财务、支持管理、辅助经营和支持决策。

财务管理与内部控制是企业在组织内部实施的管理手段与措施，目的是推进企业的平稳发展，规避发展过程中可能产生的障碍。通过对具体措施的应用来实现自身职能，降低管理风险，强化企业风险抵御能力。从最终目标来看，财务管理与内部控制具备较大的共同点，且财务管理应该是内部控制中的重要组成部分。

财务管理是实现企业计划性目标的有力保障，增强企业风险抵御能力，强化内部控制质量。内部控制体系是企业在长远的战略发展眼光下对自身内部系统的平衡控制机能，而财务管理在内部控制中又起着重要作用。

传统的财务有手工多、孤岛化、追溯难、无标准等痛点。互联网的应用帮助企业通过标准化、流程化、信息化打通端到端业务流程，实现业务数据采集统一、高效；通过引入创新理念、创新技术，提高业务工作效率，优化资源配置；通过引入分析方法论，将数据图表结合经营经验转换为管理知识，助力企业构架战略财务、管理财务、共享财务等新型组织，逐步实现财务转型。

数字化时代财务转型方向，以基于业财一体化的智能财务共享为基础，以基于商业智能的财务平台为中枢，以基于人工智能的财务平台为最高层级的财务生态平台，是智能决策型财务的基础和支持。财务数字化转型是智能财务实现的基础，为智能财务的实现搭建了重要的数据基础、组织基础和技术基础。随着数字技术的应用，数据中台的理念不断植入财务共享服务中心，尤其是当财务机器人不断应用于财务共享时，财务共享服务的效率得到进一步提升，成为智能财务的应用雏形。

互联网的应用为企业实现了信息共享，它使企业对数据的采集、储存、输送、分析等能力大大提升，财务数据不再仅局限于报表中的一个个冰冷的数字，而是囊括诸如宏观经济、组织行为、供应商生产、消费者偏好等企业运营的全部数据，能够为企业决策和内部管控提供更大的支持，提升企业的管理水平。

第一节 业务要素

财务内部控制是一个企业为了实现其经营目标，保护资产的安全完整，保证会计信息资料的正确可靠，确保经营方针的贯彻执行，保证经营活动的经济性、效率性和效果，而在单位内部采取的自我调整、约束、评价和控制的一系列方法、手段与措施的总称。

一、内部环境

内部环境是企业实施内部控制的基础，一般包括治理结构、机构设置及权责分配、内部审计、人力资源政策、企业文化等。控制环境提供企业纪律与架构，塑造企业文化，并影响企业员工的控制意识，是所有其他内部控制组成要素的基础。

二、风险评估

风险评估是企业及时识别系统分析经营活动中与实现内部控制目标相关的风险，应合理确定风险应对策略。每个企业都面临来自内部和外部的不同风险，这些风险都必须加以评估。评估风险的先决条件是制定目标。

三、控制活动

控制活动是确保管理阶层的指令得以执行的政策及程序，如核准、授权、验证、调节、复核营业绩效、保障资产安全及职务分工等。控制活动在企业内的各个阶层和职能之间都会出现，企业根据风险评估结果采用相应的控制措施，将风险控制在可承受范围之内。

四、信息沟通

企业在其经营过程中需按某种形式辨识、取得确切的信息并进行沟通，以使员工能够履行其责任。信息系统不仅处理企业内部所产生的信息，同时也处理与外部的事项、活动及环境等有关的信息。企业所有员工必须从最高管理阶层清楚地获取承担控制责任的信息，而且必须有向上级部门沟通重要信息的方法，可以与顾客、供应商、政府主管机关和股东等做有效的沟通。

五、内部监督

内部监督表现为内部控制系统需要被监控。监控是由适当的人员适时评估控制的设计和运作情况的过程。监控活动由持续监控、个别评估所组成，其可确保企业内部控制持续有效的运作，具体包括持续的监控活动、个别评估、报告缺陷。

第二节 平台要素

财务与内控的平台功能要素如下。

一、数据基础

借助于平台，由传统的手工财务模式转换为数字财务模式，实现"数据—信息—知识—智能"不断转换。平台通过提供底层的数据支持，将数据转换为信息，为企业管理层及时提供决策依据；将信息归纳汇总，形成普适规则。在数字化的背景下，通过提供基础数据，使企业在变幻莫测的商业环境中保持敏锐的洞察力，成为未来企业数字化的核心竞争力。

通过平台提供的基础数据，可以使企业方便快速地找到所需合同，而且支持模糊查询。同时，平台还可以根据不同的条件如部门、日期等进行合同汇总，快速得到统计数据。在平台上实现日常资金收付管理及形成出纳日记账、银行账户管理和融资管理。

二、战略支撑

财务控制分布于企业下属的各个机构，深度渗透价值链的各个环节。深入业务一线，推进战略落实。同时，各业务子单元还将对具体的生产经营活动提供财务管理支持。在平台的支撑下，可以对财务的顶层设计做指导。

顶层设计归属于战略层面设计，财务职能中的决策层相当于财务的大脑，在专业领域有着深入的研究，参与战略的制定与推进，将财务相关的业务信息转化为对企业经营决策有价值的经营信息分析，支持战略决策的落地。平台中的信息化技术及方法可以很好地对财务职能中的各个环节做分析，并输出决策数据，从而为企业财务层面的战略转换提供支撑。

平台采用"集权—网状辐射"组织架构，总体职能分为预算管理、成本管理、绩效管理等7个子职能模块，以7个子职能模块为七大核心设立层级辐射式组织架构，使战略财务意识渗透到基层单元。平台提供对企业活动进行决策、控制、评价的内部管理功能，由各种管理会计工具组成，各种管理会计工具都是环境变化对完善管理会计系统功能提出更高要求的产物。

三、共享管理

一体化平台以财务业务流程处理为基础，以优化组织结构、规范流程、提升流程效率、降低运营成本或创造价值为目的，以市场视角为内外部客户提供专业化生产服务的分布式管理模式。

共享财务覆盖财务职能的执行层，主要方式是通过财务数据中心建立了统一的流程、政策、信息系统，集中进行交易处理，又能够为战略财务、业务财务提供数据支持。共享财务通过将各子机构中分散、重复的财务核算和账务处理业务予以标准化、流程化，为财务转型提供组织基础、管理基础和数据基础，是财务转型的关键，其职能涵盖核算、报表、资金、税务、审计等。

第三节　平台作用

经济新常态下，现代企业借助互联网的应用和平台建设进一步强化财务内控水平，实现资金合理配置，以便适应复杂的市场环境，提高自身竞争力。在财务内部控制方面，利用平台可以打破部门之间的信息壁垒，保证财务报表信息的真实性、时效性，杜绝人为操纵和篡改数据的情况，在提高财务内控水平、维护企业经济效益方面发挥了不可忽视的作用。

企业的成本一直是重要的经营要素，成本控制也一直被企业作为重点管理的对象之一。但是由于传统的费用记录管理过于分散且缺乏科学系统性，企业高层很难在短时间内对企业的成本支出有一个全面的了解，费用管控是每个企业想做却又很难做好的一个方面。但随着"互联网+"时代的到来，财务内控平台似乎成为解决这个问题的"良药"。

平台运用专业、科学的计算方法，利用"互联网+"对企业的全流程费用进行管控，帮助企业有效节省成本，另外它可以把企业非常复杂的审批流程变得简单而且合规，在便利性和效率上提升员工的满意度。

一、提升财务管理规范化水平

财务管理的专业性非常强，与企业经营活动的方方面面产生连接，稍有不慎容易产生违规操作，损害经济利益。财务管理软件的作用体现在简化设计流程，提升财务管理规范化水平。例如，SAP 的财务管理软件使财务部门能够简化并规范财务流程，系统可以自动记录和评估不同模块或系统中的业务活动。当然，还远不止这些，财务系统更要与业务系统实现集成，避免信息孤岛，让业务信息能实时转化为会计凭证和数据信息，为管理分析提供依据。

二、为财务管理分析提供便捷

传统的财务管理中，要想实现对某一关联企业、经营活动或某一时期财务状况的查询，需要对凭证、账簿进行逐项查阅、誊写，耗时耗力且容易出现人为失误，影响财务管理的效率。借助 SAP 等财务管理系统就可以通过输入关键词自动查询，以报表、报告等形式呈现在管理者眼前，提高了查询的效率。此外，软件附带的分析、预测和模拟功能能够为财务分析提供便利，提升预测分析的效率。

三、促进企业核心竞争力的提升

企业经营活动的根本目的在于最大限度地获得经济效益，这需要依赖高效、科学的财务管理活动实现。财务管理系统是财务管理工作开展的工具和基础，软件的应用能够为企业的财务管理活动提供高效、科学的平台，提高财务管理工作的质量和效率，为企业的投资决策提供可靠的参考依据。平台实现对市场动态的全面了解和准确预测，提高了企业经营活动的正确率，增强了企业在市场中的竞争力。

四、促进财务部门与业务部门之间的联系

在传统的公司运营模式中，企业财务部门和业务部门相互分离，在其中一个部门的工作得到落实后，才会进行另一个部门的工作，因此部门作业的时间大大提升。由于互联网技术在企业中的使用越来越广泛，使得业务、财务部门结合更加紧密，通过互联网

能够快速高效地把业务部门的信息数据传送到财务部门中,从而为企业各部门构建及时、方便的交流环境。

五、为企业财务内控提供更多的信息资源

传统的企业财务内控制度的信息传递方法与途径单一,所以企业以财务内控数据信息与同行业财务内控信息为主,通过互相的联系沟通与纸质报告交流来进行。但是互联网为企业得到多元信息资源提供了一种可能,使其不再受到地域和时间的限制,得到了更加健全的财务内控信息资源,为企业管理者做出科学有效的决策提供相关的依据。

六、转变企业财务内部控制方式

传统的企业财务内控制度需要把企业内部网络中各种纸质凭证与财务软件作为重点,不但会使用大量的人力,作业效率也很低。而企业通过互联网能够使企业在网络平台中构建出以客户为基础的动态化管理系统,准确了解客户的资信等级;通过在线及移动办理业务实现远程处理,从而打破空间、时间的限制,还能在优化财务人员的过程中,提升员工的工作效率与质量。

七、促进企业财务内部控制国际化

企业能够在互联网平台上及时了解国内外本行业的当期信息状况,从国际财务准则角度出发,建设出满足多个国家币种与语言的通用财务内控制度,并保持与国外有关企业的紧密合作。

第四节　平台应用

一、共享集团财务数字化管理平台

(一)背景介绍

一直以来,共享集团财务管理主要采用"主管会计"式的纵向管理模式,即一个会计负责一家公司财务全流程业务工作(出纳收付款工作除外),主要业务为核算业务和管理工作,核算业务包含费用报销、材料采购、销售业务、在建工程固定资产核算、成本核算等,管理工作包括财务计划、财务分析、总账报表、税务管理等。

近年来,随着十几家子公司的先后组建,共享集团旗下公司规模不断扩大,原有主管会计式的纵向管理模式已不能满足财务管理需要。共享集团财务存在主数据不统一、经营分析口径不一致等问题,迫切需要一个综合性平台整合所有的外围系统。共享集团财务数字化管理平台架构如图 14-1 所示。

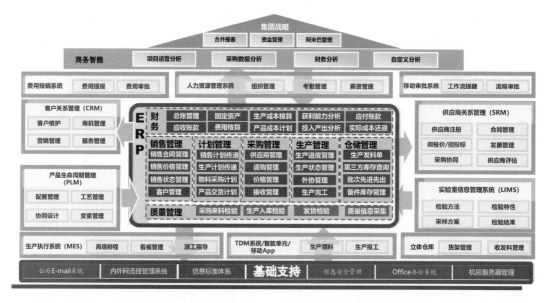

图 14-1　共享集团财务数字化管理平台架构

共享集团利用 SAP 平台搭建统一、集成、共享的企业信息管理平台，以提升企业整体信息化水平，支撑集团财务集中管控，支持集中采购、销售管理模式，实现内部交易的集成化处理。财务业务一体化建设，将集团经营中的财务会计流程、业务流程和管理流程有机融合，实现财务数据和业务数据的资源共享，提升企业财务内控管理水平。共享集团财务数字化管理平台应用系统架构如图 14-2 所示。

图 14-2　共享集团财务数字化管理平台应用系统架构

共享集团优化了财务内控管理平台，建立了共享集团财务数字化管理平台运营中心（见图 14-3），深入财务分析，控制财务风险，为打造数字化智慧企业奠定了基础。

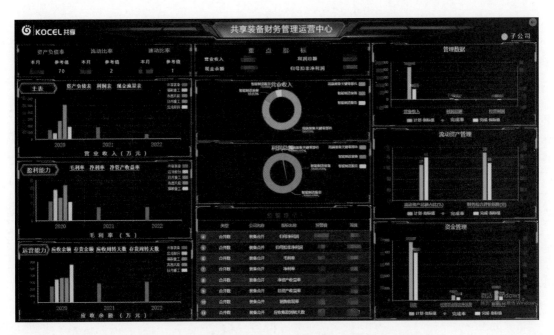

图 14-3　共享集团财务数字化管理平台运营中心示意图

（二）解决方案

（1）借助财务业务一体化（见图 14-4），实现财务核算向管理会计转型。

业务财务一体化包含两个层次：后勤业务和财务会计。后勤业务涵盖产供销和库存管理，业务流发生时伴随着财务流和成本流。后勤业务的前后端实现与财务会计的集成。集团利用 SAP 平台，后勤业务实时集成到财务，自动产生凭证，与成本相关的业务通过总账再传输到管理会计。正是依靠这种业务财务高度集成化和强大的数据处理能力，改变了财务管理以往单一的流程控制和明细核算方式，实现全过程、多维度、多方式的明细核算和过程管理，满足集团通过精细化管理节约成本的要求，提高了企业核心竞争力。

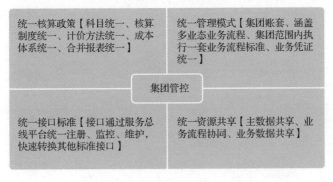

图 14-4　建立业务财务一体化模型

借助财务业务一体化，助力财务核算向管理会计转型

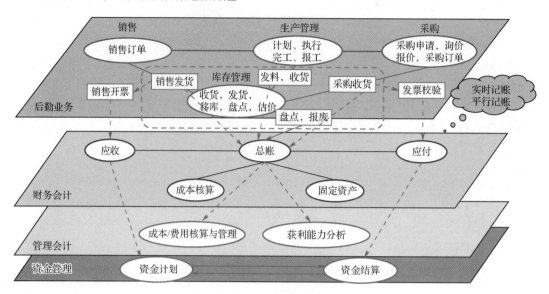

图 14-4 建立业务财务一体化模型（续）

（2）实施云报销系统，统一报账平台。

共享集团上线汇联易费控系统（见图 14-5）对企业的全流程费用进行管控，将企业各项费用管理制度植入预算、申请、报销、付款等几大环节，实现成本预管理、事前控制和事后分析，完善企业成本管理体系，规范成本报销流程，实现有效监督机制和成本控制机制，能为企业节省 20%～30% 的日常管理费用，助力企业从核算会计向管理会计转型。

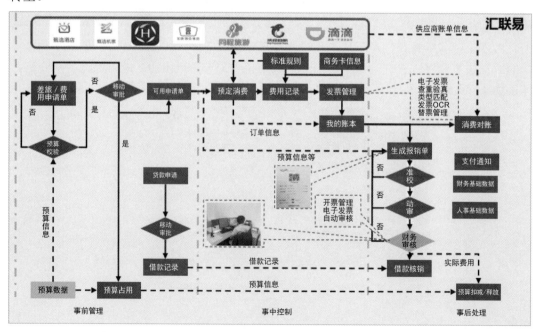

图 14-5 共享集团汇联易费控系统

（3）会计档案全生命周期管理。

面对国家最新电子档案管理和财税政策要求，共享集团以实体档案的信息化管理和电子信息的档案化管理为目标，与汇联易再次合作，上线汇联易的电子档案系统，推进会计档案无纸化归档，依托 e 档案系统，降低档案打印、存储、借阅成本，降本增效，构建统一的会计档案管理系统，提供统一完善的会计档案管理工作台，实现"业务流+数据流+档案流"的全生命周期管理。

同时，以电子会计档案系统建设为契机，梳理重构财务管理三大流程：从报销到付款、从采购到付款、从销售到收款，尽可能在会计资料产生的第一时点进行采集，同步对业务系统进行改造，实现集团内统一的"非结构化存储平台"，从而提升企业档案管理效率，降低管理成本，并有效管控档案管理合规性风险。

（三）实施效果

（1）实现了标准成本管理模式。SAP 标准成本核算方式将产品成本分成数量结构和价值结构，成本分析更加深入。科学的成本归集、分配流程，计算产品实际成本。支持标准成本管理、作业成本管理等多种先进的成本管理制度。与生产管理、物料管理、存货核算、总账等模块紧密集成。

（2）仓库管理效率提高，库存费用下降，节约劳动力。SAP 系统物料模块使仓库管理效率大大提高，并使生产成本核算更为精确，使库存管理更为明晰。所有物料通过仓库统一管理，既可以规范物料管理，又可以提高存货的价值。

（3）采购计划性大幅提高。过去的采购都是根据采购员的经验及生产计划的需求量预估采购量。实施 SAP 系统后，可以根据销售定单的需求，以及最低的安全库存量，来判断采购什么，以及什么时候到货是最有效的，让资金运作快捷有效。

（4）费用报销效率大幅提升。SAP 系统配套汇联易费用报销，实现 OCR 智能识别发票（多张同时、各类发票）、电子发票导入（支付宝、微信卡包）、智能价税分离、公车私用功能等，关键必录字段减少 30 个，业务和财务人员效率提升 54%，用户体验显著提升。

二、吉利集团财务数字化管理系统

通过互联网应用，实现了财务部门与其他部门、其他分公司及外部企业之间的财务信息自动流动。互联网技术支持了吉利集团财务管理的计划、组织、控制、分析、预测、决策等各环节，支持了企业的生产与运营。

（一）背景介绍

传统的财务工作存在手工多、孤岛化、追溯难、无标准的痛点。

手工多：账务处理和财务核算等作业的流程化、自动化程度低，60%以上的人力从事财务核算等作业活动，工作量大，附加值低。

孤岛化：以 ERP、SRM、DMS、MES、TC 等应用为中心进行 IT 建设，各应用之间数据的集成性和完整性有待提高，普遍存在信息孤岛现象。

追溯难：业务的端到端流程未打通，无法进行全业务链的追溯，一项业务在预算、项目、合同、物资或服务、资金、支付等环节管控脱节。

无标准：财务领域 IT 建设标准化差，数据对接和统计口径不一致，业务数据的共享性差，导致预算编制及调整、管理分析、风控管理等效率低。主数据手工管理，无统一管理平台。

（二）解决方案

吉利集团规划梳理财务管理系统架构，逐步实现财务的战略建设与升级（见图 14-6 至图 14-8）。整体分为三个阶段：第一阶段实现财务的流程化、标准化、数字化。该阶段实现了端到端流程的数字化，包括海外账务信息化建设、预算管理系统、税务管理系统、资金管理系统、财务共享系统、成本核算系统、月结流程等业务。第二阶段实现财务的自动化、移动化、可视化。该阶段实现了端到端流程的自动化，包括税务数据采集、申报、分析自动化，数据预测、实时分析自动化，成本核算精细化，财务分析数据可视化，费用报销移动化等业务内容。第三阶段实现财务的智能化，并创建新的场景。

图 14-6　吉利集团财务数字化管理系统核心功能框图

（三）实施效果

财务系统的互联网应用，实现了资金、预算、成本、利润、税务等业务的智能预测，实现了税务、资金、风险的智能预警，通过大数据、人工智能、云计算、区块链等技术辅助经营决策。在数字驱动业务的转型背景下，众多财务人员从烦琐的工作中解脱出来，可以将更多的精力投入到财务管理方面，促使财务业务得到全方面、全过程的重整，提高了财务管理工作效率。吉利集团财务数字化管理系统应用后的收益如图 14-9 所示。

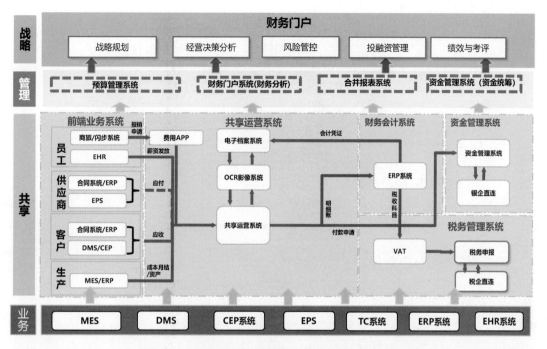

图 14-7　吉利集团财务数字化管理系统应用架构

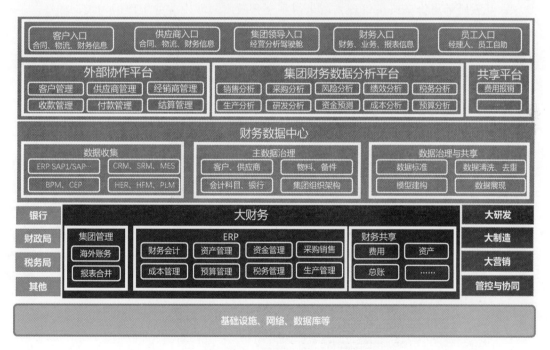

图 14-8　吉利集团财务数字化管理系统数据架构

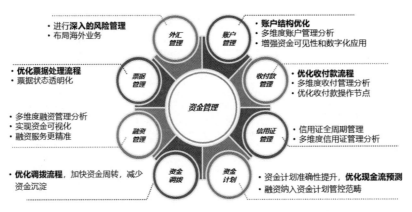

图 14-9　吉利集团财务数字化管理系统应用后的收益

三、安徽合力业财税票一体化平台

（一）背景介绍

随着企业规模越来越大，涉及的供应链规模不断增大。财税功能更加多元化，业财税票操作流程复杂化，财务和业务人员在频繁、重复、人工的操作节点容易出错。财务共享、互联网等思维在票税管理领域未得到充分应用。涉税业务操作仍为线下操作，信息化手段不足导致发票及税务操作需要工作人员线下手工处理。集团企业难以集中管控，需要信息系统支撑集团企业的制度执行反馈、流程及数据的集中管控。涉税风险被动应对，涉税风险的管控以事后处理为主，缺少事前及事中预警。

业财税票一体化平台基于安徽合力现有的业务系统基础，实现业务系统和财、税、票相互融合，促进安徽合力财务与相关业务人员从事务型向管理服务型提升。

（二）解决方案

（1）业务架构。安徽合力业财税票一体化平台（见图 14-10）采用了微服务思想，通过财税管理系统中的发票管理接到微服务平台，进行相应的功能查询、设置、管理等，减少主机性能开支，同时可以很好地对接公司的其他应用系统。

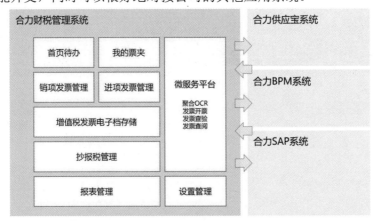

图 14-10　安徽合力业财税票一体化平台业务架构

（2）票据管理（见图 14-11）。读取邮箱发票、微信卡包发票，拍照识别并添加发票，扫二维码添加发票；通过拍照、扫码、手工三种方式查验发票真假。打通报销流程、供应宝系统、SAP 系统、电子档案系统，实现发票全生命周期管理。

图 14-11　安徽合力业财税票一体化平台票据管理界面

（3）自动开票客户端。TS 智能自动开票客户端支持金税盘/税控盘、税务 UK、虚拟 UK 多种税控设备，同时兼容全自动和半自动模式；实现公司销售开票、收票和 SAP 自动过账全程自动化。

（4）电子发票流转。通过"销项—销项发票"列表，选择需要交付的电子发票，点击"邮件"按钮，可以发送到指定的电子邮箱中；用户登录自己的电子邮箱，可以查看该电子发票的详细信息及电子发票附件，可通过下载该发票附件，用于留证、报销等用途。

（三）实施效果

（1）提升各部门工作效率。让业务部门方便收票、快捷报销，系统辅助比对发票，提升采购人员的比对效率；发票验票工作前置，减少后端财务大量查票验票工作；销项发票的无人值守式开具，加快财务开票工作效率。

（2）降低发票管理过程的税务风险。发票验票工作前置，辅助各级人员降低收假票风险；发票全过程监控与提醒，减少因个人遗忘而导致发票报销抵扣不及时。

（3）加强发票数据的安全性。电子发票全过程的系统管理，减少电子发票文件丢失或随意传播；电子发票依权限访问，减少并控制不必要的调阅与查看。

（4）为财务管理能力提升奠定基础。系统替代基础性审核工作，释放更多的财务有生力量。

（5）由于数据仓库的引入，数出一源，信息集中，避免了数据的不完整和重复情况的发生，最大限度地实现企业范围的数据共享，简化了流程，实现了实时获取信息、实时处理信息、实时报告信息，做到所有数据出自一处，共同使用，各级管理者可以实时、动态地获取信息，支持决策。

（6）业财税票一体化平台重新规划了合力业财税票操作流程，简化了财务和业务人员针对频繁、重复、人工、易于出错的操作节点和财务处理工作方式，提高了工作效率，促进安徽合力财务与相关业务人员从事务型向管理服务型提升。

充分运用计算机系统的自动处理能力，通过人为的程序设定，实现业务自动生成会计实时凭证，财务数据的及时自动上报，强化数据汇总、合并和分析的能力，解放了劳动力，提高了工作效率，减少相关的审批程序，缩短业务流程运行的时间，通过强化控制机制，实现对内部业务的管理和控制。

第十五章　合规与安全的互联网应用

随着新一代互联网技术、思想和业务模式渗透到工业领域，企业数字化程度越来越高，企业的很多业务管理都通过数字系统来实现。

互联网给企业合规工作带来的最突出变化主要体现在以下三个方面，一是从静态管理向动态管理转变，二是从事中管理向事前管理转变，三是从被动管理向主动管理转变。

互联网给企业安全管理工作带来的最突出变化主要体现在以下三个方面，一是被动防御向主动安全发展，二是安全管理从定性向定量转变，三是从简单管理向实时、动态、可视、智能化管理转变。

第一节　业务要素

一、合规业务要素

一般而言，有效的合规管理体系包括组织体系、制度体系、运行机制和合规文化等要素。

（一）组织体系

一般而言，合规管理组织体系（见图15-1）包括决策层、管理层和执行层三个层级。

决策层是企业合规管理体系的最高机构。决策层的职责主要是全面领导企业合规管理工作，确认合规管理战略和方针、明确合规管理目标，建立和完善合规管理体系，审批合规管理制度、程序和重大合规风险管理方案，听取合规管理工作汇报，指导、监督和评价合规管理工作等。

管理层主要负责贯彻决策层对合规管理工作的各项要求，全面开展并推进企业的合规管理工作；协调合规管理与企业各项业务之间的关系，监督合规管理执行情况，及时解决合规管理中出现的重大问题；领导并监督合规管理部门开展工作，加强合规管理队伍建设等。

执行层包括合规管理团队和各业务部门。合规管理团队主要负责与管理层合作，在相关资源的支持下识别合规义务，并将合规义务转化为可执行的方针、政策和流程；将合规义务融入现有的方针、政策和流程；为员工提供持续培训；促进合规职责列入职务描述和员工绩效管理过程；设定适当的合规报告和制度体系；制定和实施热线、咨询举报系统等信息管理过程；建立合规绩效指标，组织合规绩效评估；识别合规风险；合规管理体系定期评审等。业务部门是企业合规风险管理的第一道防线及第一责任主体，应与合规团队合作并提供支持，识别业务相关合规要求，执行合规管理制度和流程，收集合规风险信息，确保业务合规性，具体包括及时识别并沟通合规风险，积极参加合规培训，提高所属员工合规意识，确保合规列入部门人员的职务描述，将合规绩效列入员工绩效考核，实施事件整改与纠正措施，确保外包业务合规等。

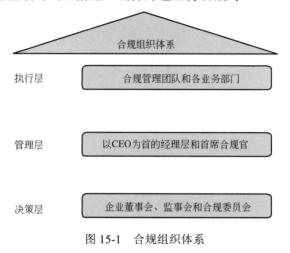

图 15-1　合规组织体系

（二）制度体系

一般而言，合规管理制度体系包括合规行为准则、专项合规制度和合规管理制度三类。

合规行为准则对于反腐败、反垄断、出口管制等专项合规问题只原则性地规定企业的承诺和目标、基本政策和核心要求。

专项合规制度是指企业针对各专项合规工作制定和实施的合规政策、手册、指南、流程等专项制度，如针对数据隐私保护合规风险。

合规管理制度是指规范合规管理部门各项合规管理活动的程序性规定，包括企业合规管理的组织架构、职责分工、管理流程、会议制度等，如合规管理组织架构及职责规定、合规风险管理办法、合规培训实施细则、合规绩效评价办法、合规举报调查处置办法、合规委员会会议制度、风险防控联席会会议制度等。

（三）运行机制

为了确保各项合规要求能够落地，企业应建立决策层、管理层和执行层之间，业务部门与合规部门之间，各集团公司与子公司之间的良好互动，促进合规信息的流通和共享，形成有针对性的合规风险识别、监测、评估、应对机制。一般而言，有效的合规管理体系应包含合规风险识别与预警机制、合规信息管理机制、合规培训机制。合规会议机制、监督评估机制、举报调查机制、重大合规风险应对机制、违规问责机制、合规体系评估机制、持续改进机制等。各运行机制均应有具体的制度和流程提供保障。例如，合规风险识别与预警机制涉及合作伙伴的合规管理制度、合作伙伴的合规尽调、黑名单制度、关键岗位候选人背景调查、拟晋升前合规审查、离任合规审计等。

（四）合规文化

合规文化是指企业在长期发展过程中形成的贯穿整个企业的依法合规的价值标准、道德规范和行为方式。员工将合规要求内化为自觉行动，监督、制止或检举身边不合规的行为，帮助企业发现制度漏洞和提出改善建议，成为合规制度的践行者及合规文化的维护者和传播者。培育合规文化要求企业持续进行合规培训，持续就合规问题进行沟通，建立绩效考核体系，将合规表现与工资挂钩，对故意或因疏忽而违反合规义务的情况进行及时而适当的惩罚，建立并运行有效的举报渠道，确保员工有能力且受到鼓励向相应的管理层或合规部门提出合规疑虑。

合规业务梳理如图 15-2 所示。

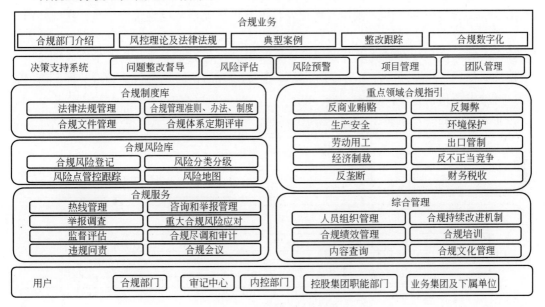

图 15-2　合规业务梳理

二、安全业务要素

企业信息安全框架从上到下由三个主要层次组成：安全治理、风险管理和合规，安全运维，基础安全服务和架构。安全治理、风险管理和合规是后两者的理论依据；安全运维则是对安全生命全过程的管理；基础安全服务和架构是企业信息安全建设技术需求和功能的实现者。

（一）安全治理、风险管理和合规

安全治理、风险管理和合规主要包括企业战略和治理框架、风险管理框架、合规策略遵从。通过对企业业务和运营风险的评估，确定企业的战略和治理框架、风险管理框架，定义合规和策略遵从，确立信息安全文档管理体系。

（二）安全运维

安全运维的目标是通过建设完善的工具平台、安全数据、制度流程、场景规则、人员组织，实现安全事件的威胁预测、安全监测、分析研判、通报预警、安全响应、应急处置、追踪溯源全周期流程闭环，应对内外部风险，做到风险可知、事件可控、态势可见。安全运维主要包括安全事件监控、安全事件响应、安全事件审计、安全策略管理、安全绩效管理、安全外包服务。安全运维与 IT 运营相辅相成、互为依托，共享资源与信息，与安全组织紧密联系，融合在业务管理和 IT 管理体系中。

（三）基础安全服务和架构

基础安全服务和架构是安全运维的对象，包括物理安全、基础架构安全、应用安全、数据安全和身份/访问安全。其中，物理安全涉及机房安全和视频监控安全，基础架构安全包括网络安全、主机安全、终端安全，应用安全涉及应用开发生命周期安全、业务流程安全、Web 应用安全、应用开发环境安全等内容，数据安全涉及数据生命周期管理、数据泄漏保护、数据加密、数据归档、灾难备份，身份/访问安全包括身份验证、访问管理、身份生命周期管理。

企业安全业务要素如图 15-3 所示。

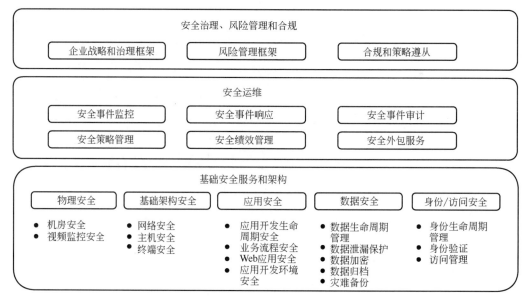

图 15-3　企业安全业务要素

第二节　平台要素

一、数据治理

1）全流程业务数据整合。统一众多的 IT 系统接口标准，包括办公系统（OA）、企业资源计划系统（ERP）、人事系统（HR）、财务系统、生产管理系统、客户关系管理系统（CRM）等。统一管理平台需要有能力将分散在各个业务部门中与合规安全相关的经营管理行为进行端到端的管控。

（1）平台将现有人事、财务、生产及 CRM 等核心系统连通，监控整个企业运营管理的全流程。

（2）平台将分散在各个业务系统中的数据进行汇聚整合，通过统一的数据平台进行综合分析研判，找出其中的风险和问题并做出预警。

（3）平台在政策设计上，从企业流程的角度出发，对制度与制度之间可能存在的冲突进行规避；在外部法律法规发生变化时，缩短规章修改的流程与时延。

（4）平台将管理全流程涉及的所有电子证据进行保留，以备相关部门随时查询调阅。

2）数据标准化处理与分析。

（1）通过机器学习解决大规模数据处理难题，对文本、图像、音频等非结构化数据进行清洗和转化，实现数据标准化和优质化，使企业既能够更加全面、稳定地采集数据，又能为智能合规和安全算法提供高质量数据。

（2）通过自然语言处理从语义层面分析数据信息，帮助企业提炼有价值的交易信息，筛选可疑交易数据，纠正员工不当行为，满足实时合规和安全要求。

（3）利用可视化分析技术，将大量复杂的数据以容易理解的方式呈现，核查交易是否满足监管政策，帮助企业决策。

二、监控分析

1）身份识别管理。

（1）利用语音识别、人脸识别、指纹识别等技术，提高客户身份识别效率，帮助企业解放部分繁重、重复的工作，降低传统 KYC 过程中产生的人力成本和时间成本。

（2）利用知识图谱技术，绘制企业资金往来情况，识别潜在财务造假风险，帮助企业精准评估风险；利用机器学习算法对客户进行多维"画像"并预测其行为，从而对可疑客户、可疑交易进行预警并加以阻止。

（3）利用机器学习技术，在 KYC 基础上构建模型，通过持续的模型训练，提高模型识别率，最终实现人工智能的无监督自学习识别模型，自主对金融犯罪风险、客户行为风险进行监测分析，有效防范洗钱、欺诈等金融犯罪活动。

2）行为监控管理。

（1）通过实时收集、整合交易信息，有效监测可疑行为、违规操作等，防范行为风险。

（2）通过生物识别技术与大数据分析技术等进行身份管理、远程业务操作等，为解决企业安全隐患提供解决方案。

（3）通过数据积累和分析，检测合规和监管风险，提前预测和感知风险变化，提高风险预警和防控能力。

三、风险排查

1）风险预警与压测。

（1）利用模糊推理技术和案例推理工具，学习以往案例及当前监管规定，进行全局化分析计算，及时提醒企业调整操作，确保合规和安全。

（2）利用机器学习等构建流动性风险的网络模型，选取更合适的风险指标衡量流动性情况，辅助企业做决策。

（3）利用人工智能技术开展合规和安全压力测试，对市场可能发生的风险进行预警，增强企业的风险管理能力，控制风险的影响范围。

2）合规和安全审查。

（1）利用自然语言处理技术，可以将监管规则数字化，让机器可识别，提高规则的合规性、一致性和安全性。结合机器学习技术和迭代更新算法提高机器翻译人类语言的准确性，实时监控和跟踪法规动态，帮助企业进行审核。通过比较不同国家监管规定的异同，帮助企业开展跨境业务。

（2）探索智能化报告技术，实时、连续、动态地监控交易数据，通过抓取、分析数据自动生成合规和安全报告，上传至实时监测平台。通过减少直接参与人员、优化信息采集流程，降低企业提供合规和安全信息的相关成本，减少人为主观因素的影响和干预。根据监测平台的分析、反馈，企业还可以获得快捷的监管建议及指导，实现可持续发展。

四、风险监控

合规和安全的度量可视化。定期对合规和安全管理体系的有效性进行分析，并根据分析结果完善相关制度，堵塞管理漏洞，强化过程管控，持续改进提升。统一管理平台将全过程数据加以抽取分析，并以大数据看板、智能报表等可视化的方式加以展示，并具备评估报告的自动生成和导出能力，为企业管理的持续改进提供数字化的客观指引。

合规和安全的服务扩展。光靠平台本身并不能解决企业在管理过程中遇到的所有问题，平台的能力更多体现在内置的服务组件上。统一管理平台需要借助数字化技术，打通线上线下边界，将行业专家和法律专家的能力加以整合，以标准组件的形式集成，最终通过 API 接口对外开放，供二次开发或者直接调用。这些标准化的能力组件是可复用、可共享的，并可随着业务拓展而逐步丰富完善。

合规与安全的互联网应用建设目标如图 15-4 所示。

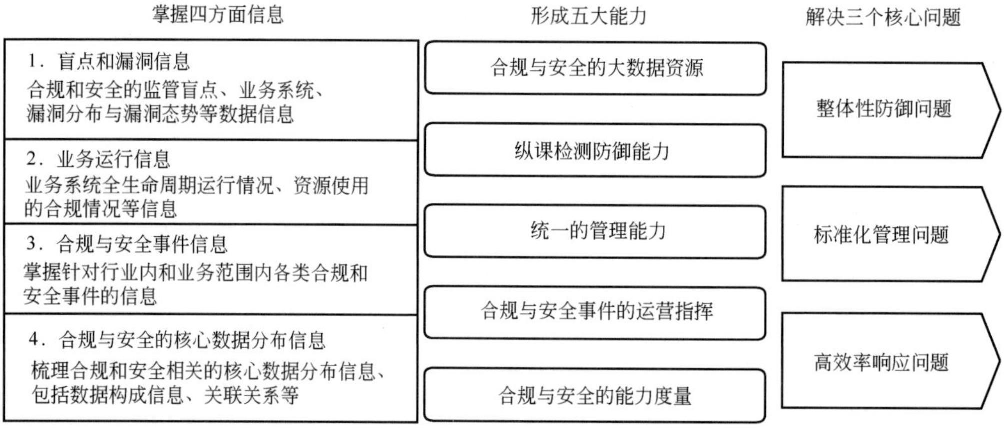

图 15-4　合规与安全的互联网应用建设目标

第三节　平台作用

加强合规和安全管理，防范企业风险，是保证企业平稳运行的关键。平台不仅可放大各软件系统整体的价值，也使企业合规和安全管理变得更加高效。平台的作用有且不仅限于以下几点。

一、实现从简单管理向智能管理转变

创建合规和安全文化、进行风险控制是企业健康有序发展的基础，是规范行为的先导，亦是企业稳健运营、做大做强的基石。当前，在数字化转型模式下，企业合规和安全管理体系呈现出实时、动态、可视、智能化的态势。

企业管理者将信息化技术扎根于各流程环节，迅速获知合规风险环境、安全等方面的实时信息，提高整体防护、管理效果，并运用图文、报表结合的方式动态展示，使合规和安全管理更加直观、丰富。同时，大数据、智能预测模型等新兴技术的应用也促使合规和安全的管理由事中向事前转变，从而有效提高企业整体合规和安全管理水平。

二、实现从被动管理向主动管理转变

以往的合规和安全管理，常常被问题牵着鼻子走，问题出现后常常需要去补缺口、顶位子、堵窟窿，这种被动式管理思路让企业陷入了疲于奔命、忙于应付的管理局面。互联网技术通过连接各业务单元、监管层和消费者，提供数据互通、文件传输、信息抓取、数据分发等服务，结合监管规定，制定统一的数据标准和报送规范，最终生成企业合规和安全管理需要的报告及数据报表，企业通过指标分析结果监测异常交易、判断风险水平，真正实现穿透式监管。此外，互联网技术将企业与公安、工商、财政等系统数据进行对接，可以提高监管机构对金融犯罪活动的调查处理效率。互联网技术的应用，改变了合规和安全方面的管理语态，变被动为主动，变事后诸葛亮为超前谋划、科学调控，为企业管理装上了预警的"红绿灯"和风险的"识别器"。

三、提升企业合规与安全整体管控力

平台的流程中心可实时监控正在运行的业务流程状态，直观展现每项流程。平台可收集各流程中的数据信息，有利于管理者追踪工作流程，了解实时数据，以便及时发现合规和安全问题，降低潜在风险。

减少审查的人为失误。平台可以代替员工处理大批量规则明确的重复性审查操作，有效减少人为失误，降低出错风险，同时减轻了员工的工作量，使员工有更多的时间和精力专注于核心任务的处理。

实现合规与安全报表自动化。平台让用户可轻松构建自定义报表，将流程指标和业务数据相结合。平台可跨系统跨领域自动收集数据信息，并加以验证，保证数据的准确性，提高制作合规与安全报表的质量和效率。

节约合规及安全运维成本。信息化时代，企业内部组织架构变更较以往更为频繁，

业务范围逐渐扩大，商务活动及内部管理的流程也在处于不断优化的过程中，这对企业信息化建设来说，牵一发而动全身。统一的合规与安全平台面对新场景时，仅需要增减或优化特定的功能模块，大大降低使用及运维成本。

第四节　平台应用

在 5G、人工智能的时代，合规数字化转型已成为一个重要的趋势。利用机器学习、自然语言处理、交互式可视化平台等互联网技术，帮助企业更好地识别和调查事件，找到根本原因，增强识别和调查攻击的能力，从而让合规治理更加标准化、精细化。

互联网平台的应用使企业可以进行标准化风险管理，实现风险识别和预警，预测、追踪、监测、监督和评价风险状况，互联网平台成为企业合规风险信息收集、输入、加工和输出的载体，实现了合规信息大集中，从而提高了企业控制合规风险的能力，降低了合规风险损失，最终实现企业价值的增值。

一、共享集团风险管理平台

（一）背景介绍

共享集团风险管理部门在公司审计委员会的领导下，建立了企业风险防控长效机制，形成了以风险为导向、以合规为底线、以内控为核心、以审计为保障的涵盖业务事前、事中、事后风险管理的闭环管理机制。随着公司信息化水平的不断提升，公司于 2016 年从风险管理的全流程考虑策划并自主开发了风险管理平台，该平台主要实现了风险点动态管理、风险识别/评价/审批、风险应对措施跟踪落实、风险应对计划进展汇报、风险管控评估报告出具五个模块的功能，横向实现了与电子邮件系统的高效集成，使得整个风险管理流程更加方便、快捷、智能。

（二）解决方案

（1）风险点动态管理。

围绕公司的总体经营目标，在企业经营的各环节执行风险管理的基本流程，培育良好的风险管理文化，建立健全包括战略风险、生产风险、市场风险、财务风险、法律风险及人力资源风险等在内的风险点并形成风险识别的基础数据库。按照 7 个一级风险、50 多个二级风险和 200 多个三级风险分别建立了公司风险识别的基础框架，风险点的新增、维护、删除都可以通过风险点菜单实现更新，风险识别时只需要将维护的类别及关联风险点进行补充、更新便可以实现对业务单位的一键下达。风险点动态管理应用界面如图 15-5 所示。

（2）风险识别/评价/审批。

风险点下发后，各单位的风险管理人员均可登录系统查看风险点，并结合各业务单位自身的情况，对照三级风险点，按照风险发生的可能性（L）和风险的影响程度（S）两个维度进行打分，按照 1~5 的分值区间，分值越小代表可能性越小或者后果越轻微，分值越高代表可能性越高或者后果越严重；风险度（R）则是（L）和（S）的乘积，最高 25 分，代表风险巨大，最低 1 分代表风险轻微可忽略。借助风险管理平台，通过系统化的风险信息收集和专业化的风险评价分析进行风险识别/评价，形成各单位的风险识别评价清单，风险管理员核对风险清单信息后，可将该清单整体提交主管领导及总经理审批，流程转交后，各级审批人员在电子邮件系统中将收到即时审批消息提醒，邮件附有审批链接，单击链接后可查看菜单内容并进行审批操作，实现了业务操作与日常办公的有效衔接，大大提高了审批效率。风险识别/评价/审批模块应用界面如图 15-6 所示。

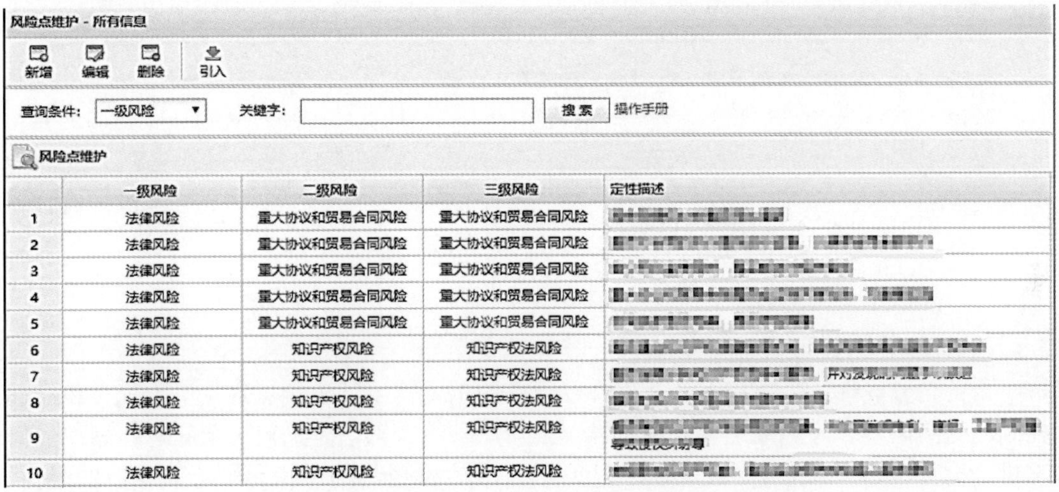

图 15-5　共享集团风险管理平台风险点动态管理应用界面

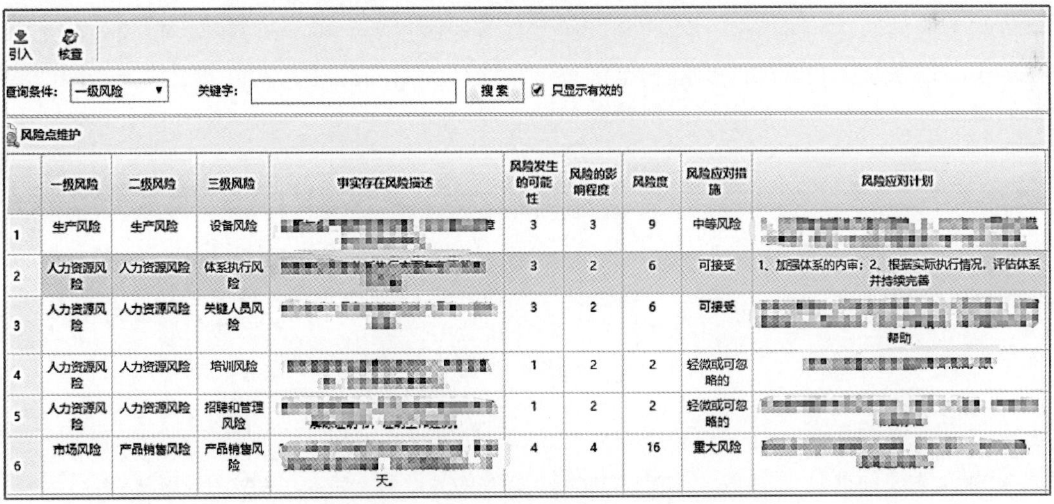

图 15-6　共享集团风险管理平台风险识别/评价/审批模块应用界面

（3）风险应对措施跟踪落实。

为了充分发挥各职能部门对风险管控的统筹管理职能，经过逐级审批后的风险清单提交集团公司后，默认按照职能部门进行归类并推送至相应的主管部门进行评审，全部审批流程结束后，系统管理员可通过"一键下达"方式将风险下发至各责任单位（见

图 15-7），责任单位按照风险度的不同，分别制定包括风险承担、风险转移、风险规避、风险控制等应对措施，指定责任人和完成时限，以确保风险应对措施责任到人、预警提醒、到期验证，从而确保风险管控更加精细化，集团与子公司间风险管控路径更加畅通。

图 15-7　共享集团风险管理平台风险下达应用界面

（4）风险应对计划进展汇报。

为了充分发挥风险防控在企业生产经营中的重要作用，进一步强化风险管控和内部控制，提高风险管理的准确性、及时性，公司风险主管部门定期对风险应对计划完成情况进行检查，责任单位每完成一项计划即可在系统中进行对应的汇报，上传相应的附件，主管人员看到责任单位的汇报后，可下载附件验证风险应对计划是否可以关闭并给出意见，同意关闭则进入下一步，不同意关闭则需要重新完成措施并汇报，所有的这类责任单位和主管部门之间的互动、沟通均可通过系统即时进行，每一项需要办理的业务都会在电子邮件系统上实现即时提醒和一键办理，这样的双向互动大大节省了线下沟通、验证的时间。风险对策落实跟踪应用界面如图 15-8 所示。

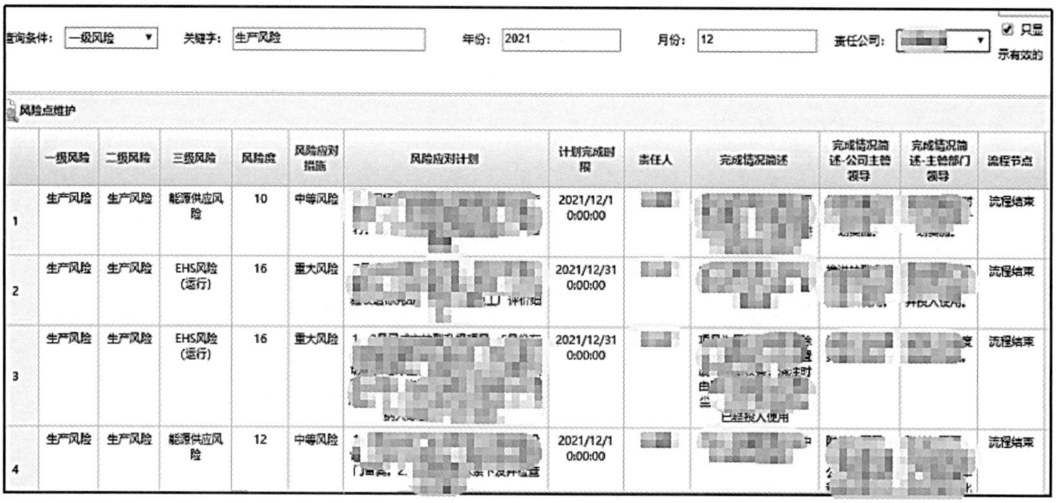

图 15-8　共享集团风险管理平台风险对策落实跟踪应用界面

（5）风险管控评估报告出具。

通过对风险应对计划的判断和对风险发生情况的判断，平台会自动抓取每项风险的信息并计算出风险措施落实率、风险发生率等关键指标，通过预设的统计图可以直观地看到各公司/各部门的风险管控结果，对风险管理过程的实时监控、预警，所有的风险信息构成了基础的数据库，所有的数据按照预设的规则进行整理便可呈现直观的可视化效果，便于用最短时间实现对风险管控效果的最直接评估（见图 15-9）。

	年份	编制时间	编制人	查看详细
风险点维护				
1	2021	2022/2/28 0:00:00		🔍
2	2020	2021/5/20 0:00:00		🔍
3	2019	2020/4/1 0:00:00		🔍
4	2019	2020/4/1 0:00:00		🔍
5	2018	2019/1/25 0:00:00		🔍
6	2018	2019/1/25 0:00:00		🔍
7	2017	2017/12/30 0:00:00		🔍
8	2017	2017/12/30 0:00:00		🔍
9	2016	2016/12/21 0:00:00		🔍

图 15-9　共享集团风险管理平台风险管控评估报告应用界面

（三）实施效果

共享集团风险管理平台自上线以来，共在集团 18 家独立法人子公司进行了推广应用，目前已经成为集团公司和子公司间风险管理的基础性平台，也是基础的数据库。自平台上线以来，累计建立基础风险点 350 项，生成有效的风险管理信息 2200 多条，横向和纵向都能从不同维度对集团各子公司风险管控效果进行分析，提高企业风险管理效率的同时，在企业经营风险规避方面发挥了重要作用。

二、卫华集团工业互联网平台

工业安全防护涉及边缘层、IaaS 层、工业 PaaS 层、工业 SaaS 层四大核心层级。为确保平台运行可靠、业务不中断、数据不丢失，平台安全防护能力设计涉及以下几个方面：一是合理管理和分配网络资源，防止滥用网络资源导致网络瘫痪；二是抵御病毒、恶意代码等对信息系统发起的恶意破坏和攻击，保障网络系统硬件、软件稳定运行；三是保护重要数据的存储与传输安全，防止和防范数据被篡改，建立数据备份机制和提高容灾能力；四是加强对重要敏感数据信息的保护，确保数据的机密性；五是构建统一的安全管理与监控机制，统一配置、调控整个网络多层面、分布式的安全问题，提高安全预警能力，加强安全应急事件的处理能力，实现网络与信息安全的可控性；六是建立认证体系保障网络行为的真实可信及可审查性，并建立基于角色的访问控制机制。卫华集团工业互联网平台安全架构如图 15-10 所示。

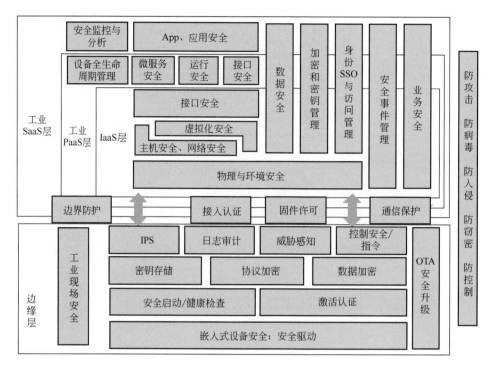

图 15-10　卫华集团工业互联网平台安全架构图

（一）边缘层安全

通过终端安全模块和物联网安全网关接入平台，对于内外业务数据控制平台和终端设备之间的数据传输，平台提供安全的加密传输通道。终端接入认证如图 15-11 和图 15-12 所示。

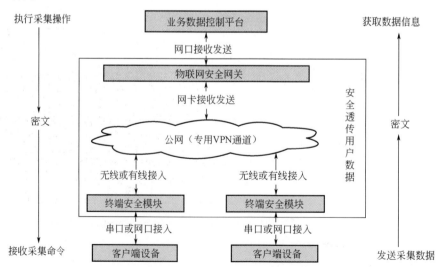

图 15-11　卫华集团工业互联网平台终端接入认证

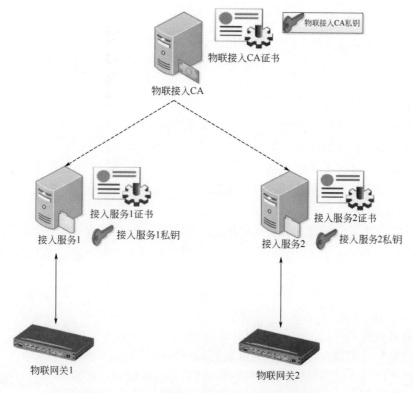

图 15-12 卫华集团工业互联网平台接入认证过程

物联网安全网关主要用于解密待进入平台的数据，加密待发向终端设备的数据：

（1）设备上传 MD5 加密信息，主网关进行认证并下发认证证书，供设备认证。

（2）设备取得主网关返回的相关信息及证书，连接业务网关，与设备业务网关建立 SSL 连接。

（3）业务网关对设备进行合法认证，设备对业务网关进行合法认证。

（二）IaaS 层安全

IaaS 层安全主要面对计算机网络与计算机系统的物理设备的威胁，包括周边系统环境和物理特性导致的网络安全设备和线路的不可用，从而造成所承载的应用不可用。主要表现在自然灾害、电磁辐射、三防（防火、防水、防尘）及恶劣的工作环境方面。

装备制造企业工业互联网平台考虑其物理层面的安全防范，机房物理防范措施严谨。

物理安全体系的建设可分为技术和管理两个方面。在技术层面，采取电子门禁、监控报警系统等技术措施，在管理层面，制定机房维护管理、出入登记申报等制度、建设集中运维平台，统一监控平台设施安全。

主要安全措施包括以下方面：

（1）物理位置的选择。

机房选择在具有防震、防风和防雨等能力的建筑内；机房场地避免设在建筑物的高层或地下室，以及用水设备的下层或隔壁。

（2）物理访问控制。

机房安排专人值守，控制、鉴别和记录进入的人员；

进入机房的来访人员应经过申请和审批流程，并限制和监控其活动范围；

重要区域配置电子门禁系统，控制、鉴别和记录进入的人员。

（3）防盗窃和防破坏。

将设备或主要部件进行固定，并设置明显的不易除去的标记；

将通信线缆铺设在隐蔽处，如地下或管道中；

利用光、电等技术设置机房防盗报警系统；

在机房设置监控报警系统，包括视频监控系统等。

（4）防雷击。

机房建筑设置避雷装置，交流电源地线；分别安装防雷接地线和机房接地线，且相隔一定距离。

（5）防火。

机房设置火灾自动报警系统，能够自动检测火情、自动报警，并自动灭火，机房采取隔离防火措施。

（6）防水和防潮。

采取机房全封闭措施防止雨水通过机房窗户、屋顶和墙壁渗透；

安装对水敏感的检测仪表或元件，对机房进行防水检测和报警。

（7）防静电。

主要设备采用必要的接地防静电措施，机房采用防静电地板。

（8）温湿度控制。

机房设置精密空调系统，自动调节温湿度，使机房温湿度的变化在设备运行所允许的范围之内。

（9）电力供应。

在机房供电线路上配置稳压器和过电压防护设备；建立 UPS 备用供电系统，提供短期的备用电力供应，满足主要设备在断电情况下的正常运行要求。

通过集中运维平台，一方面可以对网络资源、计算资源、存储资源、数据中心的基础设施环境及应用系统进行实时监测，另一方面可以为运维人员提供完善的监测和事件、报警平台及性能分析的实时报告，最终帮助运维人员快速定位并查找故障根源，提高工业互联网平台的运维服务质量，保证平台的基础设施环境及其应用的稳定运行。

（三）PaaS 层安全

平台的 PaaS 层安全体系主要包括接口安全、运行安全、数据安全、加密和密钥管理、身份认证和访问控制、安全事件管理、业务连续性等。

（1）运行安全。

平台配备了运维安全审计系统，有效地防止内部发起的攻击；通过防火墙、漏洞管理、网页防篡改等安全技术手段保障由外部发起的攻击，实现对应用运行安全的全方位防护。

（2）接口安全。

在接口安全上，配备了 PO 接口服务器，结合 CA 认证，实现对接口的强用户认证，接口数据加解密和有效接口的访问控制。避免利用接口对内和对外的攻击，避免利用接口进行云服务的滥用等。

（四）SaaS 层安全

平台的 SaaS 层安全体系主要为应用系统安全，结合防火墙等网络安全防护，通过动态身份认证服务器实现用户身份的强认证、访问控制及数据的加解密；通过网页防篡改增强 Web 应用服务器安全。

（1）应用加固。

Web 系统漏洞层出不穷，主要包括两个方面：一是 Web 应用漏洞，即 Web 应用层的各项漏洞，包括 Web 应用主流的安全漏洞、网页挂马、恶意代码利用的漏洞等；二是 Web 代码漏洞，即 Web 应用系统在开发阶段遗留下来的代码漏洞，包括 SQL 注入漏洞、跨站脚本漏洞和无效连接等。卫华集团工业互联网平台应用加固如图 15-13 所示。

平台 SaaS 层应用在开发之初，充分考虑到安全性，制定并遵循适合 SaaS 模式的规范和流程，从整个生命周期考虑应用安全，包括应对网页篡改、DDoS 攻击、导致系统可用性问题的其他类型黑客攻击等各种措施。平台采用的技术防护措施有身份认证访问控制、Web 应用配置加固、漏洞管理、Web 应用防护抗攻击系统等。

（2）应用防篡改。

应用防篡改系统对 SQL 注入攻击、跨站攻击、溢出代码攻击、对系统文件的访问、特殊的 URL 攻击、构造危险的 Cookie、对危险文件类型的访问、对危险文件路径的访问等均能进行不间断的有效检测、阻止与保护，并根据自动化攻击工具和手工攻击方式灵活调整安全保护策略。

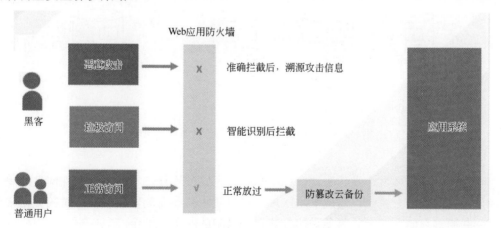

图 15-13　卫华集团工业互联网平台应用加固

（五）平台数据安全

装备制造企业工业互联网平台资源池安全在备份管理、设备利用率、数据保护策略等方面进行了统一规划与设计，针对备份的不同需求，制定了一套全面、高效的数据备份恢复系统来保障业务系统安全可靠运行，实现备份系统的统一管理、维护，达到备份架构统一、集中管理、节约成本的目的。

采用华为云备份一体机软件对关键业务数据库进行持续数据保护。数据库及应用备份的数据容量按照每周一个全备份，每天增量备份，至少保留 4 个备份周期（一个月）的数据。卫华集团工业互联网平台数据备份架构如图 15-14 所示。

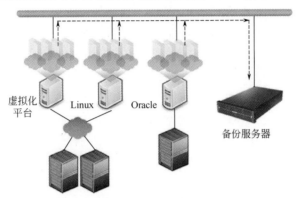

图 15-14　卫华集团工业互联网平台数据备份架构

卫华集团工业互联网平台建设有 3 个数据中心，保证数据备份安全，具有高可靠性、高可用性、存储双活的特点。

（1）高可靠性。

为了对数据存储获得高可靠性，采用多副本机制，把用户的数据在存储体中存放多份。在这种情况下，只有 3 份数据全部丢失，用户的数据才会真正丢失。在分布式存储系统中，卫华集团工业互联网平台数据多副本机制如图 15-15 所示。

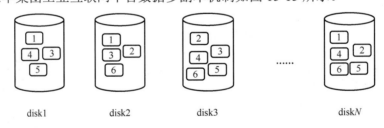

图 15-15　卫华集团工业互联网平台多副本机制

（2）高可用性。

存储设备在整体架构设计上均采用了全冗余方式的设计，不会出现硬件部件的单点故障。在数据存放方式上，通过 RAID 技术可以防止磁盘驱动器出现损坏时的数据丢失问题，并通过存储系统全局热备盘的方式保证 RAID 的正常工作。

（3）存储双活。

存储双活具有更好的数据备份安全性，两个数据中心互为备份，且都处于运行状态，当其中一个数据中心发生故障时，可以自动切换到另一个数据中心，通过数据的同步写入，当一个数据系统发生故障时不会导致原有数据的丢失，从而确保数据的可靠性和安全性。

第十六章　人才与培训的互联网应用

"互联网+"模式给传统的人才与培训领域带来了新思维、新经济和新形态，极大推动了这两个领域的发展与创新。

互联网为人力资源领域带来的最突出的变化主要体现在以下几个方面：一是思想模式转换，人力资源从传统的管理思想向服务思想演化；二是内容更为多元化，人力资源从传统的选用育留退等业务拓宽到社区互动、商圈生态等；三是决策更加科学化，随着云计算和大数据技术的广泛应用，决策不再过度依赖领导的知识和经验，转而更依赖数据。

互联网给人才与培训领域带来的最突出的变化主要体现在以下几个方面：一是趋向多能型人才培训，人才需求逐渐趋向于多能型、复合型人才标准；二是趋向具象化培训，广泛使用 XR 等新兴技术，培训内容更加精细、具象；三是趋向泛在学习，以互联网群组形式培训取代了传统的大课制培训，学员可利用碎片化时间学习。

第一节　业务要素

人力资源管理关心的是"人的问题"，其核心是认识人性、尊重人性，强调现代人力资源管理"以人为本"。现代企业人才管理主要由 10 个要素构成，即招聘配置、培训学习、绩效考核、干部与人才发展、员工服务、组织岗位、人事管理、薪酬管理、福利管理、假勤管理。这些要素相互联系、相互影响，形成了一个有机整体。

一、招聘配置

人力资源部门的工作包含需求分析、预算制定、招聘方案的制定；发布和管理招聘信息；筛选简历、面试通知、面试的准备和组织协调；面试过程的实施、分析和评价；确定最终人选，征信调查后通知录用；面试资料存档备案，储备档案管理并及时更新；招聘渠道的开拓与维护，招聘会的联系及相关物料的准备；不断完善招聘制度、流程和体系等。

二、培训学习

企业培训是推动企业不断发展的重要手段之一，市场上常见的企业培训形式包括企业内训、企业公开课、网络远程授课。培训学习的目标在于员工的知识、技能、工作方法、工作态度及工作的价值观得到改善和提高，培训学习的内容涵盖培训管理、在线学习、在线考试、学习地图、知识发现、学习计划等。

三、绩效考核

构建一套系统、科学、有效的绩效管理系统是人力资源管理的一大核心工作，更是企业发展的首要工作。绩效考核的内容包括目标设定、目标分解、目标跟踪、持续反馈、绩效评价、绩效校准、组织绩效、绩效应用、绩效激励等内容。合理的绩效管理考核可以有效促进企业和个人在未来发展方面有更好的表现，让个人的绩效提升、让企业良性循环。

四、干部与人才发展

人才发展的基本逻辑是在识别关键岗位和核心能力的基础上，确定人才标准，进行人才盘点，结合战略与业务需要，发现人才差距，制定人才发展规划，从而建立公司的人才梯队和继任计划，通过各种人才发展措施培养公司所需要的人才。人才发展主要负责关键岗位的人才发展工作，具体工作涉及胜任力模型搭建/任职资格体系建设、人才盘点、干部管理、人才发展、继任者计划、测评反馈等。

五、员工服务

员工服务的目的是改善雇用关系，提高员工忠诚度，确保企业能最大限度地调动广大员工的积极性，推动企业不断发展，提高企业竞争力。员工服务的内容包括入转调离、员工问询、自助档案、证明服务、员工关怀、共享社区等内容。

六、组织岗位

适合企业发展阶段的组织架构和高效的组织运行机制，可实现为客户建立完整的岗位体系，为人力资源各个模块提供重要客观依据和基础信息。组织岗位的业务环节包括组织管理、岗级设置、岗位管理、定编管理等内容。

七、人事管理

企业人事管理的根本目的就是通过使用人才艺术达到最大的效益。人事管理的业务环节包括人事档案、合同主体、用工关系、合同信息、人才概要、劳动争议、职务变动、协议管理等内容。

八、薪酬管理

薪酬管理一方面是对薪酬体系的设计与规划，另一方面是在设计完成之后进行的日常薪酬核算、发放等常规事务。薪酬管理的业务环节主要包括成本中心、薪等设置、薪资周期、薪酬档案、工资项库、月底算薪、薪资组别、薪资核发等内容。

九、福利管理

福利管理有利于企业获得社会声望，增强员工信任感和依恋感，合理避税又不降低员工实际薪酬水平，适当缩小薪酬差距。福利管理的业务环节包括社保、公积金、商业保险、弹性福利等内容。

十、假勤管理

跨时区、多文化、多班次的复杂假勤管理，不仅能体现 HR 超强的执行力，还能提升员工的满意度。假勤管理的业务环节包括假勤档案、班包管理、排班管理、考勤打卡、外勤管理、休假管理、加班管理、调休管理、出差管理、调班换班、时间银行等内容。

人力资源业务要素地图如图 16-1 所示。

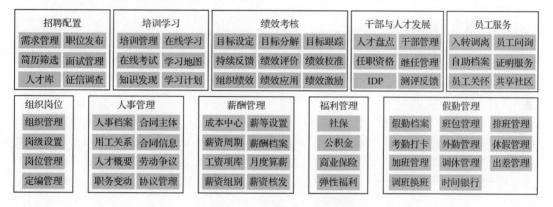

图 16-1　人力资源业务要素地图

第二节　平台要素

一、数据连接共享

（1）全生命周期记录。互联网的应用已经渗透进人才选、用、育、留、管等各环节，并对人才的全价值周期进行了线上记录，实现所有变化有迹可循。针对录用/竞聘、360全方位评价、潜力评估、异动管理、征信记录、任免管理、培训培养、薪酬管理、绩效与激励、福利补贴等业务，市场上各类微服务组件、App 和平台层出不穷，如录用/竞聘业务就有简历甄选、面试处理、入职模块、转正模块、调动模块、续签模块、离职模块、数据处理、电子签章、短信平台、OCR、人脸识别、电子档案、满意度平台等微服务组件。互联网的应用不仅能规范流程，还能改进原服务模式，促进信息共享。

（2）一体化平台管理。人力资源治理数据涉及招聘配置、培训学习、绩效考核、干部与人才发展、员工服务、组织岗位、人事管理、薪酬管理、福利管理、假勤管理等多种信息，数据资源极其丰富，这些重要数据掌握在不同业务的微服务组件中。各种 App根据业务内容一个接一个地进行项目化运作，这种碎片化的操作导致数据共享难。一体化管理平台基于统一的规划部署和科学的顶层设计，克服了互联互通难、业务协同难、数据共享难的问题，消灭了系统和数据的烟囱越垒越高的情况，实现了一个接一个"信息孤岛"的连接。

（3）数据湖连接共享。人力资源互联网数据越来越关注数据湖和数据主题连接的建设，实现数据分析及报表的灵活配置。数据湖的建设主要包括数据的汇聚和连接、数据获取方式和次序。数据湖的数据分为结构化和非结构化数据。结构化数据包括员工与企业基础数据的采集，通过业务流程运营积累的过程数据，如用户处理相关业务的耗时量、使用次数、服务处理及时率、服务满意度等。非结构化数据包括无格式文本、各类格式文档、图像、音频、视频等，较之结构化数据更难对其标准化。数据主题连接是指事实表、维度表，以及相互间连接关系，方便面向业务多视角、多维度的数据查询和分析，如图模型、标签、指标、算法模型等。

二、服务智能化

（1）人才地图动态化。利用互联网技术可动态展现人才地图的实时更新，如人才数量和人才质量数据更新。在人才数量方面，动态展示人均销售收入、人均净利润、单位人工成本产出效率等人效情况。通过对人员总数、人员性别比例、年龄分布、司龄分布、学历分布、职级分布、职类分布、地域分布、管理幅度统计、流失率统计等指标进行分析判断人才数量结构的合理性。在人才质量方面，互联网技术可以展示不同序列、不同层级、不同岗位员工的九宫格定位、潜力、岗位匹配度等信息。通过这些数据能够精准地认识到企业人才管理现状与人才需求规划之间的差距，进而推动企业采取行动来缩短差距。

（2）现状描述可视化。针对特点问题，多维度、多视角、不同粒度的数据查询和现状展示，将有助于科学决策。互联网技术精准地衡量人才数量、质量、匹配度、贡献度、准备度和流失率，不仅能为企业发现优秀人才、开展人才管理措施、精准淘汰、精准激励等工作提供决策依据，而且在形成公平的用人机制与文化、优化组织结构、提高人效最优化等方面贡献突出。例如，企业可以通过分析员工的在职时间长短，分析出企业文化、直接领导、薪酬福利、工作环境对员工离职影响的程度，进而提出有针对性的改善决策。

（3）咨询服务智能化。随着 5G、人工智能、XR、大数据等新一代信息技术的赋能，智能问答机器、在线客服、自助证明打印机等各类新产品屡见不鲜。例如，智能问答机器依托于完善的题库准备，可以实现 7×24 小时全天候实时接待服务，员工也可能通过OA、微信、闪布等各类渠道询问，回复快速、数据报表全面细致，相比于传统人工热线，智能问答机器服务更高效，操作更快捷。又如线上签产品，可根据公司/部门配置不同的签署文件，在手机端显示未签的文件，点击进行签署，签署成功后状态标记为已签署，并可随时点击查看文件；还可为在职员工量身定制批量/多人/多次签署场景，100%线上操作，零打印、零快递、零归档，节省人力、办公成本，高效签署各类文件。

三、具备分析模型

（1）流程再造。互联网技术对人力资源业务流程的影响主要体现在五个方面：一是流程显性化，通过数据上线，实现了经验的固化、经验的传承、知识的挖掘，防止失忆；

二是流程规范化，促进流程意识，使流程理念深入人心，规范了流程配套，明确了各条线的职责；三是流程体系化，促进了人力资源业务流程、管理流程、辅助流程等一体化运作；四是流程智能化，流程可根据人力资源规划进行自我优化；五是价值链重构，实现了人力资源应用产品的迭代升级，人力资源服务模式创新、人力资源成本颠覆式降低，提升了企业竞争力。

（2）人岗匹配。员工与岗位是否合理匹配已成为人力资源管理中的基本问题。人岗匹配是动态交互的结果，不能生硬地依托独立打分标准进行，HR 在确立人岗匹配策略时需要考虑多种高匹配人才的可能性，传统的决策方法无法得到隐藏在这些数据之后的整体特征描述及其发展趋势的预测信息。随着互联网和大数据时代的发展，企业越来越多地开始运用智能技术分析职位的要求，提取出影响人才匹配的核心决策因子，并且综合员工以往在各项目团队中的角色定位、业务贡献能力、团队协调能力、分享能力、学习能力、逻辑能力等评价结果，为人员岗位双向智能个性化推荐。

（3）问题分析。在信息化不断加强的社会里，人力资源管理与时俱进，基于互联网应用的各种模型层出不穷，深刻改变了企业的发展模式。一是组织诊断模型，通过用人需求的收集，构建出目标画像，一方面可以通过智能推荐获得优质候选人，另一方面能经过数据分析预测离职情况，企业基于该模型实现了从智能识别用人到人才梯队完善、轮岗需求规划等各类功能。二是素质模型，企业可以基于素质模型，分析差距，形成培训需求和智能推送培训课程等各类功能。三是薪酬模型，综合人才发展周期、评估需求模型，形成定制化的薪酬计算方案。四是绩效模型，通过战略目标和业务成果的智能化比对，发现异常，智能推送至相关人员。

人力数字化转型要素如图 16-2 所示。

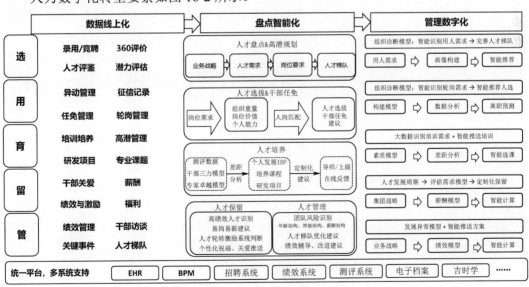

图 16-2　人力数字化转型要素

第三节　平台作用

企业借助互联网人才管理和培训平台，改进原服务模式，提高信息共享效率，节约时间和资金成本，并通过专业数据分析，为决策提供专业建议。

一、实现了信息互联互通，促进了资源高效整合

互联网人才管理，消除了系统孤岛困境，通过对信息的合众化管理，解决信息不对称问题，打通沟通的痛点和堵点。互联网技术打通了人力板块内的各业务以及与其他板块业务的数据，使业务之间不再相互独立，而且数据能趋于统一格式，操作风格形成一体化，促进了数据的复用和重构，促进了资源的高效整合，同时为科学的决策提供了扎实的数据支撑。

培训系统方面，互联网技术能加快培训产品和服务类型的推陈出新速度，加深与其他行业领域和经济形态知识的交互复合程度，实现人才能力高质量地更新和创新，满足企业对新事物、新知识、新人才的渴求，推动企业转型和变革。

二、实现了业务精深化，促进了效率换档提速

随着互联网化应用加深，人力资源业务的工作理念发生深刻变革，由管理理念向服务化理念转变的趋向愈发明显。人力资源互联网应用更侧重于减少员工事务性工作，腾出时间做更有价值的事。大部分的机械性、重复性操作由人力资源管理软件取代，使工作流程自动化，减少不必要的人为干扰因素，并且大大提高了事务性工作和日常服务的效率。有助于 HR 从事务性、行政性的日常工作中解放出来，去做更重要、更有价值的工作。

培训的互联网化应用，一方面使培训模式从传统的集中化逐步走向分散化，学员能利用更多碎片化的时间进行学习；另一方面，培训内容变得更为具象和精细，而且通过大数据分析，推送的培训课程也更为精准和全面，有助于塑造多能型人才和专深型人才，帮助企业跟上时代发展步伐。

三、实现了服务个性化，促进了人效优化提升

人力资源管理软件的内容更加多元化，能根据企业客户、员工等对象的不同需求，提供个性化方案。基于物质和精神的不同，客户和员工的价值主张已经变得个性化和感性化，通过对客户或者员工单独的数据分析，不仅可以分类出共性服务内容，也可推荐个性化的服务方案，提升满意度，降低客户和员工的流失率。这些精准升维的个性化功能，只有互联网协同网络才能完成。

借助互联网技术，企业也能以人为本，开展针对性培训。互联网收集学员的相关信息，如课程选择、学员的部门职位等，通过分析背后的数据逻辑，就能评估学员的学习特征，然后根据不同学员的知识基础、职位、部门，有针对性地制定培训课程，让学员有最新配套的学习资源，实现最高效的能力提升。

四、实现了管理和培训的结构性变革，促进了潜能激发激活

随着互联网技术发展，人力管理由科层治理向网络治理进行演变。配套的扁平化、去隔断化的组织机构逐渐成为主流。放权、授权、赋权、精兵简政，互联网技术通过组织层面的改造，去掉阻塞，去掉影响效率和效能的"组织淤滞"。在一个沟通边界交叠、上下层级简单、以任务而非等级为导向的工作平台上，员工以任务为核心快速组网、联网、再组网，员工和员工之间发生着"工作资源、价值贡献、能量的交换和转换。人才完成了从传统时代的"被组织人"到移动互联时代的"自组织人"的转型升级。

互联网应用使企业培训的面貌焕然一新：一是内容趋于微课程化，培训内容按管理类、知识类、技能类解构，满足了学员利用碎片化时间高效学习的需求；二是交互学习更加生动，学员戴着 XR 眼镜，通过互联网实时交互，模式更加生动化，促进了知识的吸收效率；三是培训更精准，依托互联网技术，培训后台通过数据分析更精准地推送课程，对培训成果有跟踪反馈和考核，通过数据能完成更精准的优化，使培训更加高效。

第四节　平台应用

一、共享集团铸造课堂网络学习平台

（一）背景介绍

在"互联网+"时代，越来越多的行业将互联网与传统行业相结合，传统的培训流程难以实现闭环管理，且管理手段单一，培训班质量难以控制。共享集团在培训需求大、学员分布广、知识更新快、专业性和一致性要求高的新形势面前应时而动、顺势而为，以互联网技术为基础，建设了一个集中管理、分级应用的网络学习平台——铸造课堂，为公司员工提供个性化学习服务，也为各级管理人员提供不同程度、不同维度的管理服务。

（二）解决方案

共享集团铸造课堂网络学习平台（见图 16-3）提供了学习"平台+内容体系+定制服务+运营服务""四位一体"的服务模式。

（1）学习平台：帮助企业搭建一站式在线学习管理平台，大幅提升企业内训管理效率。内训平台可采用 SaaS 化或本地化部署，满足各类场景需求。

（2）内容体系：汇聚行业 3000 多节课程，覆盖铸造材料、工艺、设备等，每门课程配套专业试题库；联合行业协会、优势企业、行业专家、高校共同开发课程，解决企业培训资源短缺问题。

（3）定制服务：为企业提供个性化培训课程需求定制服务，包括企业内训视频课程的拍摄制作服务、企业直播培训服务等。

（4）运营服务：为企业提供全流程培训运营服务，包括训前开展调研、现状测评、

培训启动会；训中组织学习、练习、实践、辅导、考试；训后组织复盘、汇报、结业，促进学习成绩达成。

铸造课堂网络学习平台提供线上线下相融合的培训解决方案。整合线上线下培训解决方案实施流程：培训需求调研—绘制学习地图—课程规划设计—线上线下培训—岗位资格达标—培训成果答辩—认证合格上岗。

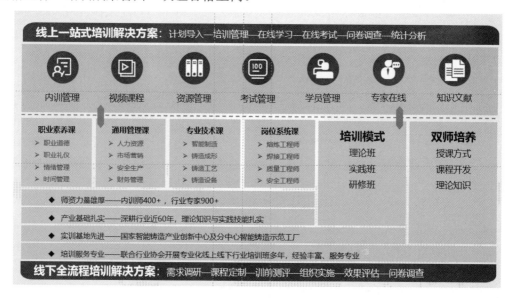

图 16-3　共享集团铸造课堂网络学习平台

（1）线上一站式培训解决方案。

线上提供内训管理、视频课程、资源管理、考试管理、学员管理、专家在线、知识文献。内训管理助力企业构建一站式学习平台，从搭建系统到制定计划，从寻找课程到安排考试，支持线下邀约讲师，全过程详细记录，实时了解学习进度。视频课程汇集行业、高校、骨干企业优质知识资源，引进专业的智能制造类、经营管理类、通用类岗位课 3000 多节并高效整合，打造泛制造行业垂直领域特色课程，为行业企业提供丰富的培训学习资源。

资源管理：共享集团铸造课堂网络学习平台专业的课程开发团队，协助企业提炼优质经验，提供视觉呈现设计，将企业的宝贵经验可视化、系统化，方便知识的传授和检验。企业通过逐步建立专属的课程资源库，完善自身的课程体系。

考试管理：考试功能强大灵活，高速响应企业需求，实现无纸化考试，实时分析考试数据，省时省力。

学员管理：支持批量导入，组织架构批量匹配，员工账号一键开通，培训负责人省时省力；五级组织架构，覆盖集团公司、多级部门结构公司，强力支撑企业分组织、分部门、分岗位组织培训。

专家在线：覆盖企业经营管理、智能铸造、铸造技术、铸造装备、先进制造技术、质量管理、检测技术等铸造行业八大领域的 900 多个专家团队，400 多名内训师，为企业提供在线答疑、线下诊断与培训服务。

知识文献：各个行业专业的知识文献库，汇聚国内外企业沉淀的知识、经验、标准、文献，为企业提供典型问题库、标准库、文献库和专业术语，助力企业解决技术难点。

（2）线下全流程培训解决方案。

线下全流程培训解决方案为需求调研—课程定制—训前测评—组织实施—效果评估—问卷调查。全方位、多业务的培训场景，为企业提供新员工入职培训、企业安全学习、岗位技能认证、内部知识竞赛、领导力培训等。

（三）实施效果

共享集团铸造课堂网络学习平台助力员工多元化的技能提升，在工作中更加有归属感，提升团队凝聚力；帮助提升岗位胜任能力，达成业务目标，减少管理成本，培养关键人才；帮助企业降本增效，增强企业生存发展能力，提升企业人才竞争力和生产力。

共享集团铸造课堂网络学习平台除搭建企业内训平台、打造行业课程专区和汇集专家在线咨询外，继续努力探索和研究新的服务产品，孵化衍生行业内的铸造文库、解决方案和铸造图书板块，聚焦行业问题、整合行业资料、定制培训解决方案和提供行业书籍电商平台，全方位多角度建设铸造人都在用的学习平台。

二、安徽合力SAP-HCM系统

（一）背景介绍

企业信用化的飞速发展，不断推动着管理效率的提高与管理水平的提升。安徽合力股份有限公司使用SAP-HCM系统对人才进行管理，该系统包含人事管理、考勤管理、工资核算、绩效考核等功能模块。该系统为安徽合力搭建了良好的数字化人力资源管理平台，减少工作流程的重复性，使其更加自动化，提高工作效率，也提升了人才管理的能力。

（二）解决方案

（1）搭建移动学、练、考模式。

系统设计营销、生产两大类学习模块，其中，营销模块分为产品销售、管理类及售后服务，各个子模块根据产品型号及管理内容划分详细的层级分类，结合用户需求，逐步梳理形成企业内部以公司产品知识为主线，覆盖企业管理、精益生产、党建等基础内容的学习知识库。考试模块分为正式考试和模拟考试，支持用户查询错题，模拟考试时选中弹出答案和提醒，第一时间给用户呈现正确答案，节省用户对知识的吸收时间，大大提升了用户学习效率。

（2）初步搭建积分模块，为竞赛排名活动做准备。

用户参加学习、模拟练习和考试后，会自动按照后台配置积分规则增加个人积分（见图16-4）；用户可在个人积分里查看学习、培训、考试积分规则，查看本人详细积分情况（包括每次学习、模拟考试、闯关答题的积分）；支持用户积分明细查询等基础功能，为后续公司各类培训竞赛活动提供参考依据。

图 16-4　安徽合力 SAP-HCM 系统积分示意图

（3）搭建企业通讯录，便于用户查找企业联系人。

依托现有信息化系统，同步企业用户基本数据，根据部门展示用户姓名、手机号等信息（见图 16-5），便于现场用户及时找到相应支持人员反馈问题，特别是针对一线营销人员，能够第一时间通过移动手机端找到业务对接人员，提升工作与沟通效率。

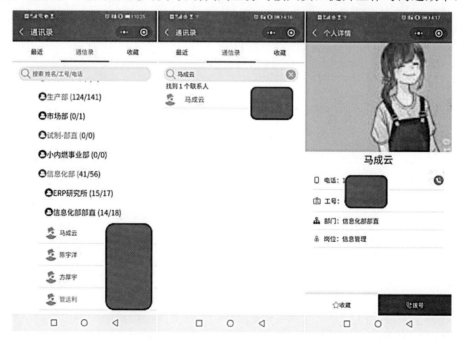

图 16-5　安徽合力 SAP-HCM 系统通讯录

（4）搭建薪资模块，取消纸质薪资单。

根据业务部门及实际用户需求，依托现有系统，搭建薪资模块（见图 16-6）。为最大限度降低对现有系统的取数压力，重点设计取数和呈现逻辑。经过多次讨论沟通，薪资系统取数设计为定时定次数自动抓取和管理员后台操作相结合的模式，满足用户需求，确保不同批次分发工资时的数据展示及时性。

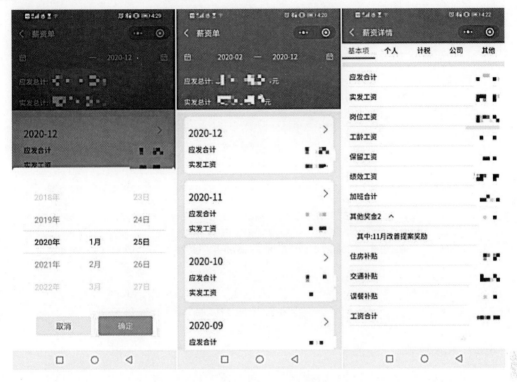

图 16-6　安徽合力 SAP-HCM 系统电子薪单

（5）用户登录多重验证，防止系统信息外泄。

用户登录采用系统与微信号同时验证机制，避免体系外用户登录查看企业机密信息以及企业内部员工登录其他用户账号查看个人薪资等涉密内容。用户必须登录才能查看内容，当用户登录时系统先验证个人信息，非集团体系内用户禁用；当体系内用户登录成功后，系统自动绑定其微信账号，下次登录通过验证微信号和用户账号的对应关系，确定账号的合法性，且用户个人不可自行解除绑定关系，以此可以避免企业内部用户登录他人账号的不合规情况。

（6）依托微信系统搭建小程序，避免独立 App 安装烦恼。

独立小程序存在用户安装、手机型号系统适配、安卓、苹果系统开发及程序升级等难题，给用户使用带来困扰。鉴于此，项目组成员通过调研了解，依托现有主流通信系统——微信，搭建微信小程序，用户无须安装，搜索登录即可使用，大大降低安装 App 的麻烦和困扰，提升用户自主使用兴趣。同时，职工宝小程序采用租用云服务方式搭建系统，提升系统性能，降低企业成本。

（7）部分线上活动案例。

营销学习平台——职工宝小程序自搭建以来，先后组织开展了营销体系优秀成果及案例分享、操运会技术类考试、直属分工会党建考试、党建知识学习、精益系列知识、中层助力干部考核问卷调查、新产品知识和产品维修调试基础知识、营销新闻信息发布及学习强国答题库等内容，全面满足企业的用户需求。安徽合力 SAP-HCM 系统管理后台如图 16-7 所示。

考试名称：	输入考试名称			创建日期：	选择日期		
考试名称	考试说明	开始时间	结束时间	创建日期	考试类型	出题类型	
班组长管理技能培训测试	点击查看			07-07	模拟考试	随机出题	
精益班组长技能培训考试	点击查看	07-29 12:20	07-29 12:50	07-20	正式考试	随机出题	
班组长管理技能培训正式考试	点击查看	08-27 00:00	09-11 00:00	08-26	正式考试	随机出题	

图 16-7　安徽合力 SAP-HCM 系统管理后台

（三）实施效果

职工宝小程序已完成项目开发测试、上线交接、基础数据维护等工作。目前，系统已维护用户数 11312，已注册使用用户数 6339（涉及股份本部、分子公司及营销总部共计 39 家单位）；发布 133 门课程；2931 人参与学习；完成 53 场考试，4473 人次参与考试；完成调查问卷 30 份。具体实现功能包括通讯录、在线课程、在线考试、积分管理、薪资管理、在线投票、问卷调查、单位动态、活动发布等功能模块。

三、吉利集团人力资源管理系统

吉利集团人力资源管理的互联网应用，实现了数据、流程和管理的电子化，通过建立人力生态圈、福利生态圈、交互生态圈，丰富了人力资源业务的内容，真正实现了管理方式的人性化。

（一）背景介绍

早期的人力资源主要是分散式管理模式（见图 16-8），各个业务单元各自提出 IT 发展要求，IT 部门根据业务单元的要求提供相应的技术服务，该模式能够实现对业务需求的快速响应和落实，但痛点堵点也很明显，系统孤岛多，缺少整体的经营管理视角。例如，EHR、BPM、招聘系统、绩效系统、测评系统、电子档案、吉时学等各业务单元系统相互独立、数据不一致、操作复杂。建设人力资源统一管理平台，拔掉业务"烟囱"，已势在必行。

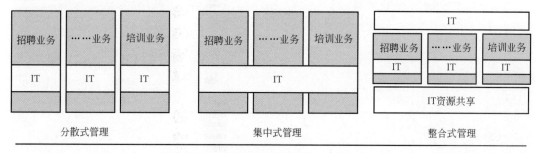

图 16-8　人力资源管理系统的发展历程

人力资源管理系统的集中式管理模式应运而生。企业通过制定 IT 发展策略、制度、规范，实现了架构和技术标准的统一及技术资源完全集中化管理与开发。该模式开辟了经营管理视角，有利于系统集成和信息的共享。但是"中央集权体系"也存在着弊端，该模式对业务变革的响应能力和推动能力不足。

人力资源管理系统的整合式管理模式越来越受到青睐。整合式管理模式一方面吸纳了分散式管理和集中式管理的优点，有利于站在经营管理视角整体推动 IT 规划和建设，有利于 IT 与业务的融合发展；另一方面，数据的高效复用、解构、重构，衍生了更多的服务，如线上商城、健康体检、保险团购、用工生态平台、大学生交互平台、积分变现、职业信用等衍生服务。

（二）解决方案

吉利集团高度重视人力资源体系建设，面对传统的人力资源 IT 系统存在的系统孤岛多、数据效能低、衍生服务少、应变能力差四大痛点堵点，开发了集资源平台、流程平台、专业化服务平台为一体的人力资源管理系统（见图 16-9）。吉利集团人力资源管理的数字化转型路径主要分四个阶段：一是数据线上化，实现全生命周期记录完整及时，所有变化有迹可循，档案线上存档，建立了统一平台实现信息集合，并能进行数据分析及报表的灵活配置；二是盘点智能化，实现了人才盘点流程的线上化、人才地图的动态更新、团队报告的展示、人才梯队的虚拟布局；三是管理数字化，实现了干部需求管理及规划智能配置、内部竞聘的线上化管理、人岗匹配的智能化、干部轮岗的合理化建议、风险预警等功能；四是生态圈建设，吉利集团依托平台，打造了人力生态圈、福利生态圈、交互生态圈三个生态圈，人力生态圈为招聘、供应商管理、专家智库、学习培训（见图 16-10 和图 16-11）等，如优职云、闪光青年、诸葛云商等，福利生态圈包括线上商城、健康体检、保险团购等，如吉好的、吉利大健康等，交互生态圈主要包括交易支付、积分变现、职业信用、办公体验等，如吉时付、吉点点、指真、吉码通平台。

图 16-9　吉利集团人力资源管理系统

图 16-10　吉利集团网页端 App 平台

图 16-11　吉时学 App 界面

（三）实施效果

吉利集团人力资源管理系统消除了数据在不同系统间不断"搬家"的窘境，能够实现数据的快速复用、解构、重构（见图 16-12），解决了数据交互过程中的诸多问题，能满足新的协同方式（见图 16-13）、安全要求、数据使用模式等要求，为其他企业人力资源信息化建设提供了新的建设思路。

■ 人才生态大数据赋能营销
· 大数据+人工智能链接生态产品与用户的交互闭环

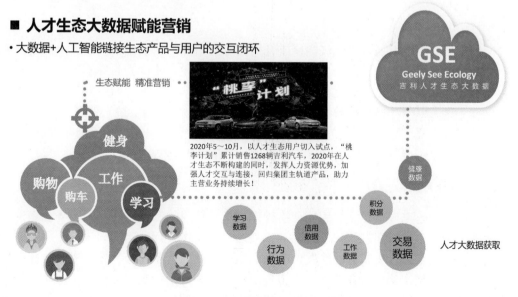

图 16-12　吉利集团人才生态数据

图 16-13　吉好的手机端 App 及平台 App

四、"幸福北汽"人才培养平台

（一）背景介绍

产业革新与企业发展，给北汽集团十几万员工的培养培训工作带来了巨大挑战。为进一步提升北汽的竞争力，加强人才队伍建设，解决企业人才培养服务能力不足、大量学习与培训需求无法满足、岗位标准与胜任力不够清晰、职工参与创新创效活动缺乏有力抓手等问题，2019 年开始建设北汽 E 赛场；后来基于统一认证、统一管理、统一培训、全面提升工作需要，升级各版块功能，并改名为"幸福北汽"人才培养平台（见图 16-14）。平台由北汽集团工会负责组织、指导工作，北京天拓数信有限公司负责建设并参与运营。

（二）解决方案

通过确立领导重视、建立制度、严格管理、规范使用的工作局面，开展平台建设、活动运营、资源支撑方面的工作，推动"幸福北汽"工作目标的实现。

（1）人才规划。为实施企业的发展战略，完成企业的生产经营目标，根据企业内外环境和条件的变化，通过对企业未来人力资源的需要和供给状况的分析，运用科学的方法进行组织设计，对人才的获取、配置、使用、保护等各个环节进行职能性策划，制定企业人才供需平衡计划，以确保组织在需要的时间和需要的岗位上，获得各种必需的人才，保障最大限度利用人才，从而实现与其他资源的合理配置，有效激励、开发员工的规划，针对人力资源管理制度进行修改制定，针对管理人员所付出的费用进行预算编制与执行。

图 16-14 "幸福北汽"人才培养平台服务架构设计

（2）岗位标准与胜任力模型。在客观科学实用的背景下制定相关人员岗位职责、上岗条件，制定岗位工作的范围、责任、权利、程序、要求、效果、检查方法的标准细则；与岗位标准配套建立胜任力模型，针对某一个特定的职位所展现出来的优异表现进行组合的胜任力结构，能够将绩效优异者与一般者从动机、特质、技能和能力等不同方面进行区分（见图 16-15）。

图 16-15 "幸福北汽"人才培养平台岗位标准制定界面

（3）技能提升。职工通过平台竞技中心开展技能竞赛活动，参与线上学习与闯关练兵活动，自主自发地参与技能提升行动（见图16-16）。

图16-16 "幸福北汽"人才培养平台E课堂（赛前E课）

平台通过积分体系、商品兑换，以及各类排行榜建立学习提升激励机制（见图16-17）。让职工之间相互激励，结合游戏化、参与式平台激励措施，开展闯关抽奖、出题有奖等活动，增强员工参与的积极性、主动性。

图16-17 "幸福北汽"人才培养平台学习提升激励机制之"积分体系"

平台向职工输出知识技能，培养职工的学习习惯，全面提高团队的专业知识水平，提升学习效果，通过公开公正透明的在线考试进行考察评价（见图16-18）。

图16-18　"幸福北汽"人才培养平台在线考试

（4）创新创效。北汽集团将创新创效融入日常人力资源管理工作，通过平台打造创新土壤，发挥先进职工、劳动模范带头作用，培养企业员工的创新理念与能力，培育集思广益、人人参与的创新环境，激发员工创新创效动能，建立攻关课题发布和承揽，创新成果流转、流动与转化机制，促进分配机制改善；通过平台培训企业文化与产品知识，增强员工对集团产品的了解，开展助营销、全员改善等创意活动，建立信息通道，鼓励员工提出可行性建议，提升创新意识；促进职工创新落地，激发全体员工参与创新创效、建功立业工作，促进成果落地，充分发挥创新成果价值，驱动企业加速发展（见图16-19）。

图16-19　"幸福北汽"人才培养平台创新工作室与劳模榜样

（三）实施效果

平台自上线以来，在北汽集团与天拓数信共同建设与运营下，截至 2021 年年底，"幸福北汽"系统覆盖职工人数 11 万余人；题库试题数量超 10 万道，通过平台参与学习闯关活动的用户 8 万余人，全年闯关人次过千万。逐步形成了"一体四助"，即以工会为主体，助力企业发展、助力职工创新、助力技能提升、助力职工服务为主要内容的"幸福北汽"人才培养与智慧工会管理平台，得到了集团领导的肯定和广大职工的广泛认可。

具体来说，取得了以下应用效果：

（1）职工素质提升，平台通过"安全知识大赛""工者匠心星徽护航"等系列活动，提升职工整体素质水平。

（2）为人才培养储备更加充分的资源与能力，如课程体系和专业题库。

（3）形成学习氛围，促进学习型组织建设，为北汽发展稳固了人才基础。

（4）充分发挥职工创新能力，培育创新思维，增强企业创新活力，构建职工技能提升和创新创效新局面，为北汽发展提供不竭动力。

（5）充分调动职工主观能动性，将工会工作和企业营销相结合，相互融合促进，共同助力北汽发展。

第十七章　党建与文化的互联网应用

党的文化建设是我国当前党务建设的重要工作，是提升党的执政能力的重要方面。互联网作为社会文化的创造载体和传播平台，对党的文化建设具有十分重要的作用。我们必须充分发挥互联网的优势，利用互联网为党的文化建设提供的新机遇，提高党的文化建设的整体质量。在新时期，我们必须充分认识党建与互联网发展之间的客观实际，从全局出发，发挥互联网的新渠道、新载体、新平台功能，提高党建文化的整体水平，促进党的建设进一步发展。

第一节　业务要素

党建文化业务要素主要包括组织建设、思想建设、纪律建设、文化建设等，具有鲜明的政治性和实践性，指导党在不同时代、不同情况下的工作和活动。党建文化工作应围绕中心、服务大局，与业务工作相辅相成，这是做好党建工作的重要遵循。

一、组织建设

以党建引领为核心，强化党组织建设，增强党组织凝聚力向心力。要增强党组织的凝聚力向心力，就必须要增强党建引领观念，要有强烈的宗旨观念和责任意识。要强化管理，健全和完善党建工作机制，推进党建工作和业务工作互融共进同频共振，要发挥支部战斗堡垒作用、党员先锋模范作用。

二、思想建设

以党员为本，激发全体党员干部作为党的先进建设主体的积极动能。党建工作的核心是全体党员，必须始终坚持以人为本的信念，贴近党员思想和工作实际，切实把思想政治工作潜移默化地深入到全体党员的心中，激发党员作为党的先进建设主体的自觉意识、责任意识、担当意识。

三、纪律建设

以纪律建设为抓手，将其作为教育党员不忘初心、牢记使命和端正党风、增强党性的有力武器。党建工作中只有抓好纪律教育，才能立根固本，坚持理想信念宗旨"高线"，筑牢思想道德"防线"，守住法规纪律"底线"。努力提高全体党员的政治素养和思想理论水平，切实增强政治定力、纪律定力、道德定力、抵腐定力，以思想政治上的自觉主动确保行动和步调上的高度一致。

四、文化建设

以文化建设为载体，切实把党的原则和要求贯穿到各项工作中。不断建立和完善文化建设，促进全面科学发展，统一思想，凝聚人心，促进和谐，培育行业精神，打造一流团队，提升公司核心竞争力。坚持党的建设、文化建设和思想政治工作、精神文明建设有机结合，相互促进，不断提高。

第二节　平台要素

坚持业务主导，紧扣突出需求。平台建设应以中央关于全面从严治党和加强企业党建各项部署为根本遵循，力求做到平台氛围契合党内政治生活氛围，平台内容体现党建的最新要求，平台功能服务党建的总体布局。平台围绕党建工作突出需求，不仅限于以下要素功能。

一、新平台

互联网为党建文化的发展提供了新平台。互联网是当代科技发展的产物，是更为便捷和高效的信息传播平台。通过互联网，党建文化建设的思想和理论有了更为有利的传播工具和传播渠道。通过互联网，党的文化建设可以影响更为广泛的受众，提高了党建文化的影响能力。同时，互联网可以将文字、音乐和影响等内容进行集成处理，提高了文化的感染力，有助于人们进一步理解党建文化的内涵。

二、新渠道

互联网为党建文化的发展提供了新的渠道。党的宗旨是为人民服务，党建文化的行程离不开党与人民群众的血肉联系。互联网通过科技的手段在党和人民群众之间架起了一座桥梁。近年来，各级党委高度重视网民民意，充分利用互联网和广大网民进行沟通，开通各种网络信息渠道，这些做法拉近了党和人民群众的距离，使党能够快速了解人民群众的心声，为人民群众办实事。党建文化就是在党和人民群众的互动中不断发展和进步的。

三、新窗口

互联网为党的文化建设提供了新窗口。通过互联网，信息可以进行有效沟通，从而避免了信息的不透明。互联网搭建的信息平台为民主决策提供了阳光施政的良好窗口，让人民群众更加了解党的政策。党务公开得到进一步强化，党的工作在互联网中得到人民的全程监督。人民的意见和声音能够通过互联网进行汇聚，使得互联网成为发展民主的重要途径。互联网的发展给党建文化以新的发展形式，也给党建文化提出了新的挑战和机遇。

第三节　平台作用

互联网平台的发展为党的文化建设提供了新的历史机遇。

一、多方面信息咨询学习

以党的政治建设为统领，建设网上党组机关报刊，实现中央精神、上级要求、党组部署、工作动态等资讯直达基层党组织及广大党员，成为传递组织信息的新渠道。支持党组织创建线上活动，丰富活动形式，突破时空限制，增强参与感，扩大覆盖面，提升党组织影响力，成为开展党建活动的新载体。

汇聚内外权威学习资源，开发在线答题自测功能，打造 24 小时在线课堂，有效利用碎片时间，实现学习自主化，成为党员学习教育的新途径。

二、业务功能多样化

互联网平台特有的多样化机制，使党建宣传功能更加多样化。党建平台内嵌管理制度、流程规范、文档模板，实现党建工作线上线下有机融合、紧密衔接，成为提升基层党建工作质量的新助手。借鉴移动社交模型，设计多种在线互动方式，增强党组织亲和力、凝聚力，推动服务型党组织文化建设，成为党内交流和服务的新方式。

三、提升考核监督能力

互联网传播速度快，实时记录党员线上"足迹""积分"，分析党组织平台应用情况，开发党建工作在线考核功能，强化党建业务过程监督，考核更加公开透明、及时高效，成为科学评价党建工作的新工具。

第四节 平台应用

平台应用可以由党建门户网站群、PC 端党务管理系统和移动端 App 等形式体现。党建门户网站群突出对内对外宣传展示；PC 端业务管理系统主要面向广大党务干部，突出党建业务管理；移动端 App 直接面向全体党员，突出学习教育、交流服务。

"互联网+党建与文化"是以互联网为平台开展党建工作的，不仅仅是建一个网站或 App，申请个微信公众号，还涉及技术应用、网络法制、舆论引导、宣传推广、内容更新、系统维护等。在社交网络和即时通信快速增长的时期，要搞好互联网党务工作培训，以问题为导向开展相关培训，确保信息安全，做好深度宣传传播等。

一、共享集团"智慧党建"系统

（一）背景介绍

共享集团在长期的党建工作中，囿于固有思维及传统工作方式的约束，在党建信息化方面存在一些亟待解决的问题。如对党建信息化的认知，对党建信息化平台的维护管理等。共享集团通过互联网＋党建"搭桥"，开展党建工作信息化，实施"智慧党建"系统，将特色化"点单"服务和精细化"一对一"服务变为现实，有效助推了企业党务管理工作科学健康发展。集团公司先后获得全国模范劳动关系和谐企业、全国就业与社会保障先进民营企业、全国法制教育先进单位等多项荣誉；集团党委获得全区非公企业"双强六好"党组织以及自治区、银川市、市工信党工委三级"先进基层党组织"，智慧党建实践荣获全国党建研究会评选的"创新案例"；集团工会、团委先后获得全国模范职工之家、五一劳动奖状先进企业、全国工人先锋号、优秀基层工会组织、先进基层团组织等荣誉。

（二）解决方案

共享集团党委自 2009 年起便研发使用单机版党建数字化系统，2012 年应用线上党建数字化系统 1.0，本身已具备一定的党建信息化应用基础。2017 年研发智慧党建系统2.0（见表 17-1），2018 年上线"共享智慧党建云"（见图 17-1），并将目标定义为：党建工作全面上"云"。在人人共享的"云"党建里，随时随地上党课、学知识、办党务，总结共享党建工作经验，结合党内规章制度，面向全国铸造行业、区域中小企业以数字化网络化智能化的工作方式免费推广，帮助其规范党务工作，是"互联网+党建"模式的全新成果。此外，集团党委还将党建工作的开展情况，通过数据与集团数字化办公体系双向对接、数据互通，作为员工选优评先的重要内容，做到了党建工作与行政业务、生产任务同安排同部署同考核。

表 17-1　共享集团智慧党建系统功能模块

党务工作	组织建设	党组织管理、换届管理、换届流程
	组织计划	工作计划制定、审核、跟踪
	党费管理	党费缴纳管理、支出管理
	组织生活	支委会、党员大会、党小组会、党课、主题党日活动、其他会议、会议记录
	社会责任	志愿活动、困难党员、困难帮扶活动
	通知公告	通知公告制定、下发
党员管理	党员管理	党员信息管理、流动党员、历史党员、党内职务管理、通讯录
	关系转移	党员关系转移审核
	党员发展	入党申请书、入党积极分子、党员发展对象、预备党员、正式党员、考核未通过管理
	党员学习	专题学习、学习资料、党务知识库
	党员监督	违纪处理、纪检约谈、案件处理、党员处分、意见建议
评价考核	积分管理	党员积分、党组织积分管理
	评价考核	党员评价考核、党组织评价考核、考核模板管理
	民主评议	民主评议管理和会议记录
	党员评星定格	党员评星定格结果管理
	党组织评星定级	党组织评星定级结果管理
统计分析	党费统计	党费报表、党费年度统计、党费收支统计
	会议统计	"三会一课"等会议开展情况统计

续表

统计分析	党员发展统计	各党组织发展中党员数量、年龄、学历等统计
	工作计划统计	工作计划和评价考核管理统计
首页	网上党支部	支部党员数、会议数、支部星级等基础信息、工作计划、活动查看，民主评议打分、党组织关系转移申请
	组织生活	"三会一课"、主题党日活动等会议查看、签到
	社会责任	志愿活动报名、签到，困难帮扶活动查看
	党费缴纳	党费一键缴纳和缴纳记录查询
	通知公告	通知公告查看
	新闻动态	新闻动态查看
党员学习	专题学习	—
	视频资料	—
党组织数据	组织生活开展情况、党费缴纳情况、党员发展情况、活动开展情况、宣传文章上传情况、党组织绩效排名和评星结果统计分析，党组织地图	
党员数据	组织生活开展情况、党费缴纳情况、党员发展情况、活动开展情况、宣传文章上传情况、党组织绩效排名和评星结果统计分析，党组织地图	

图 17-1 共享集团智慧党建云系统工作示意图

共享集团"智慧党建"系统的构建思路是，在公司大党群工作模式下，制定涵盖党工团、企业文化、宣传、法律、社会责任的"党委工作计划"，充分发挥党组织在职工中的政治核心作用，以建设服务型党组织为抓手，以加强幸福共享建设、推进幸福指数提升为目标，将党建平台纵向辐射日常党务工作（划分为"全流程数字化""服务专栏""有效沟通""幸福共享"四大版块），横向覆盖党工团群，并引入"党建基础指数""企业文化指数""幸福共享指数"三大指数，实现可查阅、可管理、可监督、可量化、可考评的党建工作信息化系统。通过将工作放到网上，将制度固化到系统中，线上线下相结合，用量化指标衡量党群工作成效，以看得见的数字、瞧得着的形式，推进党建工作与企业生产经营、企业文化高度融合。

在平台搭建方面，主要突出如下模块及功能："党务工作"（见图 17-2），对标党内制度等规定，涵盖组织建设、组织计划、党费管理、组织生活、社会责任、通知公告等内容；"党员管理"（见图 17-3），设置流程节点管控党员发展全过程、党员学习全过程、党员监督全过程；"评价考核"，引用积分制直观展示组织建设及党员表现，设计党组织、支委、党员三级评价体系，系统管控"支部评分定星、党员评分定级"的"双评双定"量化考核制度；"统计分析""党员数据""党组织数据"等自动生成党员大数据，人员信息与公司人力资源数字化系统完全对接，人员变动、入职离职等自动更新，随时保持系统党员数据的完整性和准确性，随时保持支部组织架构内容的真实性，通过统一规范的数据采集标准，整合党员信息、党组织信息，生成组织数量、党员图谱、党费缴纳（见图 17-4）等智慧党建大数据，通过数据分析了解党建整体状况，对基层党建动态跟踪和针对性管理，提供决策依据。通过党务基础工作全部纳入数字化网络化智能化的办公平台中，以实现党建工作从"我要规范"到"一定规范"。

图 17-2　共享集团智慧党建云系统党务工作模块示意图

图 17-3　共享集团智慧党建云系统党员管理模块示意图

图 17-4　共享集团智慧党建云系统党费缴纳功能示意图

（三）实施效果

（1）学习教育信息化。以公司网站、微信公众平台、新浪官方微博、OA、钉钉等新媒体、办公平台为载体，全体党员可利用其中的"内部交流"栏目，浏览或下载党的知识、党的理论等学习内容，为党员学习教育、了解企业发展历程、参与党内活动提供服务。党支部定时将党员学习、"三会一课"、专题教育等活动开展情况上传党建云系统，便于集团党委及时全面了解和掌握各支部组织学习的开展情况。同时，系统开设了在线党课、党员学习室、创先争优室等板块，方便党员线上学习，解决了日常倒班多、集中学习难等问题。

（2）党务工作信息化。集团智慧党建云系统涵盖了党建工作的全部内容，兼具资料查阅、工作管理、定期考核等功能。目前，智慧党建云系统（见图 17-5）实现了特色化"点单"服务和精细化"一对一"服务，实现数据共享、资源共享，党费全额缴纳及时率100%，个人/集体推优效率提升 14 倍，支部计划落实效率提升 10 倍，细、杂、繁的党建基础工作变得"轻舞飞扬"。

图 17-5　共享集团智慧党建云系统示意图

（3）思想交流信息化。为进一步统一党员与员工的思想认识，实现互动交流多元化、便捷化，集团党委通过网络终端和手机平台及时发送信息，进行舆论引导，及时解决各类突发紧急状况，确保上情下达、下情上达，使矛盾问题化于初、化于小；为加强员工诉求渠道建设，公司建立了"提案系统"，员工只要在平台上提出自己的意见、建议，主管部门就会处理改进，2020 年度共收到并处理完毕各类有效提案 110 余条；PC、移动双端联动，突破以往党建僵硬的教育形式，充分利用碎片化时间，随时学习、交互沟通，实现了党建学习教育形式"由传统向现代、由封闭向开放、由实体向虚拟"的突破。

（4）人才培育信息化。集团党委牢固树立"人力资源是企业发展的第一资源、第一基础"的理念，深入实施"党员人才工程"，坚持"把骨干培养成党员、把党员培养成骨干"，运用公司 HR 系统对员工进行培养、培育和管理，通过项目化管理培养锻炼人才，并专门设置学历津贴、外语津贴、职称津贴等，鼓励党员和员工提升学历和技能，公司高学历、高技能人才比例逐年提高。目前，17 个党支部、350 个党员示范岗遍布公司的每个角落，党旗的光辉闪耀于生产、管理、科研等每个项目、每个部门、每个环节。党员中89%为大专及以上学历，以党员为主体研发的各类创新成果占到45%以上，2020 年党员中有 250 人次获得共享工匠、先进工作者、企业文化优秀践行者等荣誉。生产一线的技术骨干中党员达 80%以上，集团杰出人才库党员占比为 42%，集团后备人才库的党员占比为57%，国家科技部项目团队中党员占比为 51%。其中，以党委书记为组长、拥有 34 名党员、平均年龄为 28 岁的铸造 3D 及智能工厂团队实现铸造 3D 打印产业化的国内首创，基于"绿色智能"理念建成世界首个万吨级铸造 3D 打印智能工厂。

二、安徽合力党建信息互联网平台

（一）背景介绍

将互联网、移动通信等新技术广泛应用到党的建设工作中来，实现机关党建工作与现代信息技术的融合共生，是新时期基层党建面临的机遇和挑战。一方面，信息技术的进步和运用，使得人们获取信息的可能性和便利性大大提高；另一方面，为创新基层党建工作提供了宝贵的"时代资源"。"互联网+"时代的到来，打破了传统基层组织的沟通运行宣贯模式，可有效实现企业中最新路线、方针、政策的宣传、沟通与学习，打破时空、地域的限制，基层党建方式实现了从"封闭"向"开放"的转变。

安徽合力集团党委深入学习贯彻习近平总书记重要讲话精神，始终坚持目标导向和问题导向，紧紧围绕发挥党组织和党员作用、助推企业发展，持之以恒在"打基础强功能""抓日常严经常"上下功夫，创新推行党建工作"五法"（见图 17-6 和图 17-7）。

（二）解决方案

安徽合力党建信息互联网平台是为各级组织提供的基于 PC 端及手机应用的基层党建工作信息系统，通过该系统可对基层党员信息进行存储和管理，也可实现各级组织与基层党员之间的政策下达、意见反馈和信息互动。党建信息互联网平台的建立是加强各级党组织与基层党员的沟通联系，实现信息快捷传递，实现基层党建工作信息化的重要手段，该平台业务架构如图 17-8 所示。

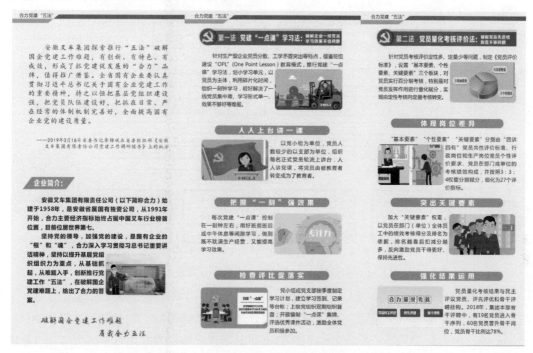

图 17-6　安徽合力党建"五法"示意图（1）

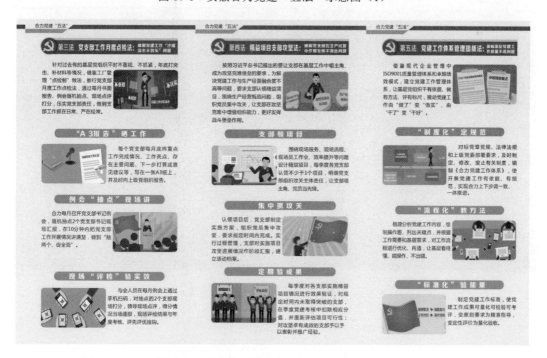

图 17-7　安徽合力党建"五法"示意图（2）

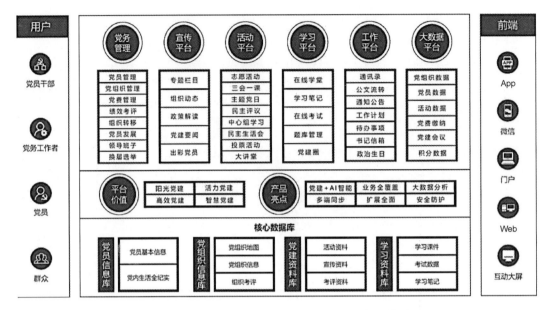

图 17-8　安徽合力党建信息互联网平台业务架构图

（1）党建工作平台。党建信息化平台（见图 17-9）包含党建门户、党组织管理、党员信息管理、发展党员全流程、党员教育培训管理、党组织转接、党费缴纳、党员之家、书记述职、中心组学习等，覆盖全面完整的党建工作。安徽合力党员分析情况如图 17-10所示。

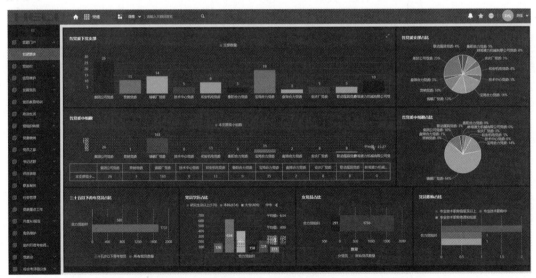

图 17-9　安徽合力党建信息互联网平台党建信息化平台示意图

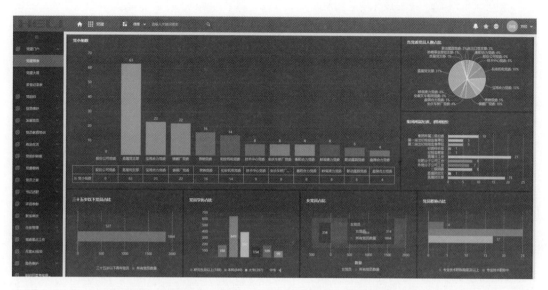

图 17-10　安徽合力党建信息互联网平台党员分析情况示意图

（2）党组织信息管理模块。党组织包括组织信息管理、党员信息管理，由各级党建管理员建立。党组织及党员通过建模实现，党员为系统内存在人员，故录入党员之前，需要在系统中录入其行政信息。为满足大批量的数据录入功能，系统（见图 17-11）支持批量导入，党员初始数据可导入，人员权限通过数据库刷新，基本信息可通过 SAP 手动同步。

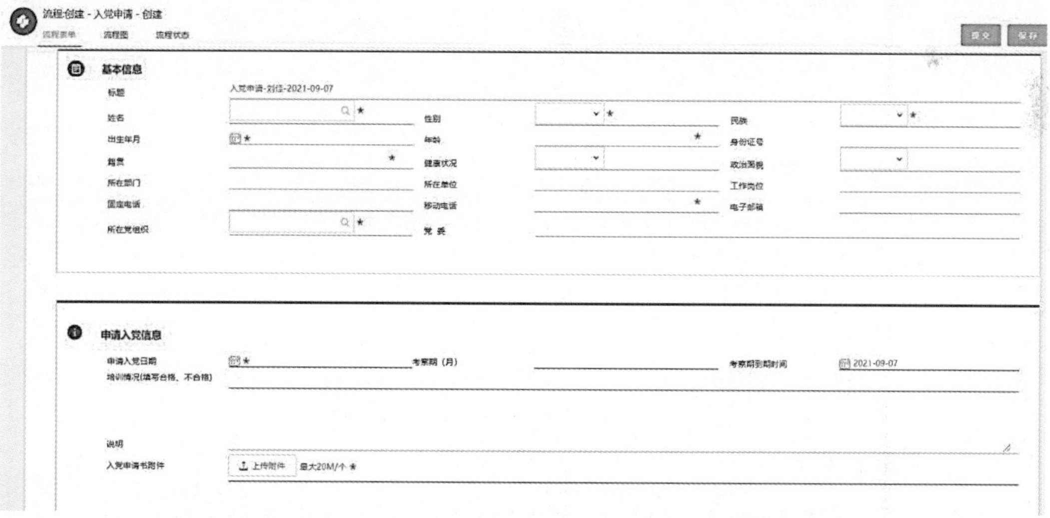

图 17-11　安徽合力党建信息互联网平台入党申请基本信息填写示意图

（3）书记述职模块。该模块主要展示书记述职内容（见图 17-12），一般每年 3 月一次，先以文件方式发布述职通知，公司党群部再通过主流程触发子流程交各书记提报。

图 17-12 安徽合力党建信息互联网平台书记述职流程创建示意图

（4）党内组织生活模块。该模块（见图 17-13）可以更好地传达中央和上级党组织的指示、决定、报告和文件，结合本单位、本部门的实际，讨论本支部贯彻执行的计划和措施，听取党员思想汇报，检查党员工作、学习及完成支部交办任务的情况。

（5）同步对接人力资源系统（SAP-HR）。结合公司的业务需求，在党建门户中将组干、宣传、保卫、纪检、工会、团委全部纳入进来，积极构建大党建的工作格局，同时将党员信息做到与人力资源（SAP-HR）系统同步员工基础信息，并同步返回党员基础信息至人力资源（SAP-HR）系统，做到数据的一致、统一、及时。安徽合力党建信息互联网平台门户站点如图 17-14 所示。

图 17-13 党内组织生活流程创建示意图

（三）实施效果

多样化的业务功能将工作平台、信息平台、管理平台、学习平台相结合，提高基层党建工作效率，构建和谐互动的党群、干群关系，积极推进党建工作的信息化进程。工作平台利用信息化手段，开展党委、总支、支部等集成党组织的日常单据工作。信息平台可实现信息的发布、查询、反馈、处理的互动服务。管理平台便于各级党组领导，实时对组织内党建工作进行全程监督管理，了解掌握组织情况，加强管理工作；学习平台为广大基层党组织、党员提供了一个学习、交流的服务平台。

图 17-14　安徽合力党建信息互联网平台门户站点示意图

第三部分：平台篇

第十八章　工业互联网平台发展

在党中央的统筹部署下，我国工业互联网政策体系不断完善、基础设施建设稳步推进、融合应用走深向实、产业生态日益壮大。同时，资本为工业互联网加速发展赋能，我国工业互联网驶入发展快车道。

第一节　工业互联网政策持续发布

自 2017 年 11 月国务院印发《关于深化"互联网+先进制造业"发展工业互联网的指导意见》以来，我国工业互联网顶层设计日益完善（见图 18-1）。为积极应对疫情的冲击和挑战，2020 年 3 月，工业和信息化部印发《关于推动工业互联网加快发展的通知》，从基础设施建设、融合创新应用、安全保障体系、创新发展动能、产业生态布局、政策支持力度 6 个方面提出了 20 项具体举措。为做好"十四五"的开篇谋划，工业互联网专项工作组印发《工业互联网创新发展行动计划（2021—2023 年）》，立足当前工业互联网发展重难点，面向中长期发展目标，明确下一步工作重点。同时，主管部门聚焦重点领域，多举措推进落地落实。2020 年，围绕网络（标识）、平台、安全三大体系及工业 App、"5G+工业互联网"、标准化体系建设等重点领域或方向的一系列落地政策相继发布，引导行业向规范化、系统化发展。

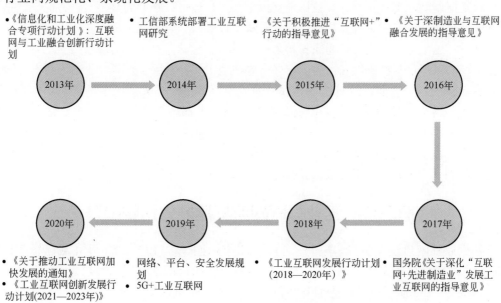

图 18-1　中国工业互联网政策推进情况

国家政策推动的同时，地方政府也在力推工业互联网扶持政策落地。全国各地方政府上行下效，陆续出台工业互联网发展实施政策，区域错位发展政策基本形成。31个省（市、自治区）出台了工业互联网发展政策，推动工业互联网落实做深。部分地区结合自身优势加快探索，上海、江苏、浙江、安徽签署《共同推进长三角工业互联网一体化发展示范区建设战略合作协议》，加速建设全国工业互联网一体化发展示范区；粤港澳大湾区积极推动工业互联网示范区和产业示范基地建设，打造全国规模化应用高地；成渝主管部门签署《成渝地区工业互联网一体化发展示范区战略合作协议》，汇聚政府、平台、企业、科研院所等各方资源，畅通合作交流渠道，推动资源共享。

第二节　工业互联网应用持续增加

在重点行业应用方面，工业互联网的应用范围不断拓展，由钢铁、石化、装备制造向服务、汽车等行业拓展，已覆盖40余个国民经济重点行业。"5G+工业互联网"探索步伐加快，应用从辅助环节不断向核心环节渗透，在工业设计、辅助装配、设备协同等方面形成多个应用场景。

在标识解析方面，在机械、消费品、原材料等30个行业，探索出供应链管理、产品追溯、全生命周期管理等标识解析典型应用模式，"星火·链网"在全国的建设进程不断加快。大中小型企业深化工业互联网平台部署和应用，推动应用由单点、局部向系统、全局优化，加速数字化、网络化、智能化进程，提质增效效应显现。

在支撑疫情防控方面，工业互联网平台汇聚信息资源，打通原材料、物资供需信息，支撑供需精准对接；部分科研院所联合基础电信企业打造基于疫情大数据的社会治理平台，提供疫情监测预警，实现科技战疫；企业应用工业互联网实现在线监测、远程运维等，助力远程指挥调度，实时监测各类数据，支撑重大工程建设。在助力复工复产方面，一批工业互联网企业开放应用服务，帮助企业提升线上设备统一管理、远程维护能力，支撑企业产能恢复；运用工业互联网打通原材料采购、设备制造、产品生产等环节，帮助企业实现柔性生产，保障重要物资供应；提供云平台等在线工具，帮助实现设计生产等线上协同。

在新模式应用方面，随着工业互联网的应用范围不断扩大，应用场景不断丰富，由销售、服务等外部环节向研发、控制、产品检测等内部环节延伸，在生产、运营、管理等领域形成丰富应用，涌现出一系列跨界融通应用场景。智能化制造、网络化协同、个性化定制、服务化延伸、数字化管理等新模式新业态广泛普及，根据对近多家工业互联网企业的调研后发现，有超过70%的企业至少运用了一种新模式。

第三节　工业互联网新基建能力持续提升

在企业外网建设方面，高质量外网服务范围快速扩大，截至2020年年底已覆盖全国300余个城市，连接企业数超过18万家，相关企业积极探索高质量外网建设应用模式，总结形成20个高质量外网优秀服务案例，涵盖多类应用场景。企业内网改造步伐加快，部分领先企业积极运用5G、时间敏感网络（TSN）、边缘计算等新技术进行内网改造，探索垂直行业的网络改造新模式，有效提升企业线上设备运维和其他服务能力。"5G+工业互联网"部署不断加速，截至2021年6月，已建在建"5G+工业互联网"项目超过

1500 个，用于工业互联网的 5G 基站已经部署超过 4 万个，涵盖钢铁、能源、航空、汽车等重点领域（见图 18-2）。

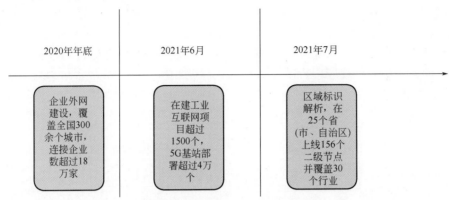

2020年年底	2021年6月	2021年7月
企业外网建设，覆盖全国300余个城市，连接企业数超过18万家	在建工业互联网项目超过1500个，5G基站部署超过4万个	区域标识解析，在25个省（市、自治区）上线156个二级节点并覆盖30个行业

图 18-2　中国工业互联网基建状况

在标识体系建设方面，我国标识解析体系已形成"国际根节点—国家顶级节点—二级节点—企业节点—递归节点"多层级架构，兼容国际主流标识体系。北京、上海、广州、武汉、重庆五大国家顶级节点建设完成并稳定运行，南京、贵阳两大灾备节点启动工程建设，带动区域标识解析发展并辐射全国，提供高效、稳定的标识编码注册和标识解析服务。二级节点数量不断增加，截至 2021 年 7 月，已在 25 个省（市、自治区）上线 156 个二级节点并覆盖 30 个行业，标识注册量超 277 亿个，接入工业互联网标识解析体系的企业超 20200 家。

在安全体系建设方面，安全领域顶层设计初步形成，《加强工业互联网安全工作的指导意见》《工业互联网企业网络安全分类分级指南》等政策文件相继出台，有效推动安全体系建设。安全监测体系基本建成，国家、省、企业三级联动的安全技术监测服务体系建设正加快步伐，目前已覆盖航空、电子等 14 个以上重要行业领域，监测工业企业超过 11 万家，监测工业互联网相关平台 150 个，发现联网设备近 900 万台（套），收集漏洞3765 条，于 2020 年年底前开展 12 个省级平台建设，全国范围的安全监测覆盖将加速实现。安全生态不断完善，各界工业互联网安全意识日益加强，政府、企业在相关领域资源投入力度不断加大，并在北京等地建设网络安全产业园区，推动产业集聚；在机械制造、电子信息等重点领域，具备技术优势的企业、平台打造出一批关键安全技术产品和解决方案；工业和信息化部连续三年指导相关单位举办工业互联网安全大赛，并开展"全国工业互联网安全技术技能大赛"等国家一级一类职业技能大赛，吸引超过 14000 支队伍和近 4 万名技术人员，推动工业互联网安全人才队伍建设。

第四节　工业互联网体系架构持续发展

中国工业互联网产业联盟于 2016 年 8 月发布了《工业互联网体系架构（版本 1.0）》（以下简称"体系架构 1.0"）。体系架构 1.0（见图 18-3）提出工业互联网网络、数据、安全三大体系，"网络"是工业数据传输交换和工业互联网发展的支撑基础，"数据"是工业智能化的核心驱动，"安全"是网络与数据在工业中应用的重要保障。基于三大体系，工业互联网重点构建三大优化闭环，即面向机器设备运行优化的闭环，面向生产运营决策优化的闭环，以及面向企业协同、用户交互与产品服务优化的全产业链、全价值链的闭环，并进一步形成智能化生产、网络化协同、个性化定制、服务化延伸四大应用模式。体系架构 1.0 发布以来，工业互联网的概念与内涵已获得各界广泛认同，其发展也由理念与技术验证走向规模化应用推广。

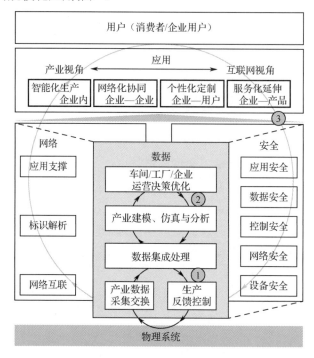

图 18-3　工业互联网体系架构 1.0

　　2020 年 4 月，中国工业互联网产业联盟发布了《工业互联网体系架构（版本 2.0）》（以下简称"体系架构 2.0"），其充分继承了体系架构 1.0 的核心思想：仍突出数据作为核心要素，仍强调数据智能化闭环的核心驱动及在生产管理优化与组织模式变革方面的作用，并且继承了三大功能体系。

　　在架构设计内容和要素方面，体系架构 2.0 充分参考了工业、软件和通信等领域具有代表性的架构，考虑到将重点服务于工业领域，因此在架构设计中参考了 RAMI 4.0 等典型架构对于工业体系的理解，包括基于 ISA-95 的由现场设备到经营管理系统的层级划分，以及 IEC 62890 标准体现的从虚拟原型到实物制造的产品/资产全生命周期理念。此外，考虑到数据在工业互联网中的核心驱动要素作用，体系架构 2.0 也参考了 IIRA 以数据为牵引，定义控制、运营、信息、应用等功能域，描述信息流和决策流的功能架构设计理念，以及 ISO/IEC 30141 等通信典型架构对于不同设备、系统之间互联互通的设计理念。

　　体系架构 2.0 包括业务视图、功能架构、实施框架三大板块（见图 18-4），形成以商业目标和业务需求为牵引，进而明确系统功能定义与实施部署方式的设计思路，自上向下层层细化和深入。

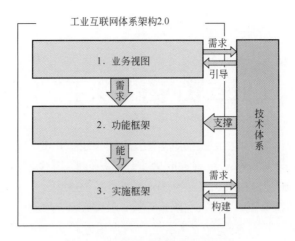

图 18-4　工业互联网体系架构 2.0

业务视图明确了企业应用工业互联网实现数字化转型的目标、方向、业务场景及相应的数字化能力。业务视图提出了工业互联网驱动的产业数字化转型的总体目标和方向，以及这一趋势下企业应用工业互联网构建数字化竞争力的愿景、路径和举措。这在企业内部将会进一步细化为若干具体业务的数字化转型策略，以及企业实现数字化转型所需的一系列关键能力。业务视图主要用于指导企业在商业层面明确工业互联网的定位和作用，提出的业务需求和数字化能力需求对于后续的功能架构设计是重要指引（见图 18-5）。

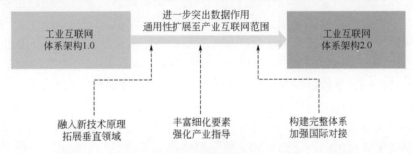

图 18-5　新技术与实施落地需求驱动体系架构向 2.0 发展

功能架构明确企业支撑业务实现所需的核心功能、基本原理和关键要素。功能架构提出了以数据驱动的工业互联网功能原理总体视图，形成物理实体与数字空间的全面连接、精准映射与协同优化，并明确这一机理作用于从设备到产业等各层级，覆盖制造、医疗等多行业领域的智能分析与决策优化，进而细化分解为网络、平台、安全三大体系的子功能视图，描述构建三大体系所需的功能要素与关系。功能架构主要用于指导企业构建工业互联网的支撑能力与核心功能，并为后续工业互联网实施框架的制定提供参考。

实施框架描述各项功能在企业落地实施的层级结构、软硬件系统和部署方式。实施框架结合当前的制造系统与未来发展趋势，提出了由设备层、边缘层、企业层、产业层四层组成的实施框架层级划分，明确了各层级的网络、标识、平台、安全的系统架构、部署方式及不同系统之间的关系。实施框架主要为企业提供工业互联网具体落地的统筹规划与建设方案，可用于进一步指导企业技术选型与系统搭建。

第十九章　工业互联网多层次平台体系加速构建

工业互联网平台作为构建工业互联网生态的核心载体，是实现制造业高质量发展的关键。目前，国内工业互联网平台有 600 余个，具备行业、区域影响力的超过 70 个，设备连接总数超过 4000 万台（套），工业 App 总数超过 35 万个，行业的综合应用向纵深发展，工业互联网已在家电、能源、钢铁等多个国民经济的重点行业成功应用。经过市场的不断筛选，工业互联网发展开始从求量转入求质的阶段，平台发展也从"百花齐放"进入"大浪淘沙"的阶段，多层次系统化的平台体系加速构建。

第一节　工业互联网行业类平台案例

行业平台是制造业供给侧结构性改革新抓手，这类平台聚焦行业内跨地域、跨环节要素资源的组织与调度，一般为行业龙头企业基于自身在行业中知识及经验的积累，建设具有行业影响力的平台，通过云接入分散、海量的资源，对制造业企业资源管理、业务流程、生产过程、供应链管理等进行优化，提升供需双方、企业之间、企业内部各类信息资源、人力资源、设计资源、生产资源的匹配应用功能。

在应用范围方面，根据平台提供者所处行业特点、业务类型、市场特点的不同，应用范围包括但不限于按需定制（C2M）、软硬件资源分享、协同研发、协同制造、协同采购、产业链协同等领域。平台应用侧重资源的跨地域、跨环节整合重组，更多聚焦于网络化协同对接。

在运行模式方面，从促进产能优化角度，这类平台将分享经济、众创经济等新理念引入生产制造领域，推动制造业开放创新资源，有效盘活闲置存量资产，激发新的增长点；从提升产业协同角度，这类平台推动信息对称，打破地理约束，促进区域性、全球化生产协同；从提升供给质量角度，这类平台可前端连接大众用户、后端连接智能工厂，使供需直接交互、精准对接，开展以用户为中心的 C2B 定制，满足市场多样化需求，实现增品种、提品质、创品牌，同时避免库存积压和产能过剩。此类平台在理念和产业应用上已涌现出一些优秀企业，但平台总体使用与发展仍面临一些挑战。一是关键技术产品对外依赖严重，如主流工业软件对外依赖严重，平台使用及分享此类软件存在版权纠纷的风险，导致提供的软件往往版本陈旧、功能简单，与产业实际需要不匹配。二是企业信息化集成和供应链管理能力不足，使用平台进行网络协同制造、定制化生产，都对信息化集成应用和供应链管理专业水平有很高的要求，如 C2B 定制必须具备完善的供应链管理和柔性生产能力，才能保证订单与成本有效平衡。

一、迈迪工业互联网平台

迈迪工业互联网平台以制造业为基础，以工业应用为导向，建立了统一的工业品标识解析体系和设计制造资源平台，将企业内部的研发、制造、销售和售后与企业外部的供应商、外协厂、用户和服务商紧密连接在一起，构建了以工业品为中心，以"统一标识"和"统一资源"为基础的工业生态体系，为设计工程师、制造工程师、销售工程师和维修工程师打造了统一的信息交流平台，助力企业提高协同工作效率、降低业务沟通成本，高效采集研发、制造、销售和售后数据，缩短产品上市周期、提升产品品质，同时降低企业成本支出、提高企业效益。

（一）平台架构

迈迪工业互联网平台采用先进的四层架构，分别是边缘层、IaaS 层、平台层（工业 PaaS）和应用层（工业 SaaS）（见图 19-1）。

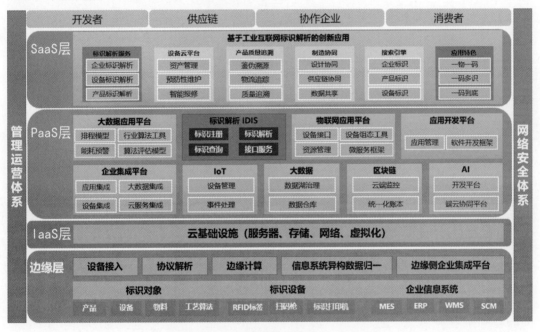

图 19-1　迈迪工业互联网平台总体架构

（1）边缘层：通过大范围、深层次的数据采集，以及异构数据的协议转换与边缘处理，构建 Asun 工业互联网平台的数据基础。

（2）IaaS 层：平台的基础设施层，主要包括各类服务器、网络、存储等基础设施服务设计，采用云服务搭建 IaaS 各类基础服务。

（3）PaaS 层：包括物联网平台、工业大数据平台，沉淀了制造业的工业机理模型，构建可扩展的开发式云平台，在这层中部署集成服装行业标识解析二级节点系统，供 SaaS 层用户通过 REST API 和 SDK 开发基于标识解析的创新应用。

（4）应用层：形成基于标识解析满足各行业、不同场景的工业 SaaS 和工业 App，形成该平台的最终价值。

（二）核心功能

（1）设计资源平台应用"今日制造"。

针对机械设计人员和企业技术管理部门，迈迪公司开发了一款集设计、选型、在线沟通、模型库管理于一体的专业工具软件，集成了《机械设计手册》中的绝大部分功能。利用迈迪网的设计资源，快速建立企业供应链体系，实现资源化设计。"今日制造"打通了企业上下游资源的信息通道，使企业样本信息、产品技术参数能够实时更新，实现企业间的协同工作。

文档集中管理方面（见图19-2）。"今日制造"以数据管理为中心搭建了图文档管理系统，将企业的技术资源库同产品设计信息集成管理。跨企业、跨专业项目式管理，使各专业工程师可以远程在线协同完成同一个项目的设计、提交、传阅、变更、发布、归档等工作；图文档统一管理，避免资料缺失、重复、过时；模型资源统一调用，可以规范使用企业内部标准零件，避免重复性创建；内部资料统一授权，云端维护，方便授权资料远程查看、修改、同步、分享，并记录所有操作过程，便于信息追溯和安全管理。通过"今日制造"的图文档管理系统，实现企业技术数据的有序规范、工程项目的优化与内部资源共享，从而提高企业技术协作效率，缩短研发周期。

图19-2　文档集中管理示意图

供应链协同方面。通过"今日制造"，企业可以维护自己的供应链关系、完善供应链信息，从而降低企业间沟通成本；全面连接设计师、供应商、外协厂，让供应链全面互联，充分发挥企业供应链系统资源的潜力，构建高效协同的制造业供应链体系（见图19-3）。

图 19-3　供应链系统界面

本地化存储方面。技术图纸与资料存储在企业自己的服务器上，图纸数据限制在企业内部使用，保证机密图纸的安全性和保密性。

技术资源库方面。"今日制造"为装备制造业工程师提供了庞大的技术资源库，包含了完整的三维国家标准件库（见图 19-4）和各行各业的三维通用件库（见图 19-5）。各种零部件模型可以直接选型调用，大规模节省了设计师绘图时间，使原来的绘图式设计转变为三维资源装配式设计。"今日制造"提供的开放式插件工具使设计工作更加轻松便捷，包含齿轮、链轮、带轮、螺栓副、轴生成等自动三维建模插件，符号库、汇总表、拼图打印等二维图纸插件，公差选择、强度校核等机械资料插件，各类插件按需调用（见图 19-6），方便可靠，为设计师提供了丰富的设计工具。

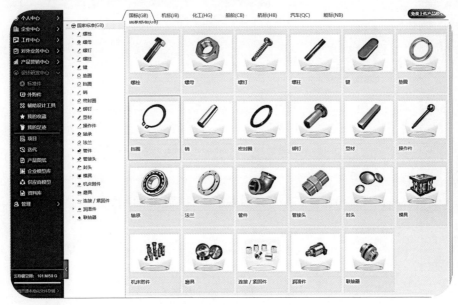

图 19-4　技术资源库界面 1

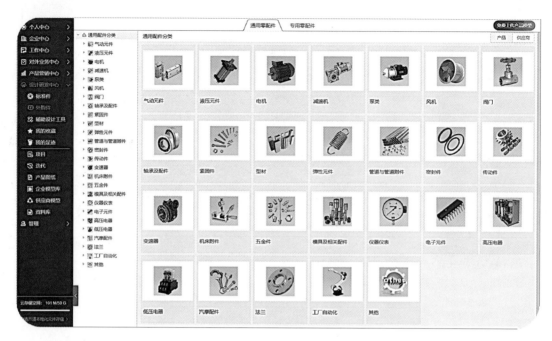

图 19-5　技术资源库界面 2

图 19-6　技术资源库界面 3

产品推广模式方面。创建企业的销售产品库，企业产品可一键查询，确保客户能够随时获得最新的产品信息，降低了产品推广难度；"今日制造"广告平台，精准定向投放，高效转化，降低成本，匹配关键词、地域，定向精准曝光。

（2）统一标识解析体系——国标通用物联码

迈迪公司针对企业产品的生产过程数据溯源管理、产品独立数据远程监控、企业产品数字化推广，创造性地开发了"国标通用物联码信息交互管理系统"，数据统一在迈迪工业互联网平台上，实时监控企业产品内外部数据，有效管控产品流向，监控产品生产状态，以极低的成本帮助企业在信息物联网的应用上体现价值，实现产品数字化宣传、追溯、防伪、售后、供应链体系等自主应用场景，有效提升产品品牌与企业数字化管理水平。同时，通过统一标识平台帮助企业实现"保护现有市场、拓展新兴市场"的目标。

一是见真营销管理系统（见图 19-7），以工业互联网标识解析体系为核心，依托标识解析通用平台应用能力，为企业提供一套管理系统。将企业的管理信息数字化、产品资料规范化、经销体系科学化、赋码信息归档化、销售数据可视化，为企业提供产品销售情况的全周期信息化管理。

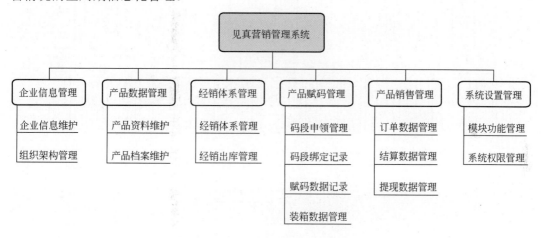

图 19-7　见真营销管理系统架构

二是供应链协同管理平台（见图 19-8），以工业互联网标识解析体系为企业数字化核心，通过整合标识解析体系与数字化供应链及企业平台系列产品，帮助企业全面连接企业上下游，借助模块化集成式解决方案获得灵活性和可视化，缩短计划周期，提高计划准确性，实现动态溯源和采购流程，简化物流数据模型。

三是设备数字化管理云平台（见图 19-9），发挥二级节点运营平台的信息互通价值，基于标识解析在装备资产中的应用，对企业内部实现台账管理、维保管理、设备投产状态管理等，实现统一云平台下的设备数字化管理；对企业外部实现设备资源合理化共享，基于设备资源大数据平台让空闲设备创造更大的价值。设备资源大数据与供应链上云企业结合，即时为多方达成租用合作提供可能。

四是售后服务管理云平台（见图 19-10），以客户为中心，以工业互联网标识为基础，快速响应客户报修工单，定位问题根源，解决客户问题，并构建本企业产品服务知识库。

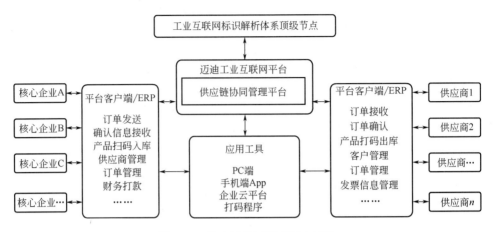

图 19-8　供应链协同管理平台架构

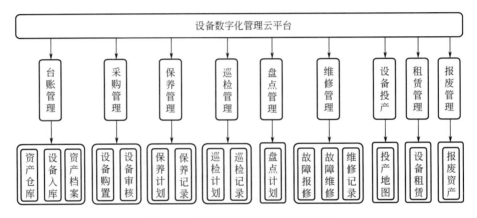

图 19-9　设备数字化管理云平台架构

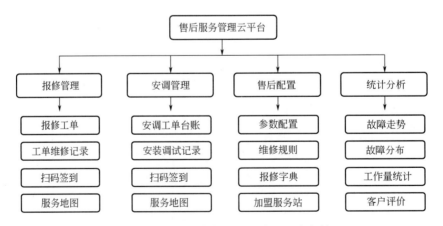

图 19-10　售后服务管理云平台云平台架构

（3）工业互联网核心平台建设服务。

工业互联网核心平台建设服务基于迈迪工业互联网平台，结合国家二级节点发展要求，深入改造二级节点平台，建设一站式服务。

一是企业业务管理平台（见图 19-11）为二级节点用户基础使用平台，在二级节点内为各入网企业分配私有云服务器作为平台使用数据存储基础。

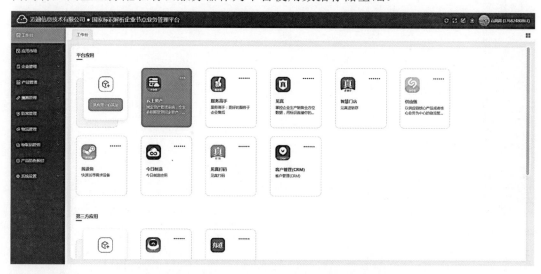

图 19-11　企业业务管理平台界面

二是二级节点运营管理平台（见图 19-12）为二级节点企业/用户管理平台，主要负责监管及维护二级节点内的用户信息及平台的配置信息。

图 19-12　二级节点运营管理平台界面

三是二级节点运营开放平台（见图 19-13）为企业内部应用管理平台或第三方应用管理平台，企业能够使用平台自带的标准应用，也可以将自己使用的应用上传至管理平台方便统一管理。同时，二级节点企业用户也可通过应用平台购买并使用第三方的应用程序来满足自身发展的业务要求。第三方服务机构也能够通过该应用平台进行自主知识产权应用的营销及推广。

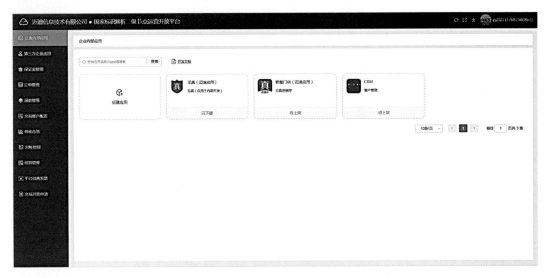

图 19-13　二级节点运营开放平台界面

四是二级节点运营开放管理平台（见图 19-14）为二级节点应用监管平台，负责全平台应用的审核、管理工作，确保二级节点平台内上传的应用合法有效，上传者拥有自主知识产权。平台负责应用托管、买卖、续费等监管职能，促进应用平稳更新，同时监管服务商更好、更有效地为中小型企业提供高质量的服务。

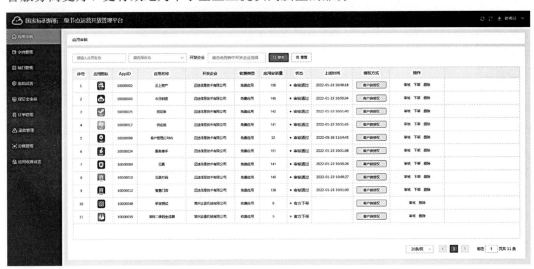

图 19-14　二级节点运营开放管理平台界面

二、共享集团铸造云工业互联网平台

（一）背景介绍

铸造行业是装备制造业的基础产业，尽管我国铸造行业发展近年来取得了较大进步，但全行业整体仍处于粗放式发展状态，还存在生产环境差、劳动强度大、效率低、铸件质量不高、污染环境等痛点问题，在产业结构、质量效益、自主创新能力、工艺装备、能源资源利用效率等方面与国际先进水平和社会期望相比还有较大差距，绿色智能转型升级任务紧迫而艰巨，急需通过工业互联网在铸造产业的应用来改变传统生产制造模式与组织方式，带动形成新动能、新能力和新应用。

当前，人工智能、5G等技术已落地应用，为企业全面实现互联互通和智能制造提供了契机。生产线打通、车间打通、生产仓储打通……更多的企业逐渐从点到线再到面，真正实现工业互联网，进一步创新生产模式、商业模式、管理模式。工业互联网作为全新的工业生态、关键基础设施和新型应用模式，将逐步颠覆传统的制造模式、生产管理方式，推动传统产业加快转型升级、新兴产业加速发展壮大。

基于这样的产业背景和技术应用，随着工业企业数字化网络化智能化的发展，铸造领域需要打造一个行业级、产业级的工业互联网平台，推动整个铸造产业的发展。

共享集团以"引领行业进步，推动产业转型"为使命，秉承专业、协同、共享、共赢的发展理念，搭建了开放、共享、线上线下相结合的工业互联网平台——铸造云（见图19-15），2020年8月在第十八届中国国际铸造博览会上发布。

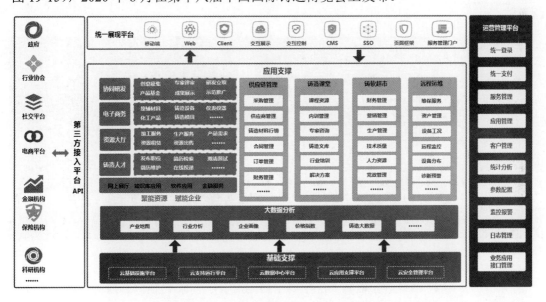

图19-15 共享集团铸造云平台总体架构

铸造云平台是面向铸造行业和区域制造业提供绿色智能铸造服务的工业互联网平台，主要服务对象是铸件制造、铸造设备、铸造材料、铸件加工等铸造产业链上下游企业。铸造云平台以专业、协同、共享、共赢为核心理念，通过整合铸造产业链上下游优势资源，提供协同研发、协同制造、电子商务、企业内训、人才招聘、SaaS应用、远程运维、铸造行业大数据等服务，帮助企业快速提高"两化融合"水平，打造新型竞争优势。

铸造云平台围绕"互联网+双创+绿色智能铸造"的产业生态，基于云计算、微服务、分布式存储、开放式服务的技术架构，搭建面向铸造行业工业互联网平台，为铸造行业企业提供"云+端"服务，推动铸造行业企业转型升级。

（二）核心功能

铸造云平台主要由平台门户、协同研发、资源大厅、铸造商城、铸造数据、铸造人才、共享学院、铸软超市、远程运维、金融服务等模块组成（见图19-16）。

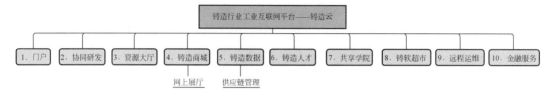

图19-16　铸造云模块组成

（1）协同研发。铸造云平台主要围绕行业绿色智能发展关键共性问题，协同高校、科研院所、骨干企业等优势资源，建立"互联网+研发"机制（见图 19-17）。通过平台征集行业关键共性问题，组织行业专家进行线上或线下的评审，精准立项；协同高校、科研院所、行业骨干企业等，通过专家帮扶、产业基金、成果转移转化、示范推广等方式，激发创新创业发展活力，实现成果转移、转化，推动产业化应用。

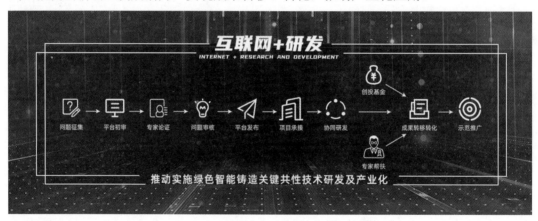

图 19-17　铸造云"互联网+研发"机制

（2）资源大厅。铸造云资源大厅主要由协同服务、需求大厅、基础资源、企业推荐四大模块组成。企业上云后，将其生产服务能力、服务需求、产品需求、闲置设备或厂房等基础资源通过平台进行发布展示，为产业链企业提供"互联网+制造"、供需对接、闲置资源共享等服务。通过整合铸造行业企业生产能力数据，构建用户能力结构，汇聚形成铸造行业企业能力数据库；利用大数据分析技术，对外展示铸造企业区域分布图和能力分布图，对平台企业的关键能力进行识别并进行有效性表现，特别是竞争性表现的分析，同时帮助企业将现有能力与新业务活动所需的能力进行对比，找出两者的差距，为企业提供决策依据。通过企业能力数据展示，借助人工智能技术向用户（制造服务需求方）精准推荐所需要的制造服务需求，实现铸造行业资源共享，解决行业产能过剩问题（见图19-18）。

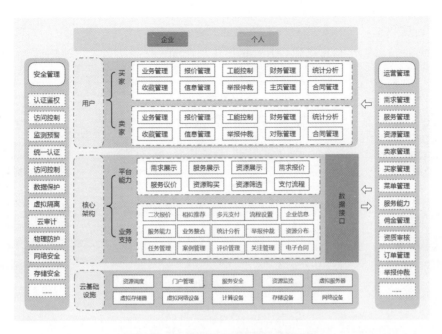

图 19-18 铸造云资源大厅功能视图

（3）铸造商城。铸造商城主要汇集铸造产业链上下游优质供应商，将其产品、原辅材料、定制化生产能力通过平台进行发布，为用户提供从原辅材料到整机设备产品的展示、销售、采购交易等一站式服务。商城门户主要集商城店铺、商城产品、商城分类、购物车、产品购买、产品评价、统一支付于一体，进行综合展示（见图 19-19）。

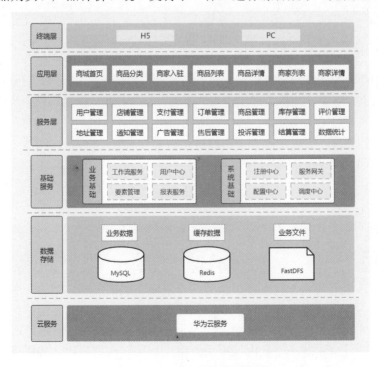

图 19-19 铸造商城功能视图

（4）铸造数据。平台主要整合汇集铸造行业上、中、下游产业数据，为铸造行业用户提供实时、精准、有效的数据，主要包括铸造产品、材料价格、物流运价、下游行业、宏观数据、知识产品等数据（见图19-20）。

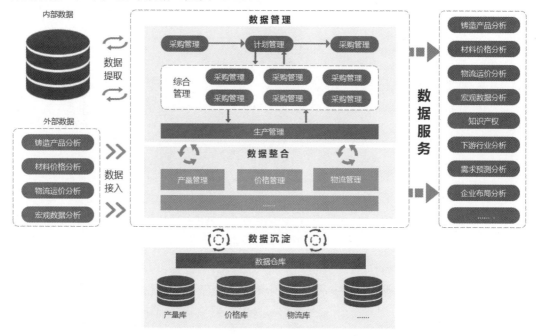

图19-20　铸造数据功能视图

（5）铸造供应链管理。聚焦于服务铸造行业企业，汇聚铸造产业链上下游优质供应商，为核心企业提供采购寻源管理、采购需求发布、采购交易撮合、供应商全生命周期管理等服务，为行业提供高效率、低成本、云端化的供应链服务，助力企业降本增效，为企业打造数字化智能供应链，形成物流、信息流、单证流、商流和资金流"五流合一"的全面解决方案，让企业与供应商实现互联互通、合作共赢。建设后的平台能够帮助企业与供应商进行实时信息共享互换，瞬时反馈交易信息，及时解决产品质量问题，大幅提高业务数据的传递速度，打通企业内多部门协作的壁垒，搭建企业间数据交换的快速通道，促进供需双方建立并维持长久、紧密的合作伙伴关系，并逐步形成战略联盟（见图19-21）。

（6）铸造人才。聚焦行业专业人才需求，为铸造行业求职者提供职位搜索、简历管理、职位定制等一站式的专业、精准的人力资源服务，为铸造行业提供人才招聘服务（见图19-22）。求职者可在平台上维护简历、检索并在线投递简历、查找企业；企业招聘者可发布职位、检索或匹配优选简历、在线邀请面试、下载简历等。

（7）铸造课堂。由企业内训、课程专区、铸造文库、专家在线四个板块组成，为企业员工提供内部线上培训、线上课程资源、专业知识文献查询、行业问题咨询、企业直播宣传等服务。平台课程内容丰富，以岗位和专业划分，让企业员工不受地域和环境影响，随时学习和考查企业需求培训的内容。企业内训模块可以针对各铸造企业的现场生产情况，为企业量身定制一站式内训解决方案，从培训计划下达、在线资源分配、培训效果评估到培训统计分析，实现线上线下相结合的培训模式，使各企业的培训工作提升针对性、有效性，培训管理效率大幅提升。专家咨询：聚集铸造行业顶级专家，解决铸造领域知识、技术、材料、工艺、设备、生产、管理等难题，包括线上面对面视频咨询、轻量问题留言咨询和线下面对面诊断咨询三种形式。课程专区：汇集行业知识资源，联合高校、协会、骨干企业共同打造线上线下相结合的精品课程，线上课程包括猜你喜欢、精品推荐、专家推荐和岗位课程，线下课程主要来自联合高校、协会、骨干企业在铸造产业集中区域建立的若干线下培训基地（见图 19-23）。

图 19-21　铸造供应链管理功能视图

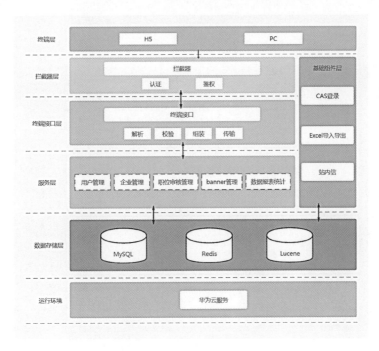

图 19-22　铸造人才功能视图

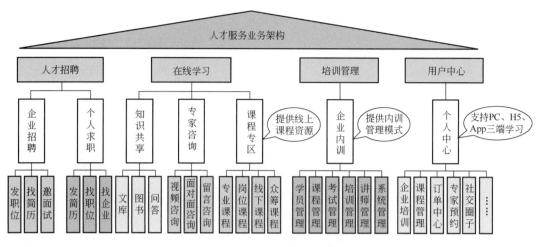

图 19-23　铸造课堂业务视图

（8）铸软超市。企业单独购买一套软件及配套的 IaaS 资源，无论从价格上还是协同办公上，都无法满足企业管理模式和生产模式的全栈变革，云 SaaS 超市平台的建设，汇集铸造行业优质的生产软件和管理软件，为企业提供"标准化+个性化"的云信息化解决方案，为企业搭建统一、安全、全方位的云服务平台。SaaS 应用层是铸软超市平台的业务集合层，它借助下层的云数据中心的业务开放能力和数据平台支撑层的能力，向上提供各种应用业务，包括虚拟制造、员工绩效、党建管理、智能单元、项目管理、云 ERP、云 OA、云 MES 等各类 SaaS 应用服务（见图 19-24），通过统一展现门户，可以进行相关软件应用的租赁使用。

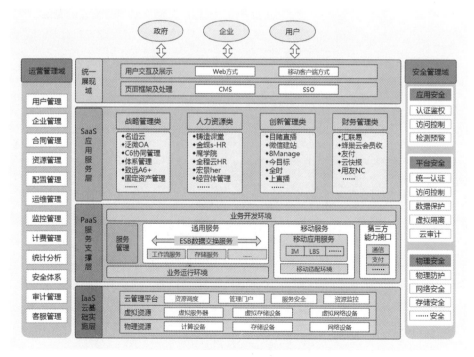

图 19-24　铸软超市功能视图

（9）铸造远程运维。实现企业设备、终端的远程集中监控（见图19-25），可对设备进行在线智能监控，并进行系统预警与优化控制，实现工厂生产运行与设备数据的实时监测，让工厂管理人员不受地域限制，降低人员成本，提高工厂的生产管理效率，形成一体化的智能生产解决方案。

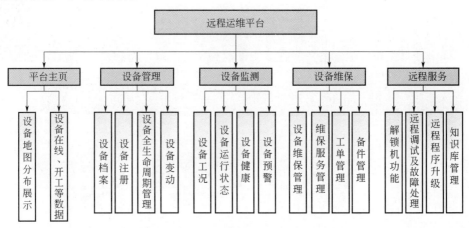

图 19-25 远程运维业务视图

三、合力 FICS 飞科思工业互联网平台

（一）背景介绍

合力 FICS 飞科思工业互联网平台（以下简称"飞科思"）由安徽合力股份有限公司（以下简称"安徽合力"）建设运营，是工业车辆领域行业特色型工业互联网平台，同时也是长三角区域一体化工业互联网公共服务平台安徽子节点平台。飞科思以工业车辆设备上云和服务延伸为关键着力点，通过物联网智能终端连接工业车辆设备，感知采集叉车状态、叉车驾驶员、叉车作业驾驶环境等多维度数据，以边云协同进行数据模型处理，结合场内物流搬运应用场景，为不同行业客户提供软件应用服务和综合解决方案。平台推动产业链上下游协同创新，提供关键应用场景解决方案和重点行业领域解决方案，推广"工业互联网平台+安全生产（叉车驾驶安全视觉监测）""工业互联网平台+设备租赁（设备定位和设备资产管理）""工业互联网平台+设备维保""工业互联网平台+AGV 智能物流""工业互联网平台+特种设备监管"等新模式新业态（见图19-26）。通过平台连接"人员、车辆、业务、资金"全过程全要素，不断汇聚多场景多行业解决方案，为用户提供 PC 端和移动端泛在和敏捷可视化的工业 App 体系，与上下游企业平台进行互联互通，为广大中小企业数字化转型提供赋能作用。

2020 年 10 月，安徽合力作为联合体成员单位中标了工业和信息化部组织的工业互联网创新发展工程项目——长三角区域一体化工业互联网公共服务平台项目。目前，飞科思正在建设成为长三角区域一体化工业互联网公共服务平台的安徽节点平台，以设备上云、数据驱动、软件定义、网络协同、服务延伸、公共服务等主要业务方向。平台先后荣获"长三角十二大工业互联网平台""工业和信息化部 2020 年企业上云典型案例"

"2020 年长三角 G60 科创走廊工业互联网平台""工业和信息化部 2021 年新一代信息技术与制造业融合重点行业特色型工业互联网平台试点示范"等多项荣誉称号。

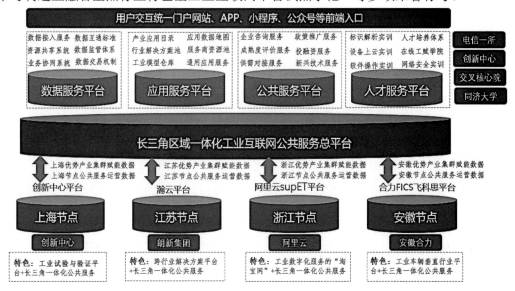

图 19-26　长三角区域一体化公共服务平台总体架构图

（二）核心功能

飞科思平台架构（见图 19-27）由边缘层、IaaS 层、PaaS 层、SaaS 层和生态层构成，以四大子平台、一套安全防护体系、一套运营系统为核心。通过提供可靠的物联网智能终端，全面连接感知叉车状态，采集叉车设备、驾驶员、驾驶环境等多维度的数据，通过 PC 端 Web 后台应用、移动端微信小程序应用、移动端 Android 版本和 iOS 版本的应用 App，为用户提供各种场景的业务系统。

图 19-27　飞科思平台架构

（1）智能终端：多版本产品，适配客户不同的应用场景。

安徽合力自主研发的工业车辆智能终端配备三个版本，可以满足客户不同的应用场景。

标准版产品特性：支持 GSM-4G 通信网络，采用 LBS/GPS 定位；标准 AI 算法；1路 CAN 总线接口，1 路 TTL 串口通信；支持多种远程操作；可选配支持 CAN 总线数据；采用低电压保护（见图 19-28）。

图 19-28　工业车辆 T-BOX 智能终端（标准版）

专业版产品特性：支持 GSM-4G 通信网络，采用 LBS/GPS 定位；采用 AI 智能边缘算法；1 路 CAN 总线接口，1 路 TTL 串口通信；1 路 485 总线，韦根刷卡器接口；支持多种远程操作；支持语音播报；采用低电压保护；外接刷卡器，刷卡方式登陆识别；支持接入 4 路传感器（见图 19-29）。

图 19-29　工业车辆 T-BOX 智能终端（专业版）

智能版产品特性：支持 GSM-4G 通信网络，支持 GPS、BDS 双模式定位；采用 AI 智能边缘算法；1 路 CAN 总线接口，1 路 TTL 串口通信；高性能 MCU/标配 CAN；支持多种远程操作；支持语音播报；支持离线存储；支持人脸识别；支持集成工业视觉安全方案；采用低电压保护，支持宽电压；外接刷卡器，刷卡方式登陆识别；支持接入 4路传感器；预留 1 路 USB 支持其他车载设备/工业视觉设备集成对接扩展（见图 19-30）。

图 19-30　工业车辆 T-BOX 智能终端（智能版）

（2）多维传感器：依靠物联网技术采集叉车现场作业全过程数据。

飞科思是基于万物互联的思维打造而成的（见图19-31）。通过边缘传感装置接收当前发生的真实数据，如安全佩戴感应传感器、重量感应传感器、电池传感器等。数据通过网络传输到系统管理终端，结合大数据、云计算技术对采集的数据进行分析，为企业做决策提供判断依据，提升对工业车辆的智能化管理。

图19-31　飞科思物联网技术架构

（3）主动安全体系：依靠物联网、人工智能、边云协同提高驾驶安全性。

使用全景采集处理设备、边缘视觉采集处理设备、工业智能视觉计算单元。可以实现如下功能：身份识别、行为监测、盲区监测、障碍物检测、车况监测预报等。

（4）工业车辆人工智能视觉安全驾驶监控解决方案（见图19-32）。

本方案采用飞科思成熟的智能终端产品，通过实时采集驾驶员面部视频和图像，监测车辆周边环境特征，通过人工智能算法即时处理图像和视频数据，结合平台智能车队调度系统，为工业车辆安全驾驶提供全方位实时预警，大大降低物流搬运作业安全事故的发生概率（见图19-33）。

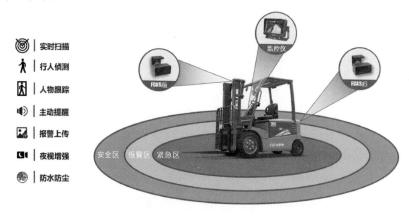

图19-32　工业车辆人工智能视觉安全驾驶监控方案设计

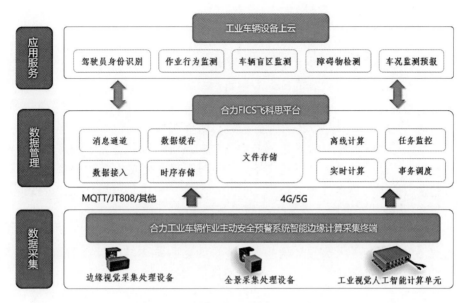

图 19-33　飞科思安全监测解决方案结构

方案优势：成熟的工业智能边缘采集终端产品；基于 YOLO v3 的深度学习算法架构；良好的系统扩展性，支持多种串口通信；依托飞科思强大的平台数据处理能力。

（5）场内物流搬运作业精益管理解决方案。

本方案采用飞科思成熟的智能终端产品，通过实时采集工业车辆作业数据，结合平台大数据分析处理，将人员身份数据、车辆开机数据、车辆行驶数据、车辆位置数据、车辆维保数据、车辆故障数据等多维度数据进行关联处理，实现场内物流搬运作业绩效精益管理（见图 19-34）。

图 19-34　飞科思场内物流搬运作业精益管理解决方案架构

方案优势：成熟的工业智能边缘采集终端产品；良好的系统扩展性，支持多种串口通信；依托飞科思稳定的大数据处理能力；多维度数据采集，为搬运作业绩效提供支撑；基于微服务技术架构，将核心业务抽象成独立微服务，提高了产品的可扩展性、可维护性与可继承性。

（6）特种设备（叉车）智慧监管解决方案。

本方案依托飞科思的物联网、大数据、工业 AI、工业微服务等核心能力，结合特种设备风险防控及动态监管技术的应用，注重科技应用，突出智慧监管，不断提升政府监管的有效性。以叉车为核心代表的场内专用机动车辆特种设备智慧监管（见图 19-35），主要实现的关键需求为：一是推进叉车全面物联接入，解决数据采集和状态监控的问题，实时掌握车辆的定位、开关机状态、运行速度、故障报警、安全事件、作业效率等相关的数据信息；二是推广叉车驾驶安全 AI 视觉监测系统的应用普及，积累相关数据和管理办法，在重要行业领域进行标准化实施；三是推动叉车质量安全追溯管理数字化，通过全生命周期数据深度分析挖掘，特别是碰撞、超速、超载、异常充电、设备维保等数据的"加工利用"，为叉车质量安全追溯提供数据支撑。

方案优势：成熟的工业智能边缘采集终端产品；良好的系统扩展性，支持多种串口通信；依托飞科思稳定的大数据处理能力；先进的工业视觉 AI 算法及深度学习算法架构；多梯次智能终端产品规格，适配多层次应用需求；多租户服务模式，适配各级政府特种设备监管。

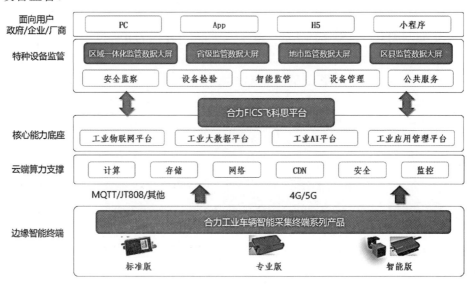

图 19-35　飞科思特种设备智慧监管解决方案架构

（7）基于 AGV 的场内智能物流整体解决方案。

智能物流整体解决方案依托飞科思的基础能力，主要解决工厂收发补、仓库存取拣智能搬运作业需求，通过集成无人叉车 AGV、物联网、大数据等智能化技术与手段，提高现代物流和生产制造系统的分析决策和智能执行的能力，从而提升整个系统的智能化、自动化水平。它重视将物联网、传感网与现有的互联网整合起来，通过以精细、动态、科学的管理，实现物流的自动化、可视化、可控化、智能化、网络化，从而提高资源利用率和生产力水平，创造更丰富的社会价值（见图 19-36）。

方案优势：成熟的工业智能边缘采集终端产品；良好的系统扩展性，支持多种串口通信；依托飞科思稳定的大数据处理能力；多维度数据采集，为搬运作业绩效提供支撑；

基于微服务技术架构，将核心业务抽象成独立微服务，提高了产品的可扩展性、可维护性与可继承性。

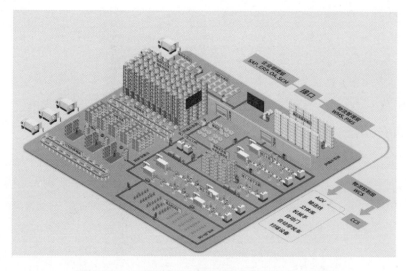

图 19-36 飞科思场内智能物流整体解决方案架构

四、吉利 Geega 工业互联网平台

（一）背景介绍

依托吉利集团深厚的制造底蕴，广域铭岛 Geega 吉利工业互联网平台（以下简称"Geega"）整合工业产业链资源，致力于打造中国制造业转型的数字化基座，为企业提供全链路数字化转型解决方案，跨行业、跨领域、多场景助力企业转型升级。Geega 让科技创新成为推动产业高质量发展的强大动能，竭力为人类社会创造高品质生活。

在 2021 中国国际智能产业博览会举办的工业互联网一体化高峰论坛上，Geega 举行了全国首发仪式（见图 19-37）。这是汽车行业推出的首个为全行业提供数字化转型服务的工业互联网平台。

图 19-37 Geega 发布现场

Geega 的核心竞争力如下。

（1）强制造底蕴：吉利 35 年的制造经验，以及不断吸纳整合全球资源，为 Geega 吉利工业互联网平台的诞生注入先天优势。

（2）多应用场景：汽车行业庞大的产业链，让 Geega 研发的新产品、新技术拥有丰富的实践场景，实现"源于制造，反哺制造"的良性生态循环。

（3）全领域覆盖：汽车制造位居制造业的金字塔顶端，其复杂的制造环节涵盖流程、离散等全领域，可快速复制应用于其他行业，赋能传统企业数字化转型。

（二）核心功能

Geega 通过构建集云资源管理、安全可信、数据智能、智能物联于一体的数字化基座，让企业拥有数字化转型的一体化基础能力，支撑工厂数字化、数字化运营、C2M 柔性定制、智慧出行、"双碳"管理五大解决方案，帮助传统行业转型至工业 4.0 时代，快速达到降本提效的目的（见图 19-38 和图 19-39）。

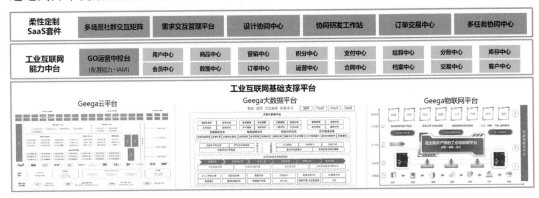

图 19-38　Geega 平台总体架构

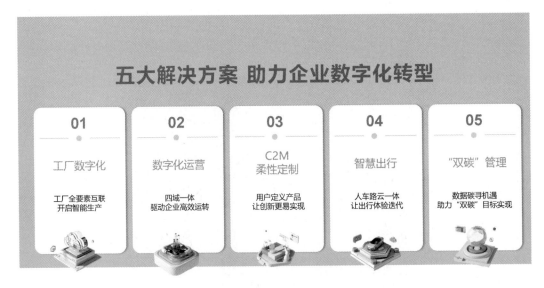

图 19-39　Geega 五大解决方案助力企业数字化转型

（1）工厂数字化：工厂全要素互联智能生产。

打破传统工厂相互孤立、隔绝的局面，实现工厂全要素互联互通。通过仓储物流、柔性高级排程、生产执行、质量管理、能源优化、设备管理、机理模型七大环节实现全面数字化，全方位提升企业综合竞争力（见图19-40）。

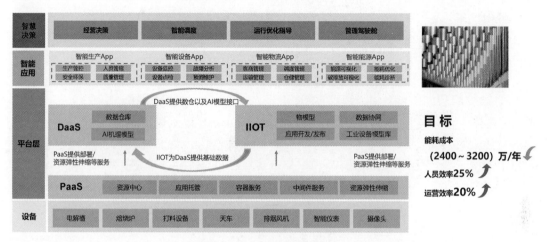

图 19-40　某铝业向数字化工厂

（2）数字化运营："四域一体"驱动企业高效运转。

构建以数字化为基础的"四域一体"解决方案，通过数字化基座、数字化管理、供应链协同、决策辅助四大领域帮助企业实现数字驱动下的高效、敏捷、智能的运营管理，优化资源配置效率，创建企业核心竞争优势（见图19-41）。

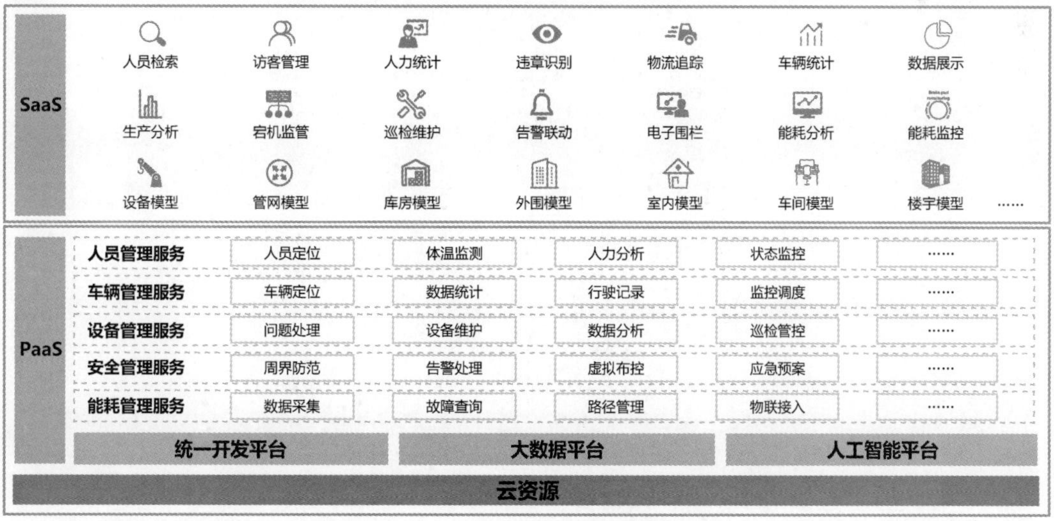

图 19-41　某智慧园区的数字化运营

（3）C2M柔性定制：用户定义产品让创新更易实现。

Geega 整合"研销一体化""柔性化制造""数字化运营"三大业务域于一体，提供企业级 C2M 解决方案，提升多品种、小批量柔性生产能力，缩短产品研发上市周期，快速满足市场个性化需求，让企业从容应对挑战，释放更多潜能（见图 19-42）。

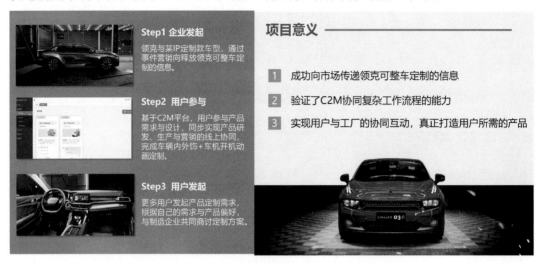

图 19-42　领克联合某 IP 整车众创 C2M 柔性定制

（4）智慧出行："人车路云"场景落地。

Geega 为城市交通提供一个"智慧大脑"（见图 19-43），打破城市交通信息割据现状，对交通资源进行有效整合，实现基于互联网的交通出行方式的贯通，让出行更高效、安全和智能。

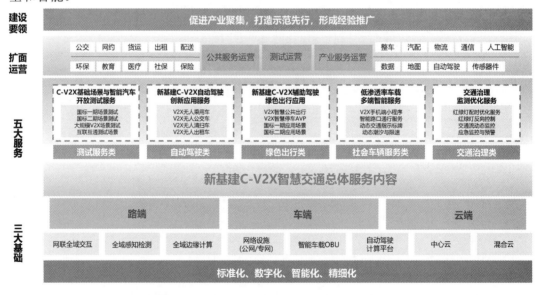

图 19-43　新基建 C-V2X 智慧交通总体服务内容

（5）"双碳"管理：数据驱动，碳寻机遇。

Geega 通过"工业机理模型+人工智能"的整合和连接，从企业层面进行碳排放核算，摸清企业碳排放具体情况，实现工厂碳资产智能化管理；从产品层面进行产品全生命周期碳排放跟踪，实现产品碳标识，助力产业链绿色可持续发展（见图 19-44）。

图 19-44　"双碳"管理解决方案

　　Geega 前瞻性的布局数字孪生、工业物联和边缘计算、人工智能、供应链创新、数字化工厂、网络协同创新六大科技实验室，为 Geega 提供核心技术支撑。与全球顶尖高校建立紧密合作，落地产教融合，搭建模拟制造环境与示范验证平台，以实训育人才，为企业数字化转型培育和输送高度匹配的复合型人才，增强科技创新驱动力。

五、卫华起重物流行业工业互联网平台

（一）背景介绍

　　卫华集团有限公司（以下简称"卫华"）是一家以研制起重机械、港口机械、建筑塔机、减速机为主业，房地产开发、建筑防腐、餐饮酒店、资本运营等为辅业的大型企业集团，是国家级高新技术企业，也是全国首批 55 家国家技术创新示范企业之一。卫华通过建设行业级工业互联网平台，提供装备制造一体化智能解决方案，打造"产品+服务"的智能制造新模式，塑造企业"知名品牌+高端产品+先进平台"的立体新优势。

（二）核心功能

　　卫华起重物流行业工业互联网平台（见图 19-45）是面向起重物流装备制造业数字化、网络化、智能化需求，构建基于海量数据采集、汇聚、分析的服务体系，支持制造资源泛在连接、弹性供给、高效配置的载体。工业互联网网络实现机器、车间、企业等主体及设计、研发、生产、管理、服务等产业链各环节全要素的泛在互联。

　　（1）设备管理。通过平台采集起重装备的运行数据、使用状态和地理位置等信息，实时追踪起重装备运行状态。

　　（2）指令下发。指令下发（见图 19-46）是一套起重机远程指令配置、管理、授权下发系统，可对起重机控制系统的全部参数、动作进行远程控制。在 5G 网络支撑下，利用 5G 的低时延特性实现对起重机的远程操控，利用 5G 的广连接特性实现多台起重机联合同步作业（见图 19-47）。

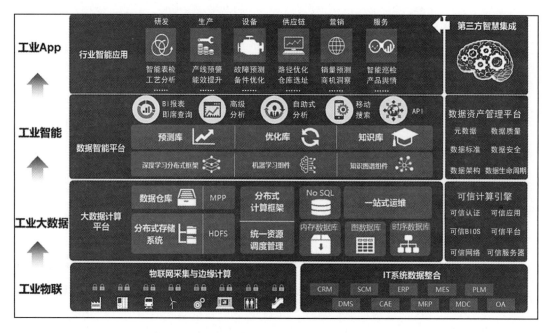

图 19-45 卫华起重物流行业工业互联网平台架构

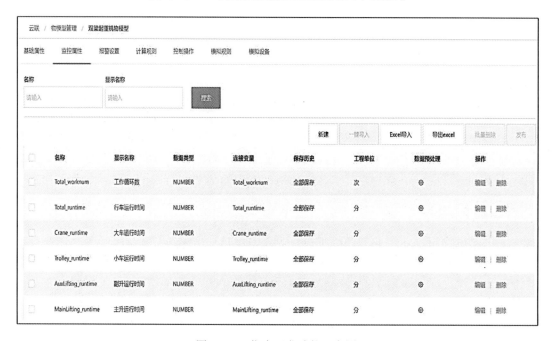

图 19-46 指令下发功能示意图

图 19-47　多台起重机多车联合同步作业

（3）云视界。云视界是一款服务于工业场景下生产、经营和政府监管的多场景可视化工具。基于平台强大的 IoT 能力，将起重机数字孪生与业务模型相融合（见图 19-48），为工业领域带来全新的运营界面、展示界面、机器交互界面。

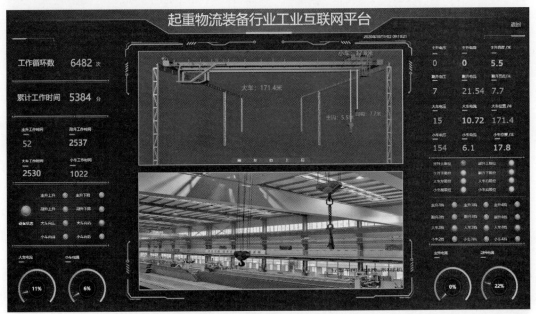

图 19-48　起重机数字孪生示意图

（4）工业知识库。工业知识库（见图 19-49）为起重机设备档案、设计图纸、售后指导文件等技术资料的存储体，为起重机后服务市场提供技术支持和经验分享，实现装备制造企业工业知识的沉淀和复用。

图 19-49　工业知识库界面

（5）云小匠。云小匠是一款轻量化的设备生产效率综合监控应用，通过监控设备电流，结合 AI 算法智能判别设备运行情况，形成起重制造过程的工业设备通用解决方案，帮助起重企业实现数字化管理（见图 19-50）。通过该应用，企业可以用较低的成本、较短的实施周期，在不影响现有生产的情况下，对设备进行数字化升级和管理（见图 19-51）。

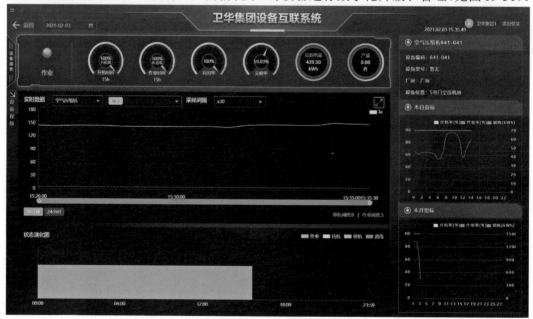

图 19-50　云小匠设备驾驶舱

图 19-51　云小匠设备指标趋势分析

（6）云能管。云能管是一款融合物联网、大数据、云计算等 IoT 使能技术，包含企业能源采集、能源监控、能源分析的产品（见图 19-52），是能够帮助企业快速、低成本、零风险实现的能源管理方案（见图 19-53）。

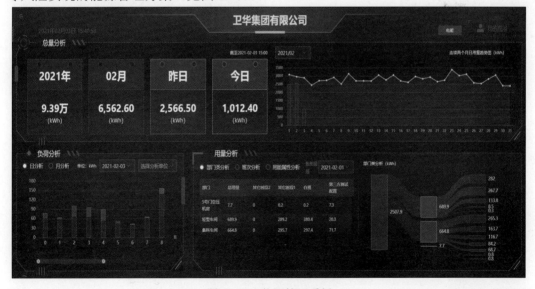

图 19-52　能源管理看板

（7）云营销。装备制造企业的营销模式不同于其他机械行业，主要以产业集群离合营销模式为主。这种分布广泛、规模庞大且相对独立自由的集群式产业营销团队并不属于任何企业，而是属于整个产业集群的。

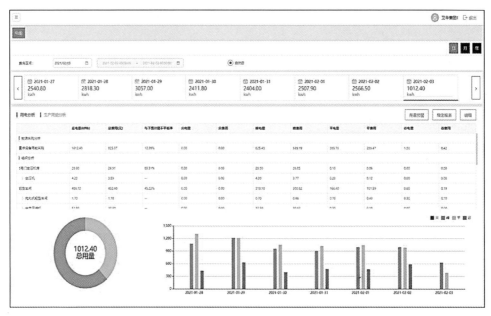

图 19-53　能源分析报表界面

云营销是针对装备制造企业的特殊营销模式而研发的，是一款使产业营销团队与起重企业进行交流的综合性营销系统（见图 19-54）。系统用户根据客户需求和厂商产品属性进行最优匹配，将市场与厂商连接起来，将生产与营销分离开来，使内部营销行为转化为外部公关行为，使生产企业专注于生产，营销人员专注于营销，同时，营销人员将所收集的市场信息通过云营销系统反馈给生产企业，为企业根据顾客导向调整生产结构提供参考，可为产业集群转型升级与高速发展提供低成本、低风险、高效率、高速度的产业扩张路径。

图 19-54　云营销系统界面

（8）云客户。云客户是一套适用于装备制造企业业务发展商模式、资金池模式的客户管理解决方案（见图19-55），向起重机制造企业提供客户档案、销售线索、销售活动、业务报告、统计销售业绩管理。

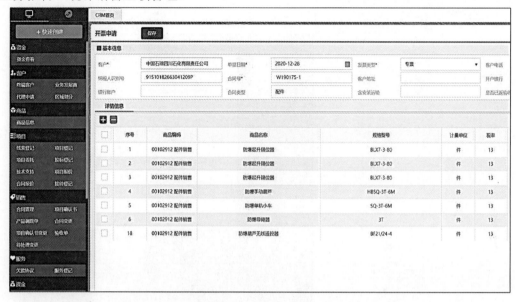

图 19-55　云客户系统界面

（9）云研发。研发设计能力是装备制造企业的核心资产，装备制造企业工业互联网平台部署的云研发系统核心层包括文档管理、产品结构管理、流程管理、电子数据仓库管理、三维建模、应用软件集成及接口管理等。通过软件上云，将行业研发数据发布成具体的应用，平台向用户提供云上设计图纸查阅、咨询购买等功能，帮助中小型企业快速完成起重产品的研发设计（见图19-56）。

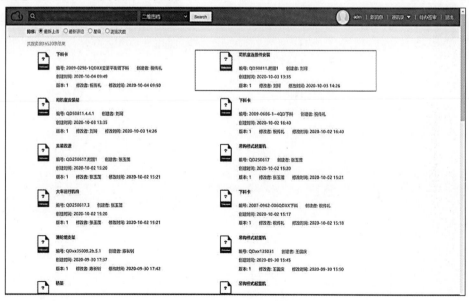

图 19-56　云研发系统界面

（10）云制造。云制造系统（见图19-57）面向起重机制造企业，提供技术资料集成、制造执行过程控制、产品质量追溯等功能，是一套智能、高效、安全、稳定的高性价比的起重机制造系统整体解决方案。

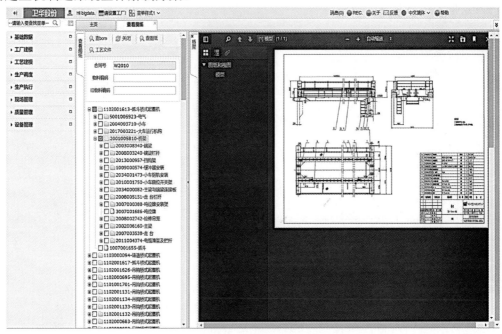

图19-57　云制造系统界面

（11）数据分析。数据分析系统（见图19-58）能够将设备管理、云服务、云研发、云制造、云营销等SaaS应用系统数据汇聚分析，以数据横向打通企业的全流程业务链，以分析结果支撑并优化起重企业的业务流程。

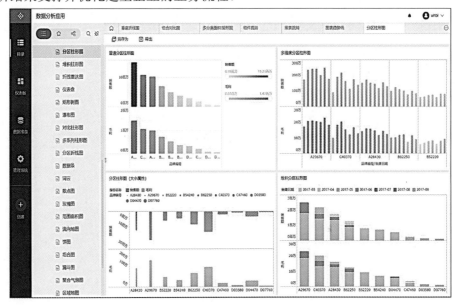

图19-58　数据分析系统界面

（12）机理模型库。ISO 10816《振动监测评估标准》采用振动烈度作为电机轴承故障诊断特征，根据烈度阈值将电机轴承运行状态划分为三种状态（见图 19-59）。基于此标准，对 10 种不同型号电机进行测试，确定卫华起重机上所用电机故障特征标准，正常状态表示设备状态良好，可长期运行；预警状态表示设备进入损耗期，为故障多发期，不可长期运行，此时应时刻关注设备状态，并根据生产计划及时维护检修设备；故障状态表示设备发生故障，必须停机维修。

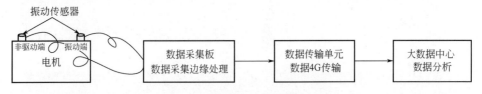

图 19-59　电机故障诊断硬件结构

基于电机故障诊断模型开发的电机故障诊断 App（见图 19-60），能够实时监测并显示驱动端和非驱动端振动烈度值，判断轴承状态（见图 19-61 和图 19-62），记录 1 分钟内的振动烈度波形。

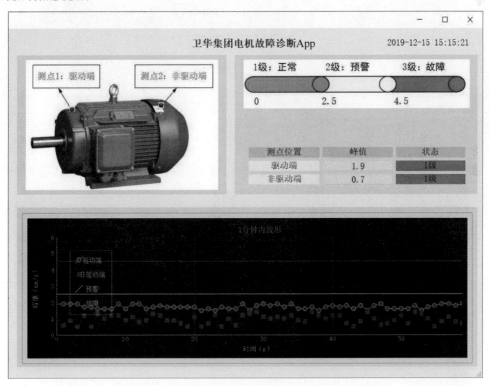

图 19-60　电机故障诊断 App

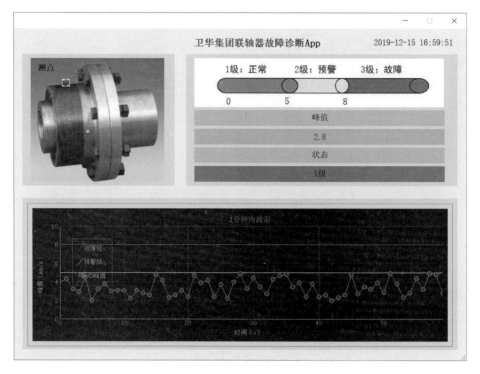

图 19-61　联轴器故障诊断 App

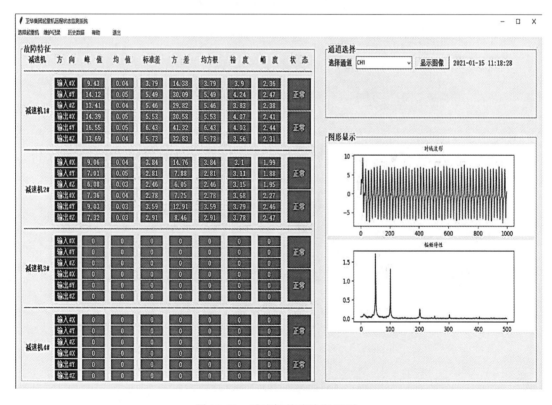

图 19-62　减速机故障诊断界面

六、远东电缆制造行业的工业互联网标识解析服务体系

（一）背景介绍

远东控股集团有限公司（以下简称"远东控股"）作为行业领军企业，多年来一直在电线电缆各细分市场精耕细作，积极推动电缆制造行业与互联网技术的融合创新，深入探索电缆生产新模式，已建成电缆产业工业互联网标杆工厂。

远东控股以现有电线电缆产业链为基础，建设符合工业互联网标准的二级节点体系，基于标识体系进行创新应用模式的研发，实现产业能力的突破，实现跨地域、跨企业、跨系统信息的共享和查询，构建电线电缆制造行业工业互联网体系的核心基础。

远东控股参与电缆制造行业标识解析二级节点建设标识资源分配和管理、信息系统建设和运营、标识应用对接和推广等工作，并通过与国家顶级节点互联互通接入整个标识解析体系。其中，管理体系主要用于规范二级节点建设与运营相关的管理要求，包括编码规则、技术标准、管理规范和运营规范等；功能体系主要从信息系统建设的角度，在具备基础设施的前提下，界定二级节点应提供的核心系统功能，包括标识注册、标识解析、业务管理、数据管理、安全保障等；应用体系主要是明确如何基于二级节点与工业互联网平台、工业企业信息系统、企业节点的对接，促进产品追溯、产品全生命周期管理、生产流程管理、数据服务等应用。电缆制造行业标识解析二级节点的总体框架如图 19-63 所示。

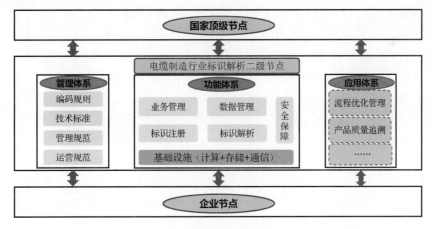

图 19-63　电缆制造行业标识解析二级节点的总体框架

（二）核心功能

（1）经营管理优化。

通过标识技术与制造技术的深度融合，从研发、制造、营销到智能化设备，建立一条完整的智能制造标识链、高效的物流、工艺控制系统和环境、通过快速的信息反馈和资源调配（见图 19-64），提高企业运营响应速度，以解决多品种、小批量生产方式带来的产品频繁切换、生产工艺波动等问题，进而更好地满足客户定制化、个性化需求，以

最小的要素投入，获得最大化的社会经济效益，体现"创新，协调，绿色，开放、共享"的发展理念。

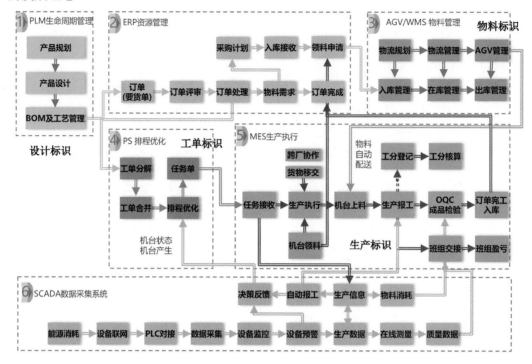

图 19-64　智能制造标识价值链全景图

通过大数据平台对各应用系统的标识数据进行集中存储及分析，协助管理层及时发现问题、分析问题进而解决问题，并提高生产经营过程的风险预警能力，使得决策更加科学化。通过对智造云平台、远东智慧大数据平台、西门子 SCADA 系统、远东能源管理系统等进行集成，对工业标识大数据挖掘和分析进行风险预测，使管理更加精益化。

（2）产品质量追溯。

产品质量追溯系统（见图 19-65）已广泛应用于各个行业，它其实是一种可以对产品质量进行不定向追踪的生产控制系统，应用于各种类型的产品生产、控制过程，可快速追溯产品生产过程的某一细节及具体生产情况，对整个制造过程进行严密质量控制，方便对产品合格性的检测及对问题产品及时追溯解决。

为了保证产品质量安全，加强企业对产品的全流通领域管理，快速准确了解生产过程，及时处理问题产品，快速冻结和召回问题产品。结合传统供应链管理系统与标识解析技术，建立产品质量追溯系统。在系统传递信息的过程中，产品标识是始终唯一的，其作为一条主线把各个环节串联起来，这样当出现质量安全事故时，就可以通过查询产品标识了解该产品全生命周期，从而实现产品的可追溯。

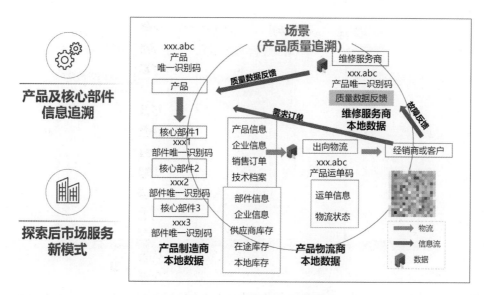

图 19-65　产品质量追溯系统

产品质量追溯系统以实现企业更实时、更高效、更精确、更可靠的生产过程和质量管理为目的，结合工业互联网标识，有效收集管理对象在生产和物流作业环节的相关信息数据。为每件产品赋予工业互联网标识。通过解析标识，并给应用层 ERP、MES 等信息管理系统提供及时准确的现场产品信息，可轻松实现对产品的质量追溯和质量管理，从而改善产品质量，提升市场信誉和竞争力。

基于标识解析二级节点服务体系，利用赋予的唯一标识，可以提供对各项电缆产品检验活动进行计划、指导、记录和跟踪，并将质量检验活动完美地融合在企业整个物流过程的管理与控制中，实现质量预防、质量把关、质量分析及持续的质量改进。

（3）产品全生命周期管理。

通过将标识解析平台与电线电缆行业标识解析二级节点对接（见图 19-66），可为电线电缆上下游企业提供成套的标识注册、标识解析、标识查询服务（见图 19-67）。

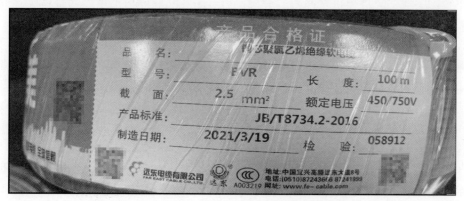

图 19-66　产品实物图（附标识解析二维码）

图 19-67　标识解析集成创新应用模式

电线电缆企业可以通过平台的标识解析、标识查询服务对已有标识的产品、设备进行解析、查询，参与产品全生命周期的过程，涵盖了产品的研发设计、生产制造、销售、物流、维护等，实现产品全生命周期精细化管理。

针对传统工业互联网标识解析整体结构不合理、解析协议不稳定、异构数据量较大等方面的问题，通过二级节点的构建，可以有效提升标识解析体系的安全性与可靠性，为工业大数据的共享、流转、应用提供保障。标识解析二级节点可以利用电子标签与条码等形式，对工业大数据进行全面、系统的采集，通过关联数据的整合，形成数据链条，从而有效提升管理系统数据监测与认证的能力。

远东控股工业互联网标识解析二级节点（电缆制造行业）项目是基于工业互联网的二级节点标识解析系统的设计与建设，不仅包括管理体系方面的内容，同时对系统不同的功能模块进行了合理的划分与设定，统一技术标准，提升标识解析可靠性、安全性。在系统实际运用过程中，结合标识的编码、注册于解析的技术标准，以特定的权限对条码、电子标签等信息载体进行高效的解析，提升工业互联网数据审查的整体质效。

通过工业互联网标识解析二级节点在电缆制造行业有效的支持系统、数据间的互联互通，并整合电缆制造领域和互联网领域综合资源，实现电缆制造产业从要素驱动向数据驱动的转型升级，最终形成电缆制造产业中工业大数据的互联互通。远东控股将推动江苏本地同行业乃至跨行业企业的广泛应用工业互联网标识，辐射华东地区，既提升了江苏工业制造水平，又能够为电缆制造二级节点提供源源不断的发展动力，形成良性循环，保障工业互联网标识体系的持续建设和发展。具体而言，本项目对电缆制造行业的带动作用体现在以下几个方面。

一是促进企业构建先进生产方式。工业互联网的发展使信息技术在制造业中迅速渗透扩散，利用标识解析技术促进企业创新生产手段、优化生产流程、提升生产效率和生产能力，有利于构建集成先进管理思想、方法和手段的管控平台，催生精益生产等模式，极大地提高制造效率。

二是推动传统企业向价值链高端延伸。电缆制造行业标识解析二级节点的建设和推广将促进产品创新、服务创新和商业模式创新，快速提升创新能力，稳步降低创新成本，使企业重心从制造环节向服务环节转变，推动服务型制造快速发展。互联网帮助制造业企业加强产品全生命周期的管控能力，实现服务延伸，促使产品的价值由加工环节向研发维护、整体解决方案等价值链高端环节跃升，形成流程优化管理、产品全生命周期管理等创新模式，延长价值创造周期，提升企业的利润空间。

三是培养一批高素质的人才队伍。本项目的实施通过关键技术的研究和创新应用模式的建设，将在电缆制造领域中的各个环节培养出众多专业和复合型人才，这支人才队伍的形成，将是相关技术成果得以巩固和继续深入开展研究的重要基础，促进我国在电缆产业相关领域的可持续发展。

第二节　工业互联网专业类平台案例

专业平台是全球工业互联网竞争的制高点，这类平台专注于专业行业经验知识和新兴技术领域，利用大数据、人工智能、区块链、数字孪生等技术及行业专业经验知识，进而以工业应用程序、平台的形式为企业决策提供智能化专业服务。

从应用场景上看，专业平台能够为智能化生产、个性化定制、服务化延伸、财务智能分析、合规法务等提供广泛应用支撑。这类平台直接通过对海量历史经验数据、实时运行数据的集成与建模分析，实现远程状态监控、智能化分析等服务，提高机器效率、降低能耗和故障率、拓展服务和价值空间，从而带来巨大的经济效益和社会效益。

从运营模式上看，一是利用平台为自家高端产品提供服务，丰富、专业、智能、精准的应用服务使用户获得更好的体验和收益，形成产品更强的黏性，实现"使用用户的数据、为用户提供服务、获取用户利润"。二是通过平台为第三方工业设备提供优化，这使得广大第三方，特别是中小厂商需要为平台开放数据，形成与巨头企业的从属关系，同时促进平台形成行业标准。三是借助平台，不断获取广大用户的海量运行数据，形成对企业、行业更加精准的预知；同时，由于用户海量数据置于平台，且对平台服务产生依赖，用户将很难向其他平台迁移。四是依托平台培育开放的开发者生态，形成良性循环，像苹果或谷歌那样通过 App 服务产生收益。

我国在工程机械等少数垂直领域也有此类的平台部署，如三一重工的根云平台、徐工集团与阿里巴巴共建的徐工工业云，已取得良好的应用成效和产业示范作用。但与国外平台相比，我国此类平台使用与发展仍然相对滞后。一是我国平台在领域覆盖、服务能力、产业链地位等方面都难以与国外平台匹敌。二是国际巨头加速其平台在我国落地。三是本土企业创新挑战艰巨。此类平台涉及物联网、云计算、大数据、人工智能等各类新一代信息技术，以及大量工业技术和知识经验积累，专业门槛高，要有对技术、人才、资金的高投入，一般企业难以具备足够的实力和动力，这也是国外平台多以跨国巨头推动的重要原因。

一、慧世联电子公证法律风控服务平台

（一）背景介绍

在企业数字化转型过程中，传统的管理流程与管理模式都在发生改变，越来越多的信息技术系统成了企业日常管理的工具，传统的以"人"为中心，并通过制度与流程对"人"的行为加以规制的风控模式，进而变为以"系统账号"为中心，通过服务器软件流程的设计，形成对"账号"的权限控制为方法的管理模式。信息化工具的使用显著提高了企业管理效率，但同时由于"人"与"账号"之间的分离，也给企业的风控管理带来了新的风险，信息系统本身的安全性、可靠性成了容易被忽视，却又关系到整个法律风险防控体系有效性的关键，构建一套既能适应数字时代的发展，又能做到高度可靠和安全的企业法律风险防控平台，应成为现代企业管理中的一项重要举措。

电子公证法律风控服务平台是基于密码安全技术与公证法律服务相结合的服务设施，为企业在日常运营管理中经常遇到的各种法律风险事项，包括实体印章和电子印章的用印管理、电子合同的效力认证、知识产权及商业机密的法律防护、劳资关系的法律风险控制等，提供一体化的解决方案，让企业对常见法律风险的控制不再有后顾之忧。

电子公证法律风控服务平台遵循相关法律的要求，通过信息技术规定的重点关键签约行为及合同数据"保真"技术与公证法律服务相结合，用以保证电子场景下将公证法律服务融入电子数据的产生、交换、记录等环节，从而确保电子数据的真实性、可靠性及可证明性，并最终形成充分满足法律有效性保障的公证文书。系统以保证电子合同的法律有效性为核心内容，实现互联网电子合约的用户身份审查、签约过程和签约数据，全程由公证机构通过信息系统提供直接的数据认证和证据固定，公证处可以为此提供公证书，以公证证据的形式向裁判机关进行举证，兼顾技术实现与法律实务，解决相关的法律风险问题，实现全流程法律服务，与公司内部现有的管理流程无缝连接。

（二）核心功能

考虑到企业法律风控的不同场景中，均需要达到相同严谨性的法律可靠性标准，电子公证法律风控服务平台（见图 19-68）由电子公证服务底层、电子公证服务中间层、电子公证技术组件及服务组件共同构成。电子公证服务底层负责提供标准的电子公证服务，确保通过系统完成的电子行为在法律上的可靠性；电子公证服务中间层提供各类系统级功能，提升服务的易用性；电子公证技术组件及服务组件是针对不同应用场景设计的应用层系统，满足企业运行过程中不同场景的应用需求。

电子公证服务底层是电子公证法律风控服务平台的核心解决方案，负责确认电子行为的真实性并为电子行为的真实性提供可靠的证明。行为包括行为人与其所做出的对应行为，但在日常生活中，一个行为可能代表不同的含义，要在记录行为的同时确认行为所代表的含义，因此将行为与行为所代表的含义形成文本并由行为人进行签署确认就成了准确记录行为，而相关行为所对应的电子数据对接至可靠的区块链中便可以保障对应的电子数据的完整性，最终由公证出证予以证明，从而达到法律上的最高证明效力。

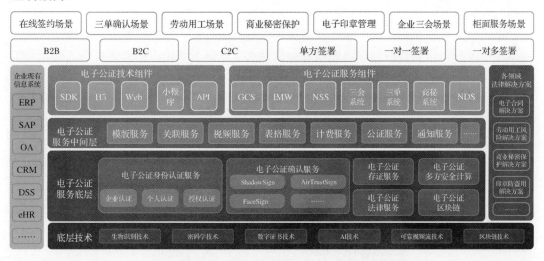

图 19-68　电子公证法律风控服务平台总体架构

据此，电子公证服务底层由电子公证身份中心、电子公证签署中心、区块链对接、公证核验出证系统四个核心构成。

（1）平台核心底层要素。

一是电子公证身份中心。身份中心主要是管理客户身份，以及管理和发放电子公证、签署相关服务的信息验证令牌；客户通过 App、微信小程序或 H5 方式完成身份认证时，身份中心将存储用户身份相关的关键信息、认证记录信息；在服务授权的第三方应用中，客户通过要素信息可获取用户身份令牌，用户通过此令牌方能在签署服务中完成对文书的签署操作（见图 19-69）。

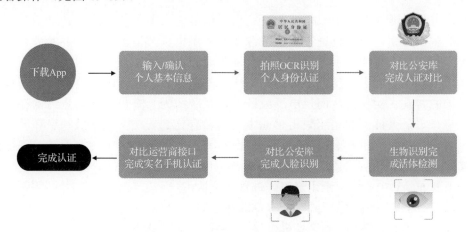

图 19-69　电子公证个人身份认证流程图

电子公证个人身份认证服务。全面采用实名机制，在实名认证过程中需使用人脸识别技术，在实人认证及追踪过程中，人脸识别模块应满足实时校验人脸的要求，内容包括姿态角度、遮挡、清晰度、光照条件，符合质量条件的才会被采集，确保最终用于证明的照片清晰可辨认。

电子公证企业身份认证。企业认证包含法定代表人、非法定代表人公证认证审核，完成开户流程。授权管理为在线完成完整的授权管理，负责用户的实体身份认证，并维护每个用户的公钥证书；授权模块担负所有涉及对用户的身份识别和签名验签，以及对客户端提交信息数据的上链。电子证据文件管理对电子文件签署后的最终形态、最终的签署凭证进行管理操作（见图 19-70）。

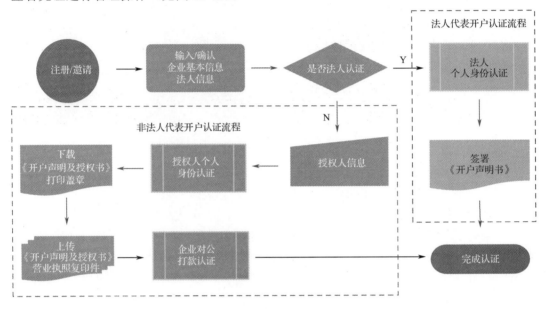

图 19-70　电子公证企业身份认证流程图

二是电子公证签署中心。电子公证签约系统是为大型企业构建专属电子签约服务所提供的解决方案。电子公证签约系统深度集成了电子公证技术，签署人进行签约操作的每一个关键步骤均由系统中的电子公证模块提供实时公证见证和交互认证，电子公证模块如同电子的公证员，对每一方当事人的意思表示进行确认审核，保证每一次签署行为的客观真实性，从而让电子公证签约系统成为具有最高法律效力保障的电子签约服务。电子公证签约系统采用企业本地的私有化部署，企业提供网络环境和设备资源，与签约相关的机密信息仅在企业内部和受控的网络环境中传输流转，确保商业机密的安全性。

电子公证签署中心是记录用户签署过程和确认用户意思表示真实的核心系统，也是契约互联电子公证系统最常对外直接提供的底层服务。

签署中心通过接口对接和直接提供签署页面向用户提供服务。

签署中心可以被理解为一个工厂车间，只按照特定的逻辑进行运作，在生产工作完成后会将所有物资转移回仓库，保持自身清洁。签署中心在业务发生前和业务完成后均不再留存任何数据，签署中心的数据来源主要是客户业务系统和身份中心对当前业务所提供的必要数据，并在业务结束后即刻对使用数据进行清除。

签署系统为用户提供服务的基础，是用户已经完成过身份认证，并有确定的鉴权方式用于本次任务。

三是区块链对接。作为电子公证签约系统的重要组成部分，签约系统所生成的非涉密数据（如签约人身份信息、授权信息、签约过程操作数据、文件哈希值等）可通过区块链实现签约证据存证（见图 19-71）。

图 19-71 电子公证区块链示意图

HyperLedger Fabric 是区块链中联盟链的优秀实现，主要代码来自 IBM、英特尔、各大银行等，它的模块化架构最大限度地提高了区块链解决方案的机密性、灾备能力和灵活性。

基于 HyperLedger Fabric，支持 Go、Java、NodeJS 定义编程标准、函数库等基础规则，允许使用上述语言开发企业级应用；支持多通道、多组织、多节点、多种共识机制集成；算法层面支持国产算法。

共识用于排序服务的协议，并确认构成块的交易集合的正确性，并以共识原则让账本保持同步。

无论 EtcdRaft 或者 kafka，都应支持可插拔、快速切换。

四是公证核验出证系统。在保障当事人数据安全和数据保密及签约全流程电子公证的法律有效性的前提下，能够出具具备证明全流程的公证文书内容。

验证底层模块：负责验证用户通过签署模块提交的签署密钥是否合法的功能模块（见图 19-72）。

图 19-72 电子公证文件验真示意图

出证证明模块：在用户需要查询和验证经由系统签署的某一文件是否属实时，或者因任何原因，需要能够获得系统提供证据支持，为用户提供查证和出证的功能模块（见图 17-73）。

图 17-73 电子公证出证业务示意图

在需要提供书面材料的需求时，用户可通过签约平台向服务公司或合作公证机构申请书面文档，用户可根据使用场景向不同机构进行申请。

（2）平台标准化的服务应用系统实例。

电子公证法律风控服务平台通过对电子行为的记录与签署，完成对电子行为的确认，但对电子行为的确认仅仅是满足风控要求的第一步，不同的应用场景还需要结合具体场景要求的法律法规的合规性，才能够形成有效的法律风险控制。例如，在合同签署的过程中，不光需要确定企业盖章的行为，还需要结合最高人民法院《九民纪要》中对于"看人不看章"的要求，确定签署行为人具有企业的授权；在劳资法律风控过程中，不光需要记录工资的发放条的签署，还需要进一步记录公司的劳动用工规章，因绩效或迟到等发生的各项事实。电子公证法律风控服务平台的应用系统针对不同场景进行了充分的法律设计，以满足不同场景中法律风控的要求。

一是电子公证签约系统（见图19-74）。电子公证签约系统（GCS）是将电子公证技术应用于无纸化签约场景，为大型企业构建专属电子签约服务而提供的解决方案（见图19-75），GCS深度集成了公证电子签名服务，保证每一份电子合同签署的客观真实性，从而提供最高法律效力保障的电子签约服务。

图 19-74　电子公证签约系统功能与效果说明

GCS支持企业本地的私有化部署，企业提供网络环境和设备资源，与签约相关的机密信息仅在企业内部和受控的网络环境中传输流转，确保商业机密的安全性；对于涉密单位而言，GCS更是可以提供完全内外网隔离状态下的解决方案；GCS还可根据企业的实际需求进行个性化定制，与企业原有 ERP、OA 等信息化系统实现无缝对接，成为企业一体化信息系统的组成部分。

二是劳资法律风控系统。劳资法律风控（IMworking）系统（见图19-76）是将电子公证技术应用于企业的日常人资管理，让用人单位与劳动者能够方便地以电子文书的形式，对用工过程中相关事实进行确认的服务系统，进而形成完整且标准的员工劳动用工电子档案（见图19-77）。

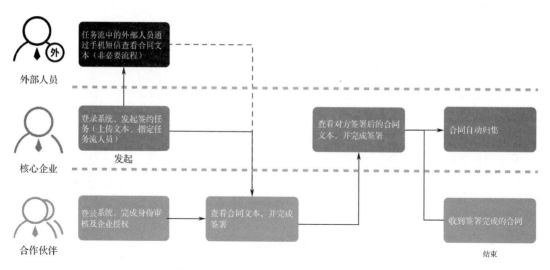

图 19-75　电子公证签约系统操作流程

图 19-76　劳资法律风控系统功能与效果说明

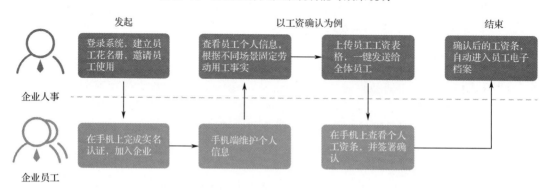

图 19-77　劳资法律风控系统操作流程

劳资关系中，用人单位的举证责任繁重，如何在电子环境中固定劳动证据是劳资管理的难题，使用 IMworking，实时确认人事管理事实，实时锁定有效电子证据，预防劳资风险发生，可以有效减轻人事、法务、律师在劳动纠纷中组织证据的压力。

　　三是电子公证印章管理系统。电子公证印章管理系统（NSS）（见图 19-78）是将电子公证技术应用于企业的用印管理，特别是电子印章的用印管理的系统服务，通过电子公证实现对每一次公章调用行为的密钥管控和技术见证（见图 19-79），为江苏慧世联网络科技有限公司有合法使用电子印章的行为提供公证证明，从而在根本上杜绝印章盗用的发生，解决"真章盖在假的文件"上的法律风险问题。

图 19-78　电子公证印章管理系统功能与效果说明

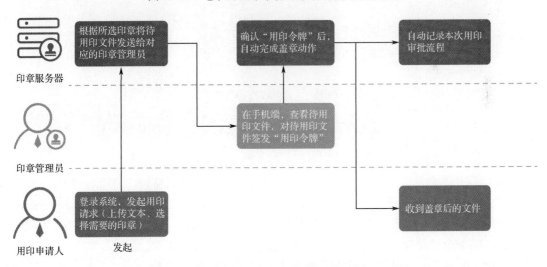

图 19-79　电子公证印章管理系统业务操作流程

　　四是电子公证柜面无纸化系统。电子公证柜面无纸化系统（NDS）（见图 19-80）是基于电子公证技术为柜面服务的全流程无纸化设计的法律风险解决方案，通过对工单签署、数据生成、数据传输及存储等可能出现争议的环节，提供公证证明与存证服务，从而有效规避因业务无纸化所带来的法律风险（见图 19-81）。

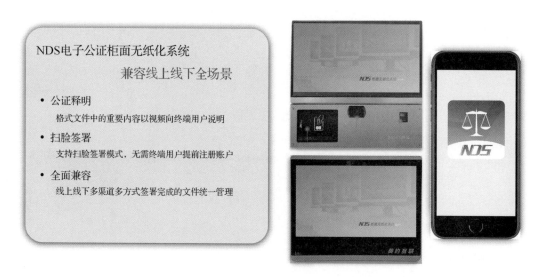

图 19-80　电子公证柜面无纸化系统功能与效果说明

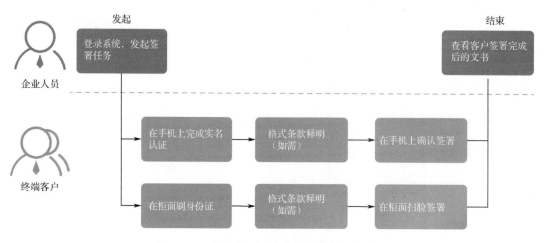

图 19-81　电子公证柜面无纸化系统操作流程

对于集团化的大型企业而言，根据实际场景的需要，可以将以上各个标准化的服务进行组合，即可构成"电子公证能力中心"，电子公证能力中心可以作为底层服务整合到集团的信息系统之中，统一对外输出，全面支撑企业所面临的各种复杂的文件签署场景。

（3）电子公证法律风控服务平台可为企业提供两种运行模式。

一是企业私有化部署运行模式。平台可为具备机房条件的企业采取平台私有化部署方式，平台与企业自有 OA、ERP、CRM、HER、电商平台、物流平台等系统进行服务对接，实现各类文件的无纸化签署。因系统是本地化、私有化部署，可以保障企业经营数据、商业秘密的安全保护。

二是企业租用云服务运行模式。平台也可为没有机房条件的企业提供云服务租用服务，行业内企业向平台运营方申请部署开通所需要的服务系统，开通账户后即可使用相关功能。此模式下，也可支持与企业的相关系统进行对接融合，保障数据运行的闭环性和可靠性。

二、鼎佳达企业知识产权管理平台

（一）背景介绍

机械企业在技术研发与创新环节中会产生大量的知识产权，尤其是与企业核心竞争力密切相关的技术秘密和各类专利等企业自主知识产权。对这些知识产权进行高质量高效率的科学管理，不但可以使企业技术研发的创新成果及时实现资产固化和得到法律保护，还可以通过信息共享，有效配置企业资源，促进科研成果的转化运用。而且，科学的知识产权管理反过来还能进一步激发企业的创新活力，助推企业产生更多更好的自主知识产权，进而提升企业的核心竞争力。企业知识产权管理平台是应用互联网建立企业内部的知识产权管理平台，实现企业在技术研发和创新各环节中创造的自主知识产权的信息化科学管理。

（二）核心功能

企业知识产权管理平台主要是对企业在技术研发和创新过程中产生的技术秘密、专利、计算机软件著作权及商标等进行全程管理，管理贯穿于企业技术研发和创新活动的全过程。从项目的立项建议书、开题论证、立项启动到项目的研发、技术攻关，再到项目中期验收、结题鉴定等全过程，都需要进行有效的知识产权管理。管理平台包括对企业核心技术秘密的内部申报、审核和认定，以及技术秘密产生过程技术资料和参与人员的记录和管理；企业内部专利提案的申报、审核和审批，以及专利申请的委托代理、任务管理和时效监控，直到专利授权后的监控管理、转化运营和维护维权；企业自主开发的计算机软件登记著作权的内部申报、审核和审批，以及计算机软件开发过程技术资料、开发文档和参与人员的记录和管理；企业商标设计、商标注册、商标维护等商标的管理。

企业知识产权管理平台主要包括技术秘密管理、专利管理、计算机软件著作权管理和商标管理等知识产权管理。

技术秘密管理要求对科研项目进行留痕化的规范管理，基于知识产权管理平台的所有操作都必须有明确的操作人、操作内容和操作时间，便于日后进行倒查取证。

专利管理实现企业技术创新成果的专利挖掘、内部申报、审核、审批，确定分级申报，以及专利文件的线上委托代理申请，直到专利授权后的专利分级维护、分类转化、实施转化及维权等环节的管理。

计算机软件著作权管理和技术秘密管理同样要求对软件开发的全过程进行留痕化的规范管理。这是因为，企业自主开发的计算机软件严格来讲属于企业技术秘密的范畴，只不过计算机软件的源程序，需要依照计算机软件著作权登记的要求，向国家相关部门进行登记，作为企业自主知识产权的依据。但从保密角度来讲，即使计算机软件的源程序已经向国家相关部门进行了著作权登记，其依然处于保密状态，在企业内部仍然要作为保密资料进行管理。因此，在知识产权管理平台上针对计算机软件及其著作权的所有操作，与技术秘密一样也必须有明确的操作人、操作内容和操作时间，便于日后进行倒查取证。

商标管理是根据企业品牌发展战略的要求，进行商标的规划、设计、布局及注册和维护。其中，商标在规划、设计和布局阶段的管理同样属于企业商业秘密管理的范畴，商标注册、维护、维权和近似商标监控等属于公开性的法律管理范畴。

（1）平台核心模块。

平台主要应用于企业内部知识产权的全过程管理，涉及企业知识产权管理部门、科研管理部门、技术研发部门、市场营销部门、法律部门、人力管理部门、账务部门及司领导等多部门的协同协作。不同部门、不同员工设置相应的权限，完成各自管理环节中分派的任务，从而实现知识产权从产生、获取、维护、运用和维权，再到促进研发的全过程闭环式管理。

企业知识产权管理平台对企业自主知识产权进行内部管理，平台由技术秘密管理平台、专利管理平台、计算机软件著作权管理平台和商标管理平台构成。

技术秘密管理平台主要可以实现下面三个功能：

一是技术秘密的在线申报、审核和认定功能。技术秘密在线申报、审核、认定，不但包括已经完成的技术创新成果的在线申报、审核和认定，还包括项目立项前论证、开题设计、中期验收及阶段性研发成果总结等各环节资料的整理与申报、审核和认定。系统保存全部项目相关资料，实现项目资料的在线信息化平台化管理。

二是技术秘密的查询、复制和下载功能。公司员工根据各自不同的权限或者在上级领导的授权下，可以查询、复制和下载不同级别和不同类别的技术秘密资料。系统会自主记录查询、复制和下载的用户、时间和操作内容。

三是技术秘密管理全过程留痕倒查功能。项目组成员、管理人员、评审专家等项目的全部参与人员，均须登录管理平台，完成系统分派的任务。整个过程的全部参与人员通过公司统一分配的用户名登录系统，申报材料、完成审核认定，进行查询、复制及下载等任务，全部操作在系统中均有完整记录。而统一的用户名应该记载在经过本人签字确认的个人公司档案中，连同保密协议、劳动合同等个人在公司的档案共同管理。这样的技术秘密信息化平台化管理模式，在日后可能出现的技术秘密纠纷过程中便于取证。

专利管理平台主要可以实现下面三个功能：

一是专利提案企业内部审批，打分评价分级管理功能。专利提案阶段分级分类（见图 19-82）的目的包括为专利提案的正式申报确定级别，预判专利的授权前景，为专利授权后的分级分类维护管理采集信息，为挖掘、专利布局及海外专利布局申请提供依据等。通过录入提案信息，对专利提案进行技术维度、应用维度和企业维度的评价打分，确定不同级别的专利提案后，对 A、B、C 不同级别、不同类型的专利申请提案，采用不同的审批流程进行分级代理，最终为高价值专利的申请、授权及之后的维护、应用和管理做准备。

二是向专利代理委托相关文件上传、下载、任务建立、通知等代理功能。以知识产权管理平台为依托，给代理机构开设代理用户权限，代理用户登录后可以处理和自行代理专利相关的工作任务，完成代理和企业之间的资料与信息交互。企业的专利管理部门在专利提案通过审批并确定专利申请级别后，上传提案交底书和指示函，向相应代理机构发出新案委托指令，并建立新申请任务。相应的代理用户收到信息后，登录系统下载文本，作业处理后上传文件，同时在企业和相关发明人处生成新的任务并以短信方式发出通知，相关人员登录后处理，完成后再上传文本，并为代理用户生成任务。如此往复，直到完成全部的代理事务。往复修改意见、修改文本和其他相关资料均保存在各自所属的专利申请文本项下，作为专利档案资料的一部分。

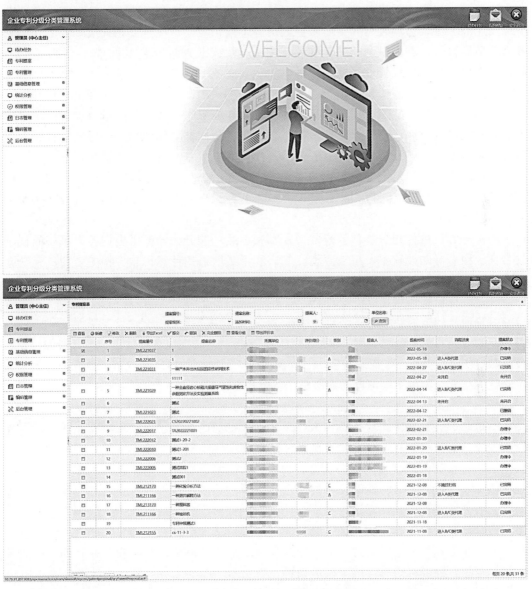

图 19-82　企业专利分类管理系统界面

三是授权专利信息录入，打分评价专利分级，建立专利档案，查询统计功能。专利授权后，由代理用户上传专利申请文本、专利授权文本及录入专利授权文本的著录项信息等内容，以便日后检索查询和统计管理；由企业科技管理部门、技术研发部门、市场管理部门、技术服务部门及专利的发明人团队或所属科室的相关人员填写专利实施和运营情况，包括专利实施的现状、计划、产生的收益，以及成果报奖支撑等信息；由知识产权管理部门对专利进行授权后的二次打分评价，进行分级分类维护管理；企业领导层、财务部门、人力资源部门等可通过平台实时了解专利实施应用的动态情况，掌握专利实施运营中存在的问题并及时协调解决，促进专利技术的推广应用、实施许可、转化创效及专利维权。

企业不同权限的用户包括普通员工、技术研发人员、专利发明人、管理人员、企业专家、企业领导、市场人员和售后服务人员等不同角色，可以查询相应级别的专利信息和转化应用情况，并为专利的转化创效、实施运营提出意见和建议。

计算机软件著作权管理平台主要可以实现下面三个功能：

一是计算机软件著作权提案企业内部申报、审核、审批和登记。计算机软件开发完成后，需要先在企业知识产权管理平台上进行著作权提案在线申报、审核和审批。申报资料包括已经开发完成的计算机软件的开发文档、应用文档和源程序，以及软件开发项目立项前论证、开题设计、中期验收及阶段性开发成果总结等各环节资料，还应包括按照计算机软件著作权登记要求整理的向国家相关部门提交的登记材料。通过审批后，向国家相关部门提交登记，取得相关证书并录入平台。平台将保存全部相关资料，实现项目资料的在线信息化平台化管理。

二是计算机软件相关资料的查询、复制和下载功能。公司员工根据各自不同的权限或者在上级领导的授权下，可以查询、复制和下载所需的计算机软件相关资料。系统会自主记录查询、复制和下载的用户、时间和操作内容。

三是计算机软件相关资料管理全过程留痕倒查功能。项目组开发人员、管理人员、评审专家等项目的全部参与人员均须登录管理平台，完成系统分派的任务。整个过程全部参与人员通过公司统一分配的用户名登录系统，申报材料、完成审核认定，进行查询、复制及下载等任务，全部操作在系统中均有完整记录。而统一的用户名应该记载在经过本人签字确认的个人公司档案中，连同保密协议、劳动合同等个人在公司的档案共同管理。

商标管理平台主要实现下面三个功能：

一是商标设计提案企业内部申报、审核、审批和商标注册。商标设计完成后，需要先在企业知识产权管理平台上进行商标注册提案在线申报、审核和审批。商标设计资料应包括商标设计全过程的资料，如设计初稿、历次修改稿和最终定稿等全部文件，还应包括商标设计的理念、思路和商标的寓意，以及按照商标注册要求整理的向国家相关部门提交的商标注册材料。通过审批后，向国家相关部门提交注册申请，取得商标证书并录入平台。平台将保存全部相关资料，实现项目资料的全部在线信息化平台化管理。

二是注册商标的维护管理。对已经注册成功的企业商标，在知识产权管理平台内录入相关信息，对商标进行续展期限的监控。

三是注册商标的维权，近似商标监控管理。发现有侵犯企业注册商标权的现象，需要调查、取证并录入企业知识产权管理平台，启动企业商标维权程序。监控商标公告，密切关注近似商标注册，及时启动商标异议、无效等程序。

（2）平台应用范围。

企业知识产权管理平台适用于具有一定规模且技术研发和创新较为突出，具有较高数量和质量知识产权产出的大中型企业。平台用于对企业的技术秘密、专利、计算机软件著作权和商标等自主知识产权进行平台化信息化的规范管理。

（3）平台运行模式。

企业知识产权管理平台作为企业知识产权的信息化管理平台，受知识产权自身的保密要求，其运行模式更适合安装在企业服务器上，可以在企业内部办公平台上开设入口，或者单独运行一个独立平台。平台的运行一般以企业知识产权管理部门或者科技管理部门为主导，其他部门或人员按照平台要求及主导部门的权限和任务划分操作。

三、天拓数信行业人才培养与创新平台

（一）背景介绍

党的十九大报告指出："我国经济已由高速增长阶段转向高质量发展阶段。"机械工业的高质量发展，在促进我国产业迈向全球价值链中高端、培育世界级先进制造业集群的发展过程中有着举足轻重的地位。但目前机械工业人才短缺问题仍突出，据人社部统计，技能劳动者数量占我国就业人员总量约 19%，高技能人才仅占 5%，这与发达国家存在很大差距，日本高级技工占比为 40%，德国则高达 50%，发达国家平均水平也超过了 35%。2021 年第四季度"最缺工"的 100 个职业排行也清晰显示，其中有 43 个属于第六大类职业——生产制造及有关人员。随着制造强国战略、工业 4.0 等战略的实施推进，对机械企业人才的结构和数量都提出了更高的要求，在企业转型升级加速下，人才数量和质量上存在的差距进一步增大。重视人才的价值和作用，确立人才引领发展的战略地位，完善人才培养体系和机制，加大人才培养力度，成为机械工业管理效能提升、业务高质量发展必不可少的基础。

中机企协、中机启才、天拓数信响应产业工人队伍建设改革的目标，共同打造"行业人才培养与创新平台"，培养创新型经营管理人才及爱岗敬业、技艺精湛的高技能人才。

（二）核心功能

平台（见图 19-83）从培养工业人才的需求出发，设计"一个目标、两大载体、三条通路"，即以激发职工"量化管理"为系统建设目标，基于"工匠学院、产教融合创新平台"两大核心载体阵地，通过"技能提升、班组建设、创新创效"三条途径，在课程内容、师资资源的支撑下，最终帮助工业企业实现人才培养、激发人才创新活力的整体工作目标。

（1）量化管理。

激发量化管理是系统建设的目标，同时是整体工作的指导思想，其贯彻整个平台功能与机制设计的始终，依托平台内"量化管理"考核并量化评价有形成果、无形成果、潜在成果开展工作。"天拓数信行业人才培养与创新平台"在机械行业引入"量化管理"概念和服务体系，量化行业组织生产活动价值，把市场化机制在不同的生产环节适度运用，以激励个体从而实现整体效能开发的提升。通过量化管理系统，在组织内部培养基于市场化机制的开放发展能力，提升质量、优化效率、调节分配，同时帮助组织形成成果物市场、生产标准、知识图谱（见图 19-84）。

图 19-83　平台功能架构

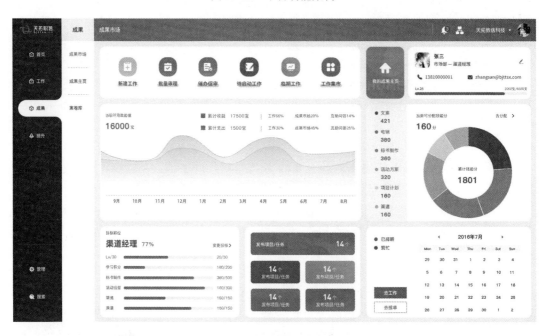

图 19-84　量化管理系统界面

（2）工匠学院。

工匠学院融合线下人才培养资源，发扬工匠精神，传承工匠文化，助力各级工匠实现能力晋级。学院建立学习与分享机制，促进高层次人才交流切磋技艺，为每一位先进模范、大国工匠创建专属"模范课堂、工匠大讲堂"，传授大国工匠精湛技艺，展示新时代劳模风采，彰显新时期工匠精神（见图19-85）。

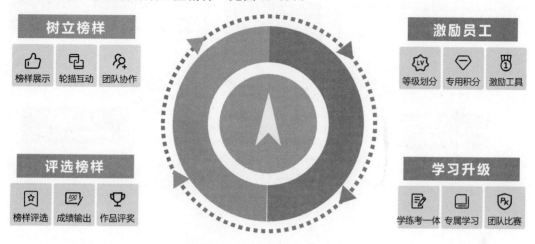

图19-85　工匠学院作用发挥机制

立足岗位开展技师课题攻关等活动，发挥示范引领作用，带领各层次职工不断学习新知识、掌握新技能、增长新本领，充分发挥高层次人才"传帮带"作用。通过专项活动和奖励机制，让职工积极投身于工匠精神的学习和精神传承，为地方政府或企业的经济建设发展提供源源不断的精神动力和智力、人才资源保障。

（3）产教融合。

"天拓数信行业人才培养与创新平台"充分利用职业技术院校实训基地资源，建立教育与工业企业深度融合、职工与企业共同发展的常态化运行机制，塑造"产融结合，校企合作"的工业人才培养局面（见图19-86）。聘请工匠、科研人员、高校教师开展线上线下联动课程，实现企业培养目标与人才意愿匹配，院校教学内容与企业生产实际匹配，教学安排与生产工作时间匹配。形成线下与线上的有效联动，工学交替、学研互动、人才与知识经验双向输出的灵活互动新型人才培养体系。

（4）技能提升。

"天拓数信行业人才培养与创新平台"通过岗位标准贯彻、全员岗位练兵、闯关答题、直播学习、工友 PK、课后练习、实操考试等人才培养培训活动，提高职工参与技能提升的积极性（见图19-87）。通过整合专家团队、学习资源、技术服务能力，利用线上线下丰富的办赛经验，组织各层级劳动与技能大赛，促进职工技能学习与提升。

"技能竞赛"作为技能提升的典型行动，尤其与互联网线上学习竞赛的结合，受到了企业与职工的推崇与参与。通过个人赛、团体赛、企业赛、行业赛、区域赛、全国赛等不同的形式与级别的赛事，大大促进了技能人才的培养。例如，由中机企协、机冶建材工会联合主办，一汽集团承办，各地方行业组织和机构协同举办，天拓数信负责线上运营的"红旗杯"全国机械行业班组长管理技能大赛，充分展现技能竞赛在职工技能提升中的突出作用，为机械工业行业基层管理人才的培养打下了坚实基础，整体上系统提升了行业管理水平。

图 19-86　产教融合运作模式

图 19-87　课程学习与闯关练习示意图

（5）班组建设。

"天拓数信行业人才培养与创新平台"重视班组长培养工作，充分提升"班组"作为企业生产经营最基础单元的工作效能。班组长及班组成员可以在平台上开展班组文化建设、学习制度及工作制度，提升班组成员个人素质、知识水平，增长业务技能，增强安全意识、质量意识、成本意识、效能意识、文化意识、集体意识。通过组织提高班组成员的生产工作技能与综合素质的活动，最大限度地调动班组成员生产的积极性、创造性，夯实企业管理基础，使班组成为规范、高效的作业单元，最终带来企业安全、质量、成本、效率的改善或提升（见图19-88）。

图19-88　班组长培养平台使用示意图

（6）创新创效。

平台发挥职工创新工作室示范引领作用，促进职工创新活动和质量的提升，培养出更多的创新型人才，打造一支知识型、技术型、创新型技术工人队伍。并在专家咨询委员会和专业技术委员会及政策咨询、技术指导、创新支持、知识产权保护的指导下，组织开展创新成果鉴定、成果展示、成果评选工作。让"天拓数信行业人才培养与创新平台"成为发挥劳模和工匠人才作用的主阵地，解决生产技术难题，源源不断地培育创新人才。

在形成局部成果的基础上，建立"创新成果交易市场"。举办技术推广、经验交流等活动，建立优秀创新成果推荐机制，形成市场化评价机制，让创新成果流动起来，促进创新项目孵化和成果转化，面向市场、面向生产充分释放价值；促成职工从创新到创收的转化，探索在薪资和股权之外的创新贡献收益机制，提升职工创新热情的同时加快产业创新成果的切实落地（见图19-89）。

图 19-89　创新工作室及创新创效提案

（7）内容资源中心。

平台的顺利运转离不开内容资源的支撑，内容与资源中心向其他板块输出支持的同时，对其他板块内容成果进行规范化管理，能够保障内容供给，促进优秀内容价值的最大化发挥。现有优质内容供给示例如表 19-1 所示。

表 19-1　优质内容套餐

大　类	所属系列	内容套餐
班组管理	管理提升系列	套餐 1：新任班组长必备技能课程套餐
		套餐 2：日常管理全能冠军课程套餐
		套餐 3：工作关系达人课程套餐
		套餐 4：五星上将班组长进阶课程套餐
		套餐 5：QCC 改善技能课程套餐
		套餐 6：精益基础课程套餐
		套餐 7：精益经理必备技能课程套餐
	卓越系列	套餐 8：班组长管理训练营
	精益生产系列	套餐 9：班组长精益管理
经营管理	中高层管理	套餐 21：领导力套餐
		套餐 22：绩效管理
		套餐 23：高层企业管理

续表

大　类	所属系列	内 容 套 餐
经营管理	数字化转型	套餐 25：企业数字化转型
		套餐 26：数字化解疑
全员学习	企业大学系列	自选 31：人才有格局
		自选 32：思想的格局
		自选 33：经营新格局
	企业全员学习包	套餐 34：企业职工职场竞争力提升套餐
	党建系列	套餐 35：党性教育+时政热点
		套餐 36：基层干部党建
其他	其他	套餐 41：乡村振兴创新学习工程
		套餐 42：心理健康机器人服务

（三）运行模式

（1）共建共享。动员政府、产业组织、院校、培训机构、企业、职工六方力量，形成政策环境、产业发展、企业研发生产、教学培养、职工个人发展的全方位协同，共享平台、技术、内容师资、设备设施等条件，充分发挥市场机制力量，建立专业化互动社区，有效实现各方共赢。

（2）内容支撑。整合各方力量，建立覆盖高中低端人才、初中高级各阶段培养所需的内容与师资资源；稳健实现内容迭代升级，形成录播课程、实操模拟、直播资源、虚拟现实、题库、互动问答等丰富的内容体系，并通过内容运营手段组织相关活动，充分挖掘和发挥内容价值。适应企业发展战略对人才需求快速变化的现实，为企业人才培养提供可靠支撑。

（3）赛事引领。统筹优质师资力量，组织全国性、区域性、企业级等各级别赛事，发挥赛事动员能力，提升职工参与热情，引领行业人才培养方向，通过"以赛促教、以赛促学、赛教融合"的人才培养机制塑造高素质产业队伍。

（4）功能建设。根据业务需求规划并建设平台功能、设计技术架构，集成各种主流的中间件，支持单点、集群、分布式、微服务。在 PC 端、移动端（安卓、iOS 原生）、H5、微信公众号、微信小程序、大数据分析等方面提供全面支持。包括后端开发框架、前端开发框架、系统监控运维平台、辅助开发工具等核心功能。

（5）运营促进。依托平台，高效维护组织与人员等基础数据，结合企业战略策划组织人才培养培训活动，形成企业与职工全面有效互动局面，达到职工喜闻乐见广泛参与的效果，提升职工积极性，保持平台活跃度，提升数字化工作能力，极大减轻工作压力，保证建设后的运营成效，最终实现工作目标。

（6）数据保障。从操作和数据两个层面进行权限控制；敏感数据加密存储和传输；通过完善的数据备份机制保障数据安全；通过集群方式避免系统出现单点；通过自己的监控平台对系统进行监控，及时发现安全隐患并进行报警，保障客户数据安全。

后　记

楚畹种芳兰，发生逢早春。一年多的辛勤耕耘，《机械企业与工业互联网》终于付梓。本书自 2021 年 3 月开始酝酿，6 月在杭州确定了编写大纲。所有参与编写的同志，克服困难，一边工作，一边编写。百万字原始稿件的线上交流，一次次视频工作会议，互联网把北京、杭州、合肥、银川、上海、南京等地连在一起，过程贯穿始终。

本书的策划和编写工作由中机企协咨询委、吉利控股集团、安徽叉车集团、宁夏共享集团、迈迪信息技术有限公司、远东控股集团、卫华集团、慧世联网络科技有限公司、北京天拓数信科技有限责任公司、北京鼎佳达知识产权代理事务所等承担。中国机械工业企业管理协会、中国重型机械工业协会、中国工程机械工业协会、中国电器工业协会及电线电缆分会、安徽机械工业联合会、广西机械工业联合会、无锡机械工业联合会、北京华汽汽车文化基金会给予了支持。

特别感谢拨冗为本书作序和担纲指导委员会的领导、专家学者、专业协会领导和企业家。

受新冠肺炎疫情防控的影响，计划中的企业现场调研、交流研讨等活动未能如愿，一些优秀的案例没有纳入其中，一些优秀的企业没有参与，一些优秀的平台没有得以介绍，为本书留下遗憾。发展工业互联网和数字化转型是一个持续、艰苦、复杂的过程，我们将以此书的出版作为新的开端，与大家一起继续努力，相信会有更多机会，通过各种形式，把企业应用实践、工业互联网平台，分享给更多致力于加速数字化转型的企业。

本书编写人员主要来自机械制造和工业互联网应用服务企业，由于水平有限，在介绍的深度和专业水准方面存在一定不足，不当之处，希望得到读者指正。

本书编委会

2022 年冬

附录A 机械企业工业互联网融合和数字化转型调研报告

填写本调研问卷的机械企业共有137家。其中，民营企业的占比超过80%；集团型企业占53%，非集团型企业占47%；填写问卷的人员为所属企业总部相关职能部门人员。

调研采用线上方式，具体工作由安徽叉车集团承担，中国机械工业企业管理协会、中国重型机械工业协会、安徽机械工业联合会、广西机械工业联合会、无锡机械工业联合会支持了问卷调查。

一、样本企业基本情况

（1）企业经营规模。年度营业收入超过100亿元以上的企业占比为28.47%，1000万元到5000万元的企业占比超过24%；10亿元以上占48.18%，10亿元以下占51.82%。样本企业的总体经营规模处于行业平均水平以上（见附图A-1）。

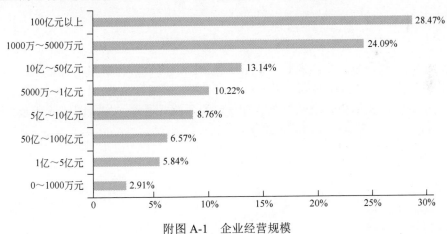

附图 A-1　企业经营规模

（2）企业人员规模。样本企业中，员工超过1000人以上的企业占43.8%左右，员工不足百人的小型企业占比约30%。与企业经营规模结构基本一致。企业人员规模如附图 A-2 所示。

（3）行业和业务类型分布。工程机械占比为超过31%，冶金矿山机械、机床、仪器仪表占比分布大致相同。业务类型以混合型制造为主，其次是离散型与流程型，服务型制造相对较少。大批量多品种和小批量多品种是主要模式，占比均超过50%。产品销售模式，主要是按照订单批量生产和按照订单定制设计为主。符合机械企业的基本特征。业务类型结构如附图 A-3 所示（在问卷中为多选）。

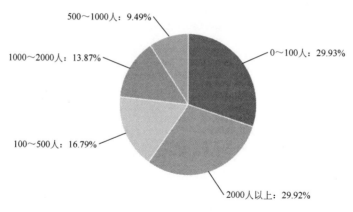

附图 A-2　企业人员规模

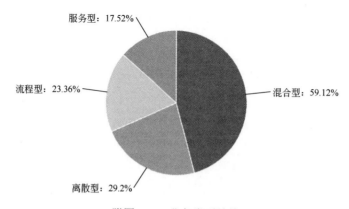

附图 A-3　业务类型结构

（4）企业区域分布。整体来看，华东地区企业占比较大，东北、华北地区企业占比较小。其中，江苏企业占比最高，超过 60%，广西、浙江等企业占比居中，河北、江西、湖南、辽宁企业占比最少。企业分布具有一定的区域代表性，如附图 A-4 所示。

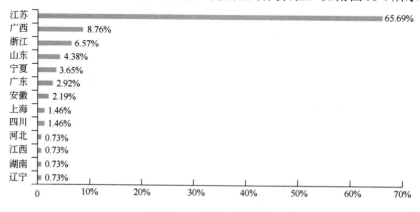

附图 A-4　企业区域分布

二、样本企业信息化基本情况

（1）企业车间设备联网率。年度营业收入低于 10 亿元的企业中，66%的企业车间设备联网率低于 20%，只有 11%的车间设备联网率高于 60%；年度营业收入高于 10 亿元的企业中，只有 27%的企业车间设备联网率低于 20%，接近 40%的车间设备联网率高于60%。车间设备联网率高于 60%的相差 39 个百分点、低于 20%的相差 29 个百分点。企业经营规模与车间设备联网率如附图 A-5 所示。

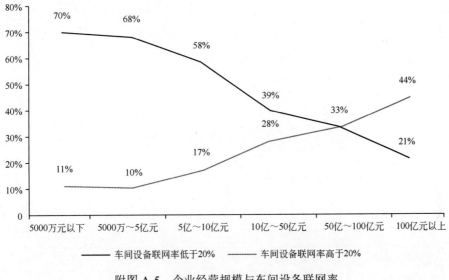

附图 A-5　企业经营规模与车间设备联网率

（2）工业网络改造和投资。年度营业收入低于 10 亿元的企业，70%的企业对工业互联网改造持有观望和一般的意见，有 8 家明确表示不愿意改造；10%的企业在内网改造升级中投资规模大于 300 万元，66%的企业投入金额小于 50 万元。年度营业收入高于 10 亿元的企业中，56%的企业对工业网络改造有强烈的意愿，表示不愿意改造的有 1 家；65%的企业在内网改造升级中投资规模大于 300 万元。工业互联网改造意愿相差 26 个百分点；投资规模大于 300 万元的相差 55 个百分点。企业经营规模与工业互联网投入情况如附图 A-6 所示。

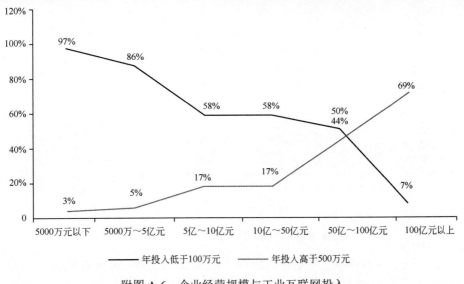

附图 A-6　企业经营规模与工业互联网投入

（3）贯标认证和工业互联网平台。年度营业收入低于 10 亿元的企业中，30%的企业通过了"两化融合"体系贯标认证；9%的企业搭建了工业互联网平台。年度营业收入高于 10 亿元的企业中，81%的企业通过"两化融合"体系贯标认证；26%的企业已经搭建工业互联网平台。贯标认证相差 51 个百分点，搭建工业互联网平台相差 17 个百分点。企业经营规模与贯标认证情况如附图 A-7 所示，企业经营规模与工业互联网平台情况如附图 A-8 所示。

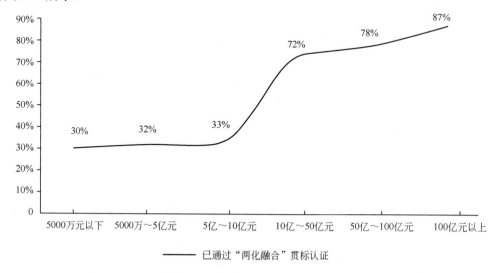

附图 A-7　企业经营规模与贯标认证

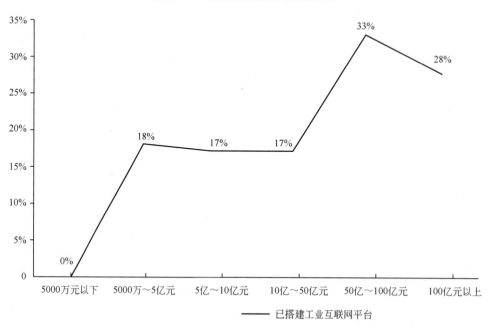

附图 A-8　企业经营规模与工业互联网平台

（4）上云政策扶持申报。年销售额为 10 亿元以下的企业，最高的申报上云扶持比例达到 33%，最低只有 8%，相差 25 个百分点；销售额为 10 亿元到 50 亿元之间的企业，申报上云扶持比例明显下降，为 25%，随着企业销售额增大，申报上云扶持比例逐步提高，年销售额为 100 亿元以上的企业申报比例最高为 41%。企业经营规模与申报上云的趋势如附图 A-9 所示。

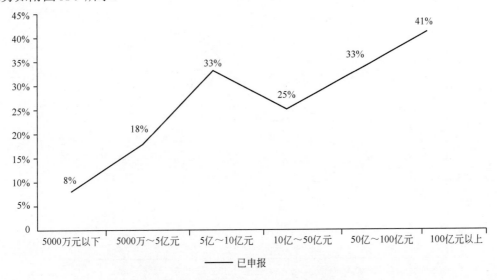

附图 A-9　企业经营规模与申报上云的趋势

（5）工业互联网需求。迫切需要工业互联网的企业，集中在年销售额为 5 亿元以下、10 亿元到 50 亿元及 100 亿元以上的企业中。企业经营规模与工业互联网需求呈正相关，年销售收入为 5000 万元到 5 亿元的企业中，有一部分认为工业互联网可有可无，年销售额 5 亿元以上企业中没有认为工业互联网是可有可无的。企业经营规模与对工业互联网需要的趋势如附图 A-10 所示。

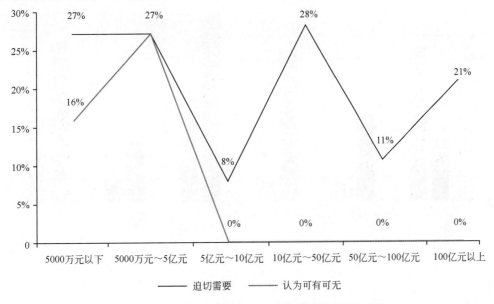

附图 A-10　企业经营规模与对工业互联网需要的趋势

（6）工业互联网从业前景。年销售收入为 10 亿元以下的企业，约 50%的员工非常看好工业互联网前景，10 亿元至 50 亿元的企业比例达到了 83%，相差 29 个百分点。企业经营规模与对工业互联网从业前景的趋势如附图 A-11 所示。

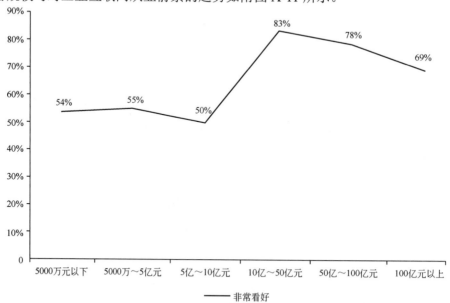

附图 A-11　企业经营规模与对工业互联网从业前景的趋势图

综合比对来看，年度营业收入高于 10 亿元的企业对工业互联网的认知和关注程度较高，同时也积极参与工业互联网的改造。年度营业收入低于 10 亿元的企业，参与度和积极性相对略低。企业信息化情况如附图 A-12 所示。

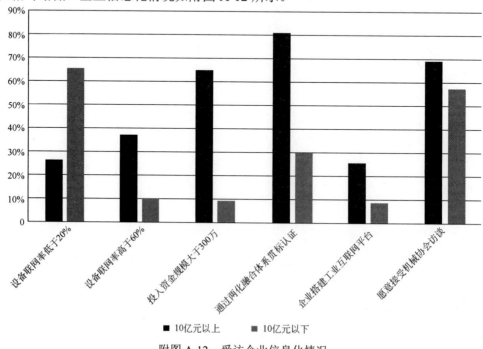

附图 A-12　受访企业信息化情况

三、样本企业信息化基础情况

（1）企业信息化管理。参与本次调研的 137 家企业中，102 家设置了信息化职能部门，占比超过 74%。在信息化的投资预算方面，具有信息化专项预算的企业超过 75%，主要是通过单列信息化预算和分散在总体预算中开展工作。

（2）信息化基础水平。通过"两化融合"贯标的企业有 76 家，超过 55%。建设有企业私有云数据中心机房的企业有 79 家，占比超过 57%，仍然有很多企业自身的 IT 基础设施还是比较薄弱的。不过，公有云的实施应用是未来机械企业的重要方向，超过 52%的企业已经在使用公有云。但是在政府关于企业上云扶持政策方面，大部分企业并不了解。

（3）企业信息系统与工业软件。已经应用或正在建设的信息系统与工业软件，在 20 类信息化系统应用中，排名前 5 位的是企业资源计划管理（ERP）系统、计算机辅助设计制造系统、协同办公自动化（OA）系统、生产制造执行系统（MES）、人力资源管理信息系统（HRMS）。信息系统与工业软件应用情况如附图 A-13 所示（在问卷中为多选）。

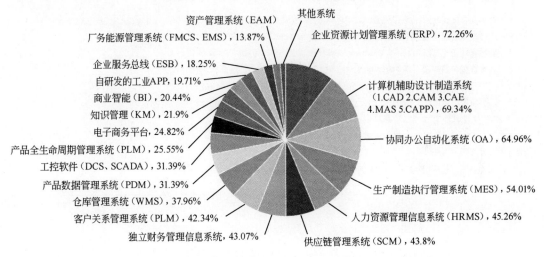

附图 A-13　信息系统与工业软件应用

四、样本企业工业互联网整体情况

（1）对工业互联网的认识。84%以上的企业表示了解工业互联网。工业互联网应用的迫切程度方面，超过 49%的企业表示已经在应用且需要加快提升，另外有超过 22%的企业表示迫切需要。通过最近几年国家对工业互联网的推广宣传，已经具有明显的效果。企业对工业互联网的认识如附图 A-14 所示。

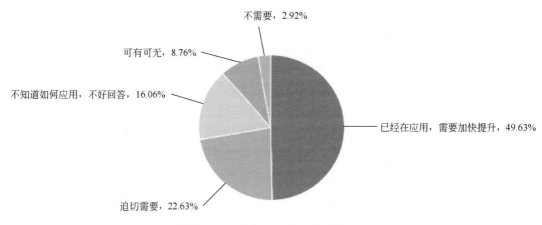

附图 A-14　企业对工业互联网的认识

（2）工业互联网应用关注点。当前对工业互联网应用的最紧迫需求为生产车间智能化改造、设备管理运维、企业数字化管理革新、工业大数据价值挖掘、供应链协同创新、产品智能化提升，都是机械企业普遍关注的内容（见附图 A-15）。

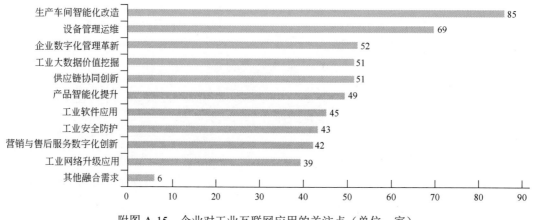

附图 A-15　企业对工业互联网应用的关注点（单位：家）

（3）工业互联网应用路径。关于从哪种工业互联网发展路径切入，参加调研的 137 家机械企业中，有 108 家表示可以从生产端切入（智能工厂），打造智能工厂和生产线，优化工艺流程，集成智能生产管理系统，采集实时生产数据，通过大数据及人工智能技术赋能提升生产效率和生产质量。另外从管理端、产品端、商业模式端切入均得到了广大企业的认同。

参加调研的机械企业大部分已经获得了省级智能工厂和数字化车间资质，其中有 23 家企业承担了国家级工业互联网与智能制造相关项目。

（4）智能物流设备与系统。生产制造基地购置应用的智能物流设备与系统方面，叉车、AGV、托盘车是排名前 3 位的主要设备。智能物流设备与系统需求调研结果如附图 A-16 所示。

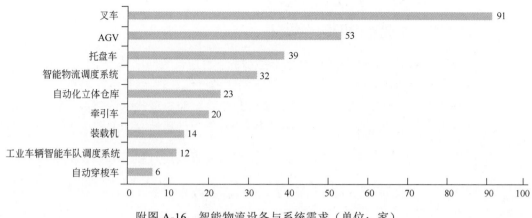

附图 A-16　智能物流设备与系统需求（单位：家）

（5）智能化改造需求。设备联网采集、厂务管理智能化、物流搬运体系智能化是广泛存在的智能化改造需求。智能化改造需求调研结果如附图 A-17 所示。

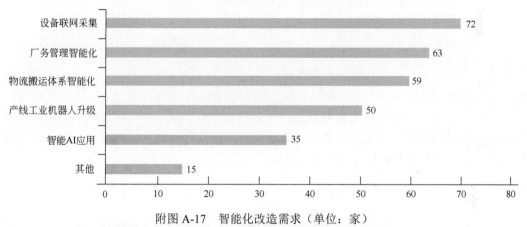

附图 A-17　智能化改造需求（单位：家）

（6）生产车间自动化。从生产企业生产车间整体自动化情况来看，大部分企业还是停留在人工现场、单点自动化及生产线自动化的水平，机械企业依然有巨大的提升空间。生产车间自动化程度调研结果如附图 A-18 所示。

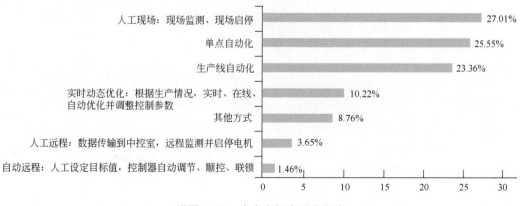

附图 A-18　生产车间自动化程度

五、样本企业工业互联网网络状况

（1）企业网络基础。有专线网络的企业占 61%，普通带宽网络基本全部覆盖。大部分企业车间设备联网率在 20% 以下，一半以上的企业已经计划通过 5G、IPv6、PON、TSN 等新型网络技术开展工业互联网内网改造升级。企业资源投入的资金规模非常有限，投资 300 万元以上的企业仅占 36.5%。网络基础投入调研结果如附图 A-19 所示。

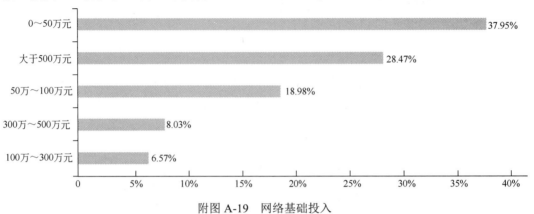

附图 A-19　网络基础投入

（2）工业网络改造。有工业网络改造意愿的企业约占 70%，但由于对工业互联网技术不了解，无法与企业自身的业务结合；资金投入过大，企业财力有限；对工业互联网网络改造成功的案例了解不多、害怕风险等原因，在具体实施上存在很多困难。工业网络改造难点调研结果如附图 A-20 所示。

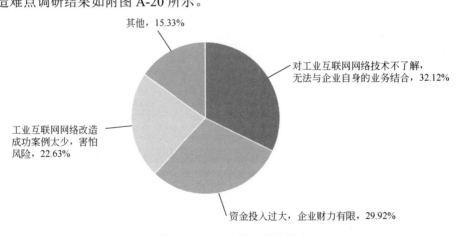

附图 A-20　工业网络改造难点

（3）标识解析的应用。关于对标识解析的应用，目前八成以上的企业有统一的产品、原材料编码规则，对标识解析应用需求强烈，主要应用方向为产品销售、在制品、制造设备、原材料等。标识解析应用调研情况见附图 A-21（在问卷中为多选）。

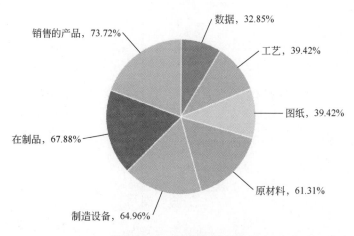

附图 A-21 标识解析应用

（4）国家标识解析体系。标识解析系统是实现供应链系统和生产系统精准对接、产品的全生命周期管理和智能化服务的前提和基础，是实现与工业互联网融合的关键条件。只有三成企业接入了国家标识解析体系。对于建设二级节点的意愿和想法方面，很多企业不了解标识解析，没有这方面的打算，不了解的占 42.33%；已在规划进行的仅为 8.03%。国家标识体系应用调研情况见附图 A-22。

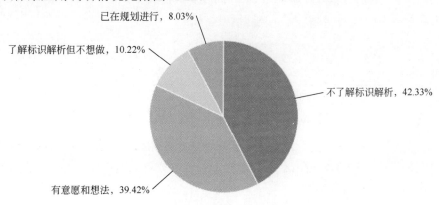

附图 A-22 国家标识体系应用

六、样本企业工业互联网平台状况

（1）企业信息数据交互。在企业信息系统数据互联互通程度方面，大部分企业还是小范围内交互数据，"数据孤岛"现象依然严重。企业信息数据交互调研结果见附图 A-23。

（2）工业互联网平台应用。137 家参与调研的企业中，只有 23 家建设了工业互联网平台，占 16.8%；同时只有 16 家应用了市场上主流工业互联网平台服务商提供的服务，占 11.68%。86%的企业表示愿意受政府引导建设行业级或区域级工业互联网平台；不愿意使用原因主要体现在数据安全顾虑方面。由此可见，工业互联网平台的作用远远没有发挥。企业应用工业互联网平台主要面向的融合应用场景，以智能化生产和数字化管理规划方向居多。平台融合应用场景调研结果见附图 A-24。

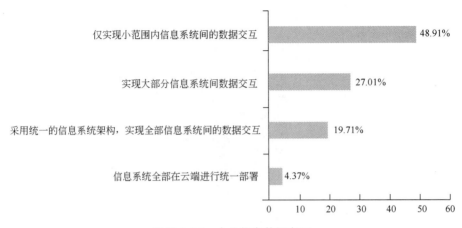

附图 A-23　企业信息数据交互

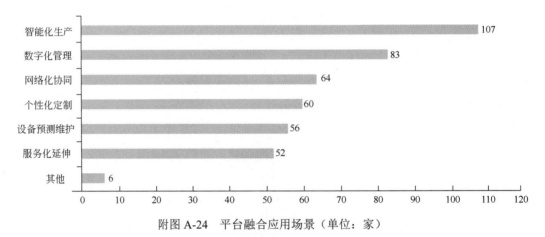

附图 A-24　平台融合应用场景（单位：家）

（3）融合应用的商业价值。关于工业互联网融合应用最有可能收获的商业价值方面，主要体现在提高生产制造智能化水平、降低企业运营成本、提高设备 OEE 等。融合应用商业价值调研结果见附图 A-25。

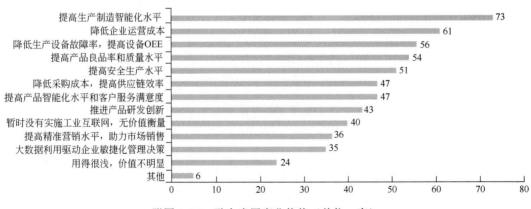

附图 A-25　融合应用商业价值（单位：家）

（4）工业互联网安全状况。工业互联网安全方面，大部分企业已经建立了信息安全制度和措施，通过本地实时备份、定时备份等方式进行数据安全保护，78%以上的企业配备了信息安全专职人员。工业互联网安全状况调研结果见附图 A-26。

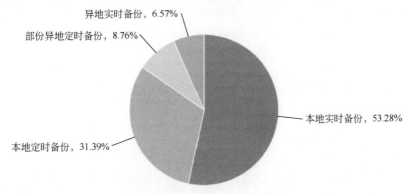

附图 A-26　工业互联网安全状况

七、样本企业转型难点和人才需求

（1）工业互联网建设及数字化转型难点。62%以上的企业制定了"十四五"数字化转型战略规划。在推进工业互联网建设及数字化转型过程中，约 50%以上的企业认为，专业人才、管理体制、资金是主要问题。其中，认为工业互联网相关人才缺乏的企业占76%；认为自身管理体制不完善的企业占 54%；认为资金困难没有预算的企业占 49%。工业互联网安全状况调研结果见附图 A-27。

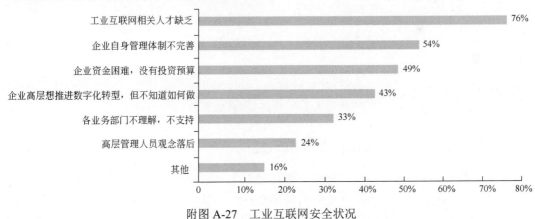

附图 A-27　工业互联网安全状况

（2）岗位人才需求。企业急需工业互联网相关岗位人才，如网络类、平台类、应用类、数据类的网络通信架构工程师，平台架构工程师，平台产品经理，平台软件开发工程师，解决方案工程师，工业大数据工程师，工业安全工程师等。样本企业的信息化、工业互联网、数字化转型主要岗位人员的整体教育水平主要集中在本科以上学历。其中，博士、硕士研究生学历占 21.27%，本科学历占 62.77%。专业人员学历结构调研结果见附图 A-28。

（3）专业人员待遇。企业信息化、工业互联网、数字化转型主要岗位人员的月平均薪资水平主要集中在 8000 元以内，超过 12000 元的占比较低，20000~30000 元的占 3.64%；15000~20000 元的占 3.65%；12000~15000 元的占 11.6%；8000~12000 元的占 31.39%；5000~8000 元的占 40.88%；5000 元以下的占 8.76%。与相应人员的学历结构基本一致。专业人员薪酬水平调研结果见附图 A- 29。

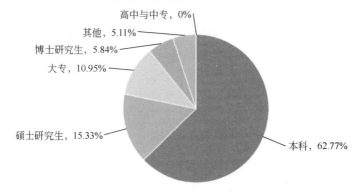

附图 A-28 专业人员学历结构

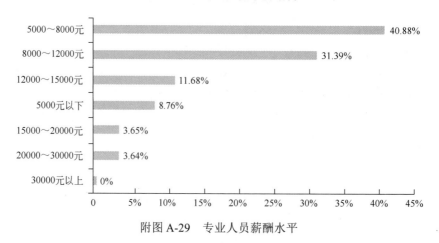

附图 A-29 专业人员薪酬水平

八、样本企业对政府和行业组织的建议

（1）政府政策和支持。大部分受访企业对工业互联网发展和从业人员前景看好，认为影响工业互联网人才培养的主要因素是薪酬待遇和激励机制方面。希望政府在推进工业互联网发展时，继续出台更好政策的企业达到 100%，希望加强人才培训和供需对接的企业达到 89%，加大资金扶持和财税支持力度的企业达到 86%，还希望加大对相关政策的宣贯和效果评估。政府政策支持情况调研结果见附图 A-30。

（2）发挥行业组织的作用。多数受访企业愿意接受协会的帮助，希望机械协会多开展交流探讨，加强人才培训，推广优秀案例和成功经验，并希望能够开展走访问诊、标杆学习等活动。81%的企业希望多开展研讨交流；76%的企业希望开展互联网人才培训；75%企业希望推广优秀案例的成功经验；74%的企业希望组织参观学习成功标杆企业。行业组织作用调研结果见附图 A-31。

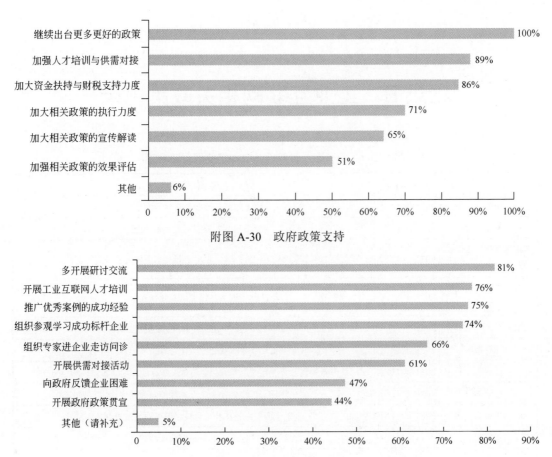

附图 A-30　政府政策支持

附图 A-31　行业组织作用

附录 B　工业互联网相关政策目录

附表 B-1　国务院、各部委、地方相关规划和政策

部　　门	政策时间	政 策 名 称
国务院	2021 年 12 月	《"十四五"数字经济发展规划》
工信部等八部门	2021 年 12 月	《"十四五"智能制造发展规划》
国家发展改革委、工信部	2021 年 12 月	《关于振作工业经济运行 推动工业高质量发展的实施方案》
中央网络安全和信息化委员会	2021 年 12 月	《"十四五"国家信息化规划》
工信部等十九部门	2021 年 12 月	《"十四五"促进中小企业发展规划》
北京市	2021 年 12 月	《北京工业互联网发展行动计划（2021—2023 年）》
江苏省	2021 年 12 月	《江苏省制造业智能化改造和数字化转型三年行动计划（2022—2024 年）》
工信部	2021 年 11 月	《"十四五"信息化和工业化深度融合发展规划》
工信部	2021 年 11 月	《"十四五"软件和信息技术服务业发展规划》
工信部	2021 年 11 月	《"十四五"大数据产业发展规划》
工信部	2021 年 11 月	《"十四五"信息通信行业发展规划》
重庆市	2021 年 11 月	《关于提升制造业产业链供应链现代化水平的实施意见》
国务院办公厅	2021 年 8 月	《关于完善科技成果评价机制的指导意见》
工信部、国家标准委	2021 年 7 月	《国家智能制造标准体系建设指南》
工信部、科技部等	2021 年 7 月	《六部门关于加快培育发展制造业优质企业的指导意见》
工信部	2021 年 7 月	《新型数据中心发展三年行动计划（2021—2023 年）》
工信部	2021 年 7 月	《5G 应用"扬帆"行动计划（2021—2023 年）》
工信部	2021 年 7 月	《新型数据中心发展三年行动计划（2021—2023 年）》
上海市	2021 年 7 月	《上海市先进制造业发展"十四五"规划》
浙江省	2021 年 6 月	《浙江省科技创新发展十四五规划》
浙江省	2021 年 6 月	《浙江省数字经济发展十四五规划》
浙江省	2021 年 6 月	《浙江高质量发展建设共同富裕示范区实施方案（2021—2025）》
中国机械工业联合会	2021 年 5 月	《机械工业"十四五"发展纲要及专项规划》
工信部	2021 年 5 月	《推进工业文化发展实施方案（2021—2025 年）》
工信部	2021 年 4 月	《十四五智能制造发展规划征求意见稿》
财政部	2021 年 4 月	《关于十四五期间支持科技创新进口税收政策管理办法的通知》
财政部、税务总局	2021 年 4 月	《关于明确先进制造业增值税期末留抵退税政策的公告》

续表

部　　门	政策时间	政　策　名　称
国家发展改革委	2021 年 4 月	《关于深入推进全面创新改革工作的通知》
工信部	2021 年 1 月	《工业互联网创新发展行动计划（2021—2023 年）》
工信部	2021 年 1 月	《关于支持"专精特新"中小企业高质量发展的通知》
财政部	2020 年 12 月	《政府采购促进中小企业发展管理办法》
工信部	2020 年 12 月	《工业互联网标识管理办法》
工信部	2020 年 12 月	《工业互联网创新发展行动计划（2021—2023 年）》
工信部	2020 年 12 月	《国家鼓励发展的重大环保技术装备目录（2020 年版）》
广东省	2020 年 11 月	《广东省推进新型基础设施建设三年实施方案（2020—2022 年）》
工信部	2020 年 10 月	《"工业互联网+安全生产"行动计划（2021—2023 年）》
工信部	2020 年 9 月	《建材工业智能制造数字转型行动计划（2021—2023）》
工信部	2020 年 6 月	《中小企业数字化赋能专项行动方案》
工信部	2020 年 6 月	《十五部门关于进一步促进服务型制造发展的指导意见》
工信部	2020 年 5 月	《关于工业大数据发展的指导意见》
工信部	2020 年 5 月	《关于深入推进移动物联网全面发展的通知》
工信部	2020 年 3 月	《工业和信息化部办公厅关于推动工业互联网加快发展的通知》
工信部	2020 年 3 月	《关于推动 5G 加快发展的通知》
工信部	2019 年 12 月	《工业互联网企业网络安全分类分级指南（试行）（征求意见稿）》
工信部	2019 年 11 月	《"5G+ 工业互联网"512 工程推进方案》
国家发展改革委	2019 年 11 月	《关于推动先进制造业和现代服务业深度融合发展的实施意见》
科技部	2019 年 8 月	关于印发关于新时期支持科技型中小企业加快创新发展的若干政策措施的通知
工信部	2019 年 7 月	《加强工业互联网安全工作的指导意见》
工信部	2018 年 12 月	《工业互联网网络建设及推广指南》
国务院	2018 年 11 月	《关于建立更加有效的区域协调发展新机制的意见》
工信部等四部门	2018 年 11 月	《促进大中小企业融通发展三年行动计划》
国务院	2018 年 9 月	《推动创新创业高质量发展打造"双创"升级版的意见》
工信部	2018 年 7 月	《工业互联网平台建设及推广指南》
工信部	2018 年 5 月	《工业互联网发展行动计划（2018—2020 年）》
工信部	2018 年 4 月	《工业互联网 App 培育工程实施方案（2018—2020 年）》
国家发展改革委	2017 年 11 月	《增强制造业核心竞争力三年行动计划（2018—2020 年）》
国务院	2017 年 11 月	《关于深化"互联网+先进制造业"发展工业互联网的指导意见》
国务院	2017 年 10 月	《关于积极推进供应链创新与应用的指导意见》
国务院	2017 年 9 月	《关于开展质量提升行动的指导意见》
国务院	2017 年 8 月	《新一代人工智能发展规划》
工信部	2017 年 1 月	《产业关键共性技术发展指南（2017 年）》

部　门	政　策　时　间	政　策　名　称
工信部	2017 年 1 月	《首台（套）重大技术装备推广应用指导目录（2017 年版）》
科技部	2017 年 4 月	《关于印发"十三五"先进制造技术领域科技创新专项规划的通知》
工信部	2017 年 3 月	《云计算发展三年行动计划（2017—2019 年）》
工信部、财政部	2016 年 12 月	《智能制造发展规划（2016—2020 年）》
工信部	2016 年 1 月	《关于印发信息化和工业化融合发展规划（2016—2020 年）的通知》
国家质检总局、国家标准委、工信部	2016 年 8 月	《装备制造业标准化和质量提升规划》
国务院	2016 年 7 月	《国家信息化发展战略纲要》
国务院	2016 年 5 月	《关于深化制造业与互联网融合发展的指导意见》
国务院	2015 年 5 月	积极推进"互联网+"行动的指导意见
国务院	2015 年 5 月	《关于推进国际产能和装备制造合作的指导意见》
国务院	2015 年 1 月	《关于促进云计算创新发展培育信息产业新业态的意见》

附录 C　参考文献

[1] 傅莉萍，姜斌远. 采购管理[M]. 北京：北京大学出版社，2015.

[2] 周可卫. 大数据时代自动化设备采购管理的模式创新[J]. 山东工业技术，2019(5): 1.

[3] 燕哥、许超. 基于大数据的集中采购平台供应商信用管理的研究及应用[J]. 建设机械技术与管理. 2020, 33(3): 5.

[4] 科特勒. 营销管理[M]. 上海：上海人民出版社，2003.

[5] 杨洪涛. 市场营销：网络时代的超越竞争[M]. 3 版. 北京：机械工业出版社，2019.

[6] 高耀东. "互联网+" 背景下的企业营销战略管理[J]. 现代企业，2021(11): 2.

[7] 中国电子信息产业发展研究院. 工业互联网创新实践[M]. 北京：电子工业出版社，2019.

[8] 赵敏，宁振波. 铸魂[M]. 北京：机械工业出版社，2020.

[9] 耿明. 大数据与云计算在智慧工厂中的应用[J]. 工业控制计算机，2021, 34(12): 3.

[10] 王佳、邵枝华、徐砚. 工业互联网技术体系研究与应用分析[J]. 建设机械技术与管理，2020, 33(2): 9.

[11] 王建伟. 大化无痕：两化融合强国战略[M]. 北京：人民邮电出版社，2017.

[12] 高蓉. 电子商务环境下企业财务管理对策研究[J]. 商业会计，2014, 08: 36-39.

[13] 孟凡利. 内部会计控制与全面预算管理[M]. 北京：经济科学出版社，2003.

[14] 任振清，张守彬. SAP 财务管控[M]. 北京：清华大学出版社，2019.

[15] 马文. 共产党员的力量[M]. 北京：中共中央党校出版社，2019.

[16] 何伟，程鹏. "互联网+党建" ——新时代下的基层党组织建设[M]. 北京：北京邮电大学出版社，2020.

[17] 中国软件与技术服务股份有限公司党委"互联网 基层党建"研究中心. 互联网+基层党建[M]. 北京：党建读物出版社，2017.

[18] 宋志兰，文评，格茸卓玛. 供应链协调背景下的库存共享策略研究[J]. 物流科技，2021, 44(08): 144-148.

[19] 王磊，王贵峰，戴子端. 基于共享下中药材物流管理的研究[J]. 物流工程与管理，2021, 43(06): 129-131.

[20] 段鹏琳，李仕捷，华彧婷. 数字赋能制造业高质量发展的杭州探索[J]. 杭州科技，2021(03): 47-49.

[21] 张昌福，杨灵运. 面向中小企业的协同平台业务资源流程协同与优化技术研究[J]. 中国管理信息化，2020, 23(23): 120-122.

[22] 吴晓波. 未来产业将有五个突围方向[J]. 经济研究参考，2016(66): 22.

[23] 朱志军. 运营开放：面向"互联网+"的组织变革[J]. 电信技术，2015(4): 18-20.

[24] 吴刚，黄文娟，姚江河. 塔里木盆地野生植物种质资源共享信息库构建[J]. 塔里木大学学报，2013, 25(2): 70-75.

[25] 叶平浩. 电子商务环境下的企业管理变革实践[J]. 产业与科技论坛，2013, 12(8): 232-233.

[26] 张莉. 资源、资产、资本：数据的价值[J]. 中国计算机报，2019, 12(40): 43-47.

[27] 顾强. 中国产业政策回顾、反思与前瞻[J]. 政策简报，2018, 12(22): 1-22.

[28] 王开明. 加速信息化 实现新跨越——"数字社会"改变我们的生活[J]. 福建通讯，2001(2): 4.

[29] 安筱鹏. 重构：数字化转型的逻辑[M]. 北京： 电子工业出版社，2019.

[30] 中国电子信息产业发展研究院. 2018—2019 年世界工业发展蓝皮书[M]. 北京：电子工业出版社，2019.

[31] 工业互联网产业联盟，中国信息通信研究院. 工业互联网综合知识读本[M]. 北京：电子工业出版社，2019.

[32] 李晓妍. 临界点：5G 时代物联网产业发展趋势与机遇[M]. 北京：人民邮电出版社，2020.

[33] 唐凯江，蒋永穆. 产业集群演化论[M]. 北京：社会科学文献出版社，2013.

[34] 胡成飞，姜勇，张旋. 智能制造体系构建：面向中国制造 2025 的实施路线[M]. 北京：机械工业出版社，2017.

[35] 董超. 一本书搞懂企业大数据[M]. 北京：化学工业出版社，2017.

[36] 卢彦. 互联网思维 2.0：传统企业互联网转型[M]. 北京：机械工业出版社，2015.

[37] 胡明. 人力资源管理互联网思维[M]. 北京：清华大学出版社，2017.

[38] 工业区块链（DIPNET）社区. 工业区块链：工业互联网时代的商业模式变革[M]. 北京：机械工业出版社，2019.

[39] 杜方. 审计原理与实务[M]. 北京：中国经济出版社，2017.

[40] 水藏玺. 业务流程再造[M]. 北京：中国经济出版社，2019.

[41] 李祖滨，汤鹏，李锐. 人才盘点：盘出人效和利润[M]. 北京：机械工业出版社，2020.

[42] 李素鹏. 企业风控体系建设全流程操作指南：规范讲解+流程分解+操作实务+案例解析[M]. 北京：人民邮电出版社，2020.

[43] 中国企业联合会，中国可持续发展工商理事会. 中国企业可持续发展指数报告[M]. 北京：中国经济出版社，2019.

[44] 王汉生. 数据资产论[M]. 北京：中国人民大学出版社，2019.

[45] 马楠，黄育侦，秦晓琦. 信息通信技术（ICT）与智能制造[M]. 北京：化学工业出版社，2020.

[46] 首席数据官联盟，刘冬冬，鲁四海，等. 赋能数字经济：大数据创新创业启示录[M]. 北京：人民邮电出版社，2017.

[47] 李杰，倪军，王安正. 从大数据到智能制造[M]. 上海：上海交通大学出版社，2016.

[48] ThoughtWorks 中国. ThoughtWorks 数字平台战略：构建数字平台 助力企业创新[M]. 杭州：浙江出版集团数字传媒有限公司，2017.

[49] 刘绍荣，夏宁敏，唐欢，等. 平台型组织[M]. 北京：中信出版集团，2019.

[50] 叶修. 深度思维：透过复杂直抵本质的跨越式成长方法论[M]. 北京：天地出版社，2018.

[51] 石祖文. 大型互联网企业安全架构[M]. 北京：电子工业出版社，2020.

[52] 许正. 工业互联网：互联网+时代的产业转型[M]. 北京：机械工业出版社，2015.

[53] 杨青峰. 未来制造：人工智能与工业互联网驱动的制造范式革命[M]. 北京：电子工业出版社，2018.

[54] 江支柱，董宝力. 汽车智能生产执行系统实务[M]. 北京：机械工业出版社，2018.

[55] 国务院发展研究中心国际技术经济研究所. 世界前沿技术发展报告[M]. 北京：电子工业出版社，2020.

[56] 王建伟. 工业赋能：深度剖析工业互联网时代的机遇和挑战[M]. 北京：人民邮电出版社，2018.

[57] 程晓，文丹枫. 工业互联网：技术、实践与行业解决方案[M]. 北京：电子工业出版社，2020.

[58] 宫迅伟. 采购 2025：数字化时代的采购管理[M]. 北京：机械工业出版社，2019.

[59] 朱铎先，赵敏. 机·智：从数字化车间走向智能制造[M]. 北京：机械工业出版社，2018.

[60] 中国电子信息产业发展研究院. 智造热点：一本书图解全球制造业大趋势[M]. 北京：人民邮电出版社，2016.

[61] 杨国涛，程明光. 智能协同：互联网时代的汽车制造供应链管理[M]. 北京：机械工业出版社，2018.